큰 山 산을
우러르며

개정판

큰 산을 우러르며

주성균 지음

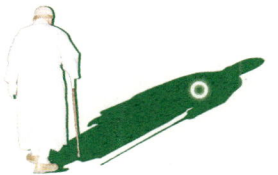

이 책을
원각성존 소태산 대종사 여래위
우리 회상의 법모이신 개벽계성 정산 여래
조불불사 대산 여래께 바칩니다.

1914-1998
대산 김대거 종사

머리말

산에 들어 숲은 보지 못하고
산을 내려오니 산 타령이라.
그 산은 예나 지금이나 항상 있건만
산 속에서 산을 찾고
산 밖에서 산을 찾으니
산 중에 산은 어디에서 찾을 것인가?

크신 자락 우러르매 끝 간 데 없고
깊은 자취 더듬으매 그윽함에 취하고
넓은 품속 거닐매 포근히 안기니
산 중에 산, 대산이라.

큰 산의 품속을 거닐며
큰 산의 향내에 젖어
큰 산에 안기어 살고파
자비설법의 님의 말씀을 새기며
붓끝에 뭉친 원력의 법향에 취하고
그리움에 모시고 살겠노라고
어린 출가자는 서원하였습니다.

대산 종사와의 첫 만남 이후,
시자로 모신지 30년 세월이 흘렀습니다.
"내가 있을 때 잘 모셔라. 사람이 아니고 귀신이다."라고 하신 말씀이
지금도 뇌리에 생생합니다.
살아계실 때 잘 모시지 못하고
그 평범함에 속아 부질없이 세월을 보냈습니다.
부끄럽기 짝이 없고 철없음에 죄스럽습니다.

그 마음의 부담을 조금이라도 덜어내고자
대산종사탄생100주년에 외람되이 『큰 산을 우러르며』라는
대산 종사의 법문을 소개하고
만남과 모심의 이야기를 진솔하게 엮어보았습니다.

하나의 세계를 주창하며 세계 평화를 염원하셨던
대산 종사의 법향이 그립습니다.
출가의 첫 걸음에 모신 대산 종사는 너무나 큰 산이었습니다.
지금도 꿈속에서 뵈면 마냥 행복합니다.

나의 행복뿐 아니라 세계가 우러러 받드는 성자로
자리매김하기를 바라며,
님의 자취를 찾아 떠나는 성지 순례를 권해 드립니다.

원기99년(2014) 대산 종사 탄생의 해에

소산紹山 주성균朱性均 합장

개정판을 내며

원기99년(2014) 대산종사탄생100주년의 해,
감히 대산 종사를 추모하며 『큰 산을 우러르며』를 발간했습니다.

스승님을 그리려다 사족[畫蛇添足]이 되고 말았습니다.
다시 보면 볼수록 아쉬움이 남고
글솜씨로 멋을 내려고 하지 않았지만, 자랑 아닌 자랑이 되었습니다.
대산 종사 탄생가 중수 봉고식 날 기념선물로 책이 보급되어 세상에 나온 지
보름 만에 순식간에 동이 났습니다.

따라서 책이 절판되어 나의 부끄러움은 숨고 말았고
오히려 부족함이 나를 우쭐거리게 했습니다.

그렇게 8년이 흘러 다시 보니 대산 종사님께 송구할 뿐입니다.
"너는 나의 일을 할 것"이라는 대산 종사의 성음에 용기를 내어 다시 붓을 들어
손을 보고 몇 가지 글을 채워놓았습니다.
그러나 여전히 부족함을 탓하며 스승님께 보은하는 삶으로 대신하기로 하고
독자들에게 맡깁니다.

원기107년(2022) 가을에
소산紹山 주성균朱性均 합장

차례

대산 종사 진영 … 05
머리말 … 06
개정판을 내며 … 08

제1부 · 법문으로 만난 대산 종사

큰 산의 품속을 거닐며

대산 종사 기원문 결어 … 17
대산 종사 기원문(1) … 20
대산 종사 기원문(2) … 22
대산 종사 기원문(3) … 25
대산 종사 기원문(4) … 28

천부경 … 31
유무념 공부를 생활화하자 … 39
야부 선사 선시 … 41
과거칠불 법문 … 43
거시기 가져 오너라 … 45
네 가지 기르는 도 … 47
열 가지 삼매 … 49
수도인의 세 가지 일과 … 51
네 가지 목욕 … 53
정법으로 원만한 수행을 하자 … 55
삼전 법문 … 58

단전배 만져보기 … 61	세 가지 텅 빈 자리 … 124
구릿골에 터를 잡고 … 63	네 가지 도장 … 130
구릿골과 증산도꾼 … 66	도가의 스승님 … 132
구릿골의 인연들 … 69	정신수양의 요체 … 134
호랑이 눈빛 … 71	정신수양의 요체를 끝내며 … 145
일원상 그려놓고 … 73	따뜻한 손길 … 148
일원상 허공에 걸어놓고 … 75	대산 종사 기원문 … 150
염주에 담은 염원 … 77	대각의 4단계 … 152
님을 따라 하리라 … 79	세계평화를 위한 삼대제언 … 157
우스갯소리 … 81	박수 치자 … 161
심사 심우 심계 … 83	교단의 상사로 … 163
평생을 불목하니로 … 85	세세생생 전무출신 하리라 … 165
별 날이 아닌 새 아침에 … 88	정리건곤대 한중일월장 … 167
혈연과 법연의 소중함 … 90	참고 경서 … 169
처음 받든 법문 … 92	증도가 … 171
왕궁의 시묘살이 … 94	호남가 … 173
왕궁에서 영육쌍전의 일터로 … 96	궁을가 … 179
수계의 부활을 꿈꾸며 … 98	옥추경 … 181
스승 찾아 도를 얻는 표준 … 100	음부경 … 190
인생오기 … 102	본교의 십대잠 … 198
대산 종사의 입지시 … 108	가훈 십칙 … 200
님의 경책 … 110	생사연마의 도 … 202
용신의 운형수제 … 112	큰 산을 우러르며 … 206
선보하는 심경 … 114	님을 그리며 … 209
선과 건강관리 … 116	대산 종사의 유품 … 212
성리를 꾸어서라도 … 120	대산 종사 추모시 … 214
사진 박을 까나 … 122	

제2부 · 휘호로 뵙는 대산 종사
큰 산의 묵향에 젖어

자신성업봉찬 '대적공실' … 219
무애송 … 221
대지허공심소현 … 223
천지에 한 사람이 있으니 … 225
십법 게송 … 227
높고 큰 안목 … 230
여래의 세 가지 원 … 232
삼공 법문 … 234
도를 닦는 데 먼저 힘쓰라 … 236
공원정과 성경신 … 238
일심합력 … 240
성인의 마음 … 242
도를 밝히고 덕으로 화하라 … 244
세 가지 되는 진리 … 246
대원주 … 249
활불 … 251
모악산 채약송 … 253
한마음 … 256

나무아미타불 … 258
부처님의 법력을 빌려 … 261
사은보은송 … 263
일원문화 … 265
달마도 … 267
원심을 기르자 … 269
일원불 … 271
두 가지 평상심 … 274
은생지 법생지 … 277
만정 만각 만행 … 279
시방일가 사생일신 … 281
소태산 여래불 … 283
인화 … 285
일원의 가정 … 288
국력배양 … 290
마음에 걸림이 없다 … 292
여섯 가지 부처 만드는 법 … 294
영산회상 옛 서원이 깊어서 … 297

제3부 · 모시고 사는 대산 종사
큰 산에 안겨 사노라

대산 종사와의 인연 … 303
일상수행의 모습 … 312
비범하신 모습 … 317
마지막 당부 … 321
우스갯소리 … 327

이와 같이 들은 법문 … 331
대산 종사 열반상을 나투며 … 335
대산종사 찬가 … 354
대산종사 성탑봉건기 … 356

제1부

법문으로 만난 대산 종사

큰 산의 품속을 거닐며

기원문 결어

일상원一相圓 중도원中道圓 시방원十方圓

주세불 : 불일중휘佛日重輝 법륜부전法輪復轉
조　사 : 불일증휘佛日增輝 법륜상전法輪常轉

•

세계부활 도덕부활 회상부활 성인부활 마음부활
네 가지 훈련 : 자신훈련 교도훈련 국민훈련 인류훈련

대서원 대정진 대불과 대불공 대자유 대합력
대참회 대해원 대사면 대정진 대보은 대진급

•

일원회상 영겁주인永劫主人 일원대도 영겁법자永劫法子
천불만성千佛萬聖 발아發芽 억조창생億兆蒼生 개복開福
무등등無等等한 대각도인 무상행無相行의 대봉공인

•

대종사님의 일대경륜[제생의세]
진리는 하나 세계도 하나
인류는 한 가족 세상은 한 일터
개척하자 하나의 세계

이 세계는 하나의 마을
이 세계는 하나의 가족
이 세계는 하나의 세계

대산 종사 기원문 결어

　　대산 종사[김대거, 1914~1998]는 원기70년(1985) 신년법문과 함께 네 가지 기원문을 대중들에게 공개하며 다 함께 "진리는 하나 세계도 하나 인류는 한 가족 세상은 한 일터 개척하자 하나의 세계[원기55년 반백주년 기념대회에서 선포]를 건설하자."라고 선포하였다. 원기77년(1992) 6월경 기원문을 다시 '기원문 결어'로 함축하여 대중에게 소개하였다. 네 가지 '기원문'이 심고와 기원문의 전형이자 원론적인 것으로 일생 법신불 사은 전에 법동지와 함께 성불제중하여 불국토 건설을 염원한 원력의 서원문이라면, '기원문 결어'는 기원문을 함축하여 강조한 핵심으로 전 교도와 함께 일원세계 건설의 화두를 제시한 공안公案적인 성격을 내포한 서원문이라고 할 수 있다.

　　대산 종사는 열반하기 석 달 전부터 시자들에게 기원문 결어를 읽게 한 후 "법문을 알아듣지 못하는 사람한테는 법문이 안 나온다. 기원문 결어가 그냥 나온 것이 아니다. 일상원一相圓 중도원中道圓 시방원十方圓이 다 일원대도와 대세계주의에 바탕한 법문이다. 처음부터 마지막의 세상은 한 일터 개척하자 하나의 세계까지 다 연결되는 법문이다."라고 하였다.

> '일상원 중도원 시방원'

　　이는 기원문 [1]중 일부로 모든 사람이 의두로 받아들이는 내용이다. 대산 종사는 평소 기원문 결어 읽기를 마치고 합장한 체 손으로 원상을 세 번 그리시고[일상원], 손을 아래위로 세 번 흔드시고[중도원], 무한대[∞] 모양으로 세 번 손짓하고[시방원] 마무리하였다.

또한 김대중 전 대통령이 대통령 후보 시절 교단을 방문하였을 때 대산 종사는 "앞으로 세계는 하나의 세계가 될 것이다. 이때 신세계, 하나의 세계, 신질서 등의 주장을 할 것이다. 이 진리가 일상원이고, 도학과 과학을 병진시키자는 것이 중도원이고, 시방원은 세계가 완전히 하나의 세계다. 그리하여 세계를 부활시키려면 도덕을 부활시켜야 하고, 또한 종교를 부활시켜 모든 종교가 서로 넘나들고 각자 자기 종교를 주장하지 말아야 하고, 모든 성인과 성현을 부활시켜서 인류를 부활시켜야 한다."라고 말씀하셨다.

대산 종사의 종법사 재위 33년을 3기로 나누면 필자는 제3기 말년에 시봉하였다. 법무실 간사로 출발하여 교무로 시자노릇을 하였으니 막중한 인연이 아닐 수

기원문 결어를 받들고 있는 좌산 종법사(수계농원 법당, 1995년)
- 기원문 결어가 새겨진 목판을 들고 서 있는 필자

없고, 누구보다도 법은을 많이 입었다. 초발신심 꽃발신심으로 세상 부럽지 않게 살았다. 출가 입문부터 기원문을 청법聽法하고, 말년 병환 중에는 기원문 결어로 재차 강조하고 새기게 하여 화두로 뭉치게 하였다. 그러나 아둔한 필자는 하루에도 수십 번 기원문 결어를 읽게 하신 뜻을 모르고 글은 글대로 나는 나대로였다. 하지만 지금도 의두인 양 풀리지 않는다.

대산 종사는 '일상원[上達, 소태산 대종사] 중도원[中達, 정산 종사] 시방원[下達, 대산 종사]'이라고 하였다. 대각의 달 사월을 맞이하여 님의 뜻을 새겨 보는 것도 의미가 있을 것이다.

대산 종사 기원문(1)

천지하감지위
부모하감지위
동포응감지위
법률응감지위

피은자 김대거는 삼가 고백하옵나이다.
하늘은 만물을 다 덮어 주시고 땅은 만물을 다 실어 주시고 성인은 만물을 다 호념하여 화지육지化之育之하시나니 불제자 김대거는 대종사님과 선종법사님과 삼세 제불제성님과 마음을 연하고 기운을 통하여 천지인 삼재에 합일할 수 있도록 큰 광명과 위력을 내려 주시옵소서.

일상원一相圓 중도원中道圓 시방원十方圓
주세불 : 불일중휘佛日重輝 법륜부전法輪復轉
조　사 : 불일증휘佛日增輝 법륜상전法輪常轉

대산 종사 기원문(2)

법신불 사은이시여!
위로 대종사님 선종법사님 삼세 제불제성님을 모시고,
이 공부 이 사업에 생사고락을 같이하고 서로 창자를 이어 나가는
거룩하고 귀중한 동지들이,
쉼 없이 늘 대용기와 대희망과 대지혜로 대정진을 하여,
땅에 떨어져 가는 도덕과 진리와 인을 부활시켜서,
이 지상에 대낙원과 대선경을 건설하도록 하소서.

> 네 가지 훈련 : 자기훈련 교도훈련 국민훈련 인류훈련
> 세계부활 성인부활 회상부활 도덕부활 마음부활

    기원문(2)는 대종사와 정산 종사, 삼세 성현들을 모시고 공부하는 동지로 이끌어 주고, 북돋아 주고, 충고하여 줄 심우$_{心友}$가 있어야 한다. 심사$_{心師}$와 심우를 가져서도 영생을 잘살기 위해서는 심계$_{心戒}$를 가져야 하며, 아울러 네 가지 훈련으로 각자의 마음과 도덕과 회상과 성인과 세계를 부활시켜서 이 지상에 낙원과 선경을 건설하자는 원력이 담겼다.

    출가 근무 시절 '이 공부 이 사업에 생사고락을 같이하고 서로 창자를 이어 나가

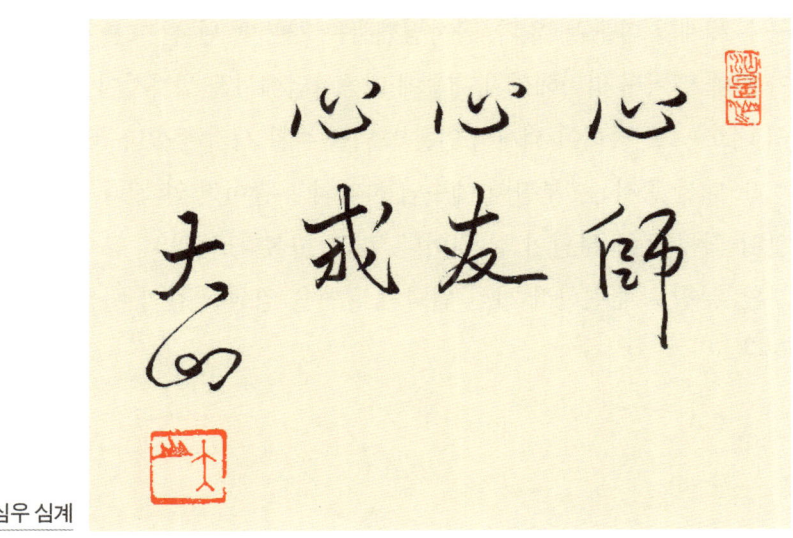

심사 심우 심계

는 거룩하고 귀중한 동지들'이란 대목을 가슴에 새기면서 법동지와 도반의 소중함을 인식하였고, 갓 출가한 동지들과 함께 운수납자의 꿈을 키우며『초발심자경문』을 배우며 스승님 슬하에서 천년만년 살아가리라 다짐했던 기억이 그리움으로 남는다.

　대산 종사는 세계를 부활시키려면 도덕이 살아나야 하고, 도덕을 부활시키면 회상이 살아나고, 회상이 부활하면 성인이 살아나고, 성인이 부활하면 각자의 마음이 부활한다. 또한 마음이 부활하면 성인이 부활하고, 회상이 부활하고, 도덕이 부활하여 세계가 부활한다고 하였다. 세계부활이 되고 각자의 마음부활을 하려면 자신훈련으로 시작하여 교도훈련을 하고 국민훈련을 하고 인류훈련을 하여야 한다. 반대로 인류훈련에서 국민훈련, 교도훈련, 자신훈련을 거슬러 하여야 함을 강조하였다. 즉, 돌고 도는 부활과 훈련으로 자신과 인류가 거듭날 것을 기원하신 것이다.

　하루는 대산 종사가 김제 원평에서 아침에 선보禪步하며 필자에게 말씀하시기를 "부모가 자비가 없으면 부모가 아니고, 자녀가 효성이 없으면 자녀가 아니다. 이는 금수 세계와 다를 바 없다. 공자님께서는 2천5백 년 전 효를 밝혀 주셨는데, 그 효가 땅에 떨어져 희미해졌기 때문에 대종사님께서 탄생하시어 일원대도로 사은보은의 대효大孝를 밝히어 세계의 인륜 도덕을 부활 시켜 주셨다."라고 하셨다.

또 대산 종사는 "부활이 예수님 하나의 부활이면 안 된다. 세계와 온 인류가 부활이 되어야 참 부활이 될 것이다."라고 하셨다. 따라서 평소 거듭거듭 훈련으로 부활, 부활로 훈련하라 하신 원력의 말씀을 영생 영겁의 지상명령으로 삼아야 하겠다.

대산 종사 기원문(3)

영겁다생에 만나기 어려운 이 회상의 동지님들!

나날이 때때로 신근의 뿌리가 더욱 내리고 두터워지도록

나날이 때때로 공심이 더욱 두루 커지도록

나날이 때때로 공부심이 더욱 살아서 솟아나도록

나날이 때때로 자비심이 더욱 크게 살아나도록

영겁다생에 만나기 어려운 이 회상의 동지님들

다시 법신불과 대종사님과 삼세 제불제성 전에

대서원을 올리고 대정진을 하며

대불과를 얻도록 대불공을 올려서

대자유를 얻어 대합력하는

영세의 잊지 못할 동지가 되기를 일심으로 기원하는 바입니다.

일원회상 영겁주인永劫主人 일원대도 영겁법자永劫法子
천불만성千佛萬聖 발아發芽 억조창생億兆蒼生 개복開福
무등등無等等한 대각도인 무상행無相行의 대봉공인

기원문(3)은 마음이 울적하고 기운이 없을 때 홀로 앉아 봉독하면 저절로 힘이 솟는다. 영겁다생에 만나기 어려운 이 회상의 동지님들! 이 얼마나 소중하고 지중

상사원 사무실 직원들과 함께(뒷열 맨 우측 필자)

한 인연인가.

정산 종사는 '복 중에는 인연복이 제일이요, 인연 중에는 불연이 제일이라.'고 하였다. 불연 중에 영겁다생에 만나기 어려운 회상의 동지가 되었으니 이 어찌 소중하지 아니하리오. 필자가 대산 종사를 말년에 시봉할 때, 당신의 혈연과 법연의 법명을 적어 벽에 붙이고는 기회 있을 때마다 호명하게 하였다. 그리고는 '내 자식들이요 내 아들이요 딸들이라'고 하며 합장하고 기도하였다.

'나날이 때때로 신근의 뿌리가, 나날이 때때로 공심이, 나날이 때때로 공부심이, 나날이 때때로 자비심이 …….'

반복하여 운을 맞추고 기원하면 마음이 우쭐우쭐하고 신이 났다.

대산 종사는 "살아난 이 마음으로 다시 법신불과 대종사님과 삼세 제불제성 전에 대서원을 올리고 대정진을 하며 대불과를 얻도록 대불공을 올려서 대자유를 얻어 대합력하는 영세의 잊지 못할 동지가 되기를 일심으로 기원하는 바입니다."라고 염원하셨다.

일심이 된 이 마음으로 일원회상의 영겁주인이 되고 일원대도의 영겁법자가 되어 천불만성을 발아시키고 억조창생의 개복을 여는 동지가 되도록 기원하고, 무등등한 대각도인과 무상행의 대봉공인이 많이 나오도록 염원하자.
　대산 종사는 영생을 함께하는 동지로 합의 동지와 충고 동지가 있는 줄 알고 선연의 동지는 합의 동지로, 좀 사나운 동지는 충고 동지로 알아 잘 받아 활용해야 한다고 하였다. 참으로 영생의 동지요 도반이요 심우는 서로 창자를 잇는다고 하였으니 오늘도 성가 '운수의 정'이 콧노래로 흥겹게 울려 퍼진다.

대산 종사 기원문(4)

법신불 사은이시여!
이 세상 모든 어린 왕자들을 법기로
어린 천사들을 도기로
어린 천진들을 덕기로 키우게 하여 주시옵소서.
항상 어린이들의
참된 천심을 길러 주어 천국을 만들고
자비스러운 불심을 길러 주어 불국을 만들며
거룩한 성심을 길러 주어 성세를 만들고
자연의 도심을 길러 주어 도국을 만들며
두렷한 원심을 길러 주어 원만평등하고 지공무사한
하나의 세계 보은의 세계 균등의 세계 대선경 대낙원의 세계를
이 세상에 건설하도록 하여 주시옵소서.
일심으로 큰 서원을 올리나이다.

> 진리는 하나 세계도 하나 인류는 한 가족
> 세상은 한 일터 개척하자 하나의 세계
> 이 세계는 하나의 마을, 이 세계는 하나의 가족,
> 이 세계는 하나의 세계

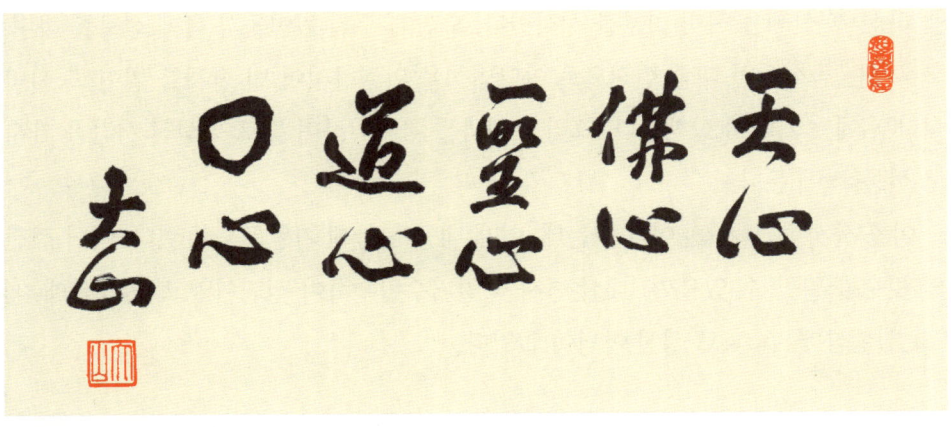

천심 불심 성심 도심 원심

　기원문(4)는 원기70년(1985) 신년법문의 주된 내용으로 대산 종사는 "금년은 UN이 지정한 청소년의 해로 어린이와 청소년에게 참된 천심天心, 자비스러운 불심佛心, 거룩한 성심聖心, 무위자연의 도심道心, 두렷한 원심圓心을 길러 원만평등하고 지공무사한 하나의 세계, 보은의 세계, 균등의 세계를 만들어서 이 세상에 대낙원, 대선경大仙境을 건설하는 것이 대종사님의 뜻하신 바요, 우리 각자가 뜻하는 바다."라고 하셨다. 이에 따라 '유아교육'에 대한 중요성을 부촉하여 설하였고, 그 법문은 우리 교단 유아교육의 중요한 지침서가 되었다.

　대산 종사의 또 다른 기원문으로는 정진문을 비롯하여 소태산대종사탄생백주년 기념성업을 맞이하여 대중 접견 시 올렸던 기원문, 교단 백주년을 향한 기원문 등이 있다. 기원문을 올릴 때 대중과 함께 설명기원문으로 하는 경우도 있고, 묵상으로 올리는 경우도 있었다. 말년에는 이 모든 기원문을 다시 '기원문 결어'로 함축하여 내놓았다.

　대산 종사는 새벽에 일어나 수건에 물을 적셔 전신을 씻은 후 정좌하고 도인법導引法으로 온몸을 일깨우고 선을 한다. 그리고 6시에 밖으로 나와 대중과 함께 요가를 하신 후 산책을 하며 하루를 시작한다. 오전에 주위 인연들과 함께 선보를 하며, 오후에는 공식적인 대중 접견으로 야단법석을 마련하시어 법 잔치를 벌이고, 저녁 식사 후에는 가벼이 산책한다. 그리고 일과를 마무리하며 홀로의 정진 시간을 가지고 선몽禪夢에 든다.

 이를 사시정진四時精進이라 하는데, 이때 대중과 함께 기원문을 올렸다. 어찌 정진의 횟수를 말할 수 있을까? 대산 종사의 일거수일투족이 정진이었고, 일상삼매一相三昧 일행삼매一行三昧로 정진 아님이 없었다.

천부경

一始無始一 一析三 極無盡
일 시 무 시 일 일 탁 삼 극 무 진

本一 天一一 地一二 人一三 一積十 鉅無櫃
본 일 천 일 일 지 일 이 인 일 삼 일 적 십 거 무 궤

化三 天二三 地二三 人二三 大三合六 生七八九
화 삼 천 이 삼 지 이 삼 인 이 삼 대 삼 합 육 생 칠 팔 구

運三四成環 五七一妙衍 萬往萬來
운 삼 사 성 환 오 칠 일 묘 연 만 왕 만 래

用變不動本 本心 本太陽 昂明人中
용 변 부 동 본 본 심 본 태 양 양 명 인 중

天地一 一終無終一.
천 지 일 일 종 무 종 일

하나로 비롯했으나 하나로 비롯한 바가 없다.

하나는 셋으로 벌어져서

극도에는 다함이 없으나 근본은 하나니라.

하늘 하나가 첫째요, 땅 하나가 둘째요, 사람 하나가 셋째라.

하나가 쌓여 열이 됨에 커서 다함이 없으나 변화는 셋이라.

하늘 둘이 셋이 되고 땅 둘이 셋이 되고 사람 둘이 셋이 되니

큰 셋이 합하여 여섯임에 7, 8, 9를 낸지라.

3, 4를 운전하여 고리를 이루고

다섯과 일곱은 하나에서 묘하게 불어남이라.
만 번 가고 만 번 오되 용은 변하나 근본은 동치 않나니
근본은 마음이고 근본은 태양이라.
사람이 중中을 높이 밝히고
천지도 하나니 하나로 마침에 하나로 마친 바가 없느니라.

「천부경」은 하늘에서 비장秘藏한 글이다. 단군 때에 낳지마는 그 이전부터 비밀히 감추어 둔 것을 발굴했다는 것이다. 즉 계시를 받았거나 묵시를 통해 전해진다는 것이다. 1916년 묘향산에서 수도하던 계연수桂延壽가 암벽에 새겨진 이 경전을 발견·탁본하여 전함으로써 처음 세상에 알려졌다.

일시무시일一始無始一, 하나로 비롯했지만 하나로 비롯한 바가 없다. 불생불멸 가운데 일시무시일은 불생이고, 일종무종일一終無終一은 불멸이다. 하나로 마쳤지만 하나로 마친 바가 없다는 것은 불멸이다.

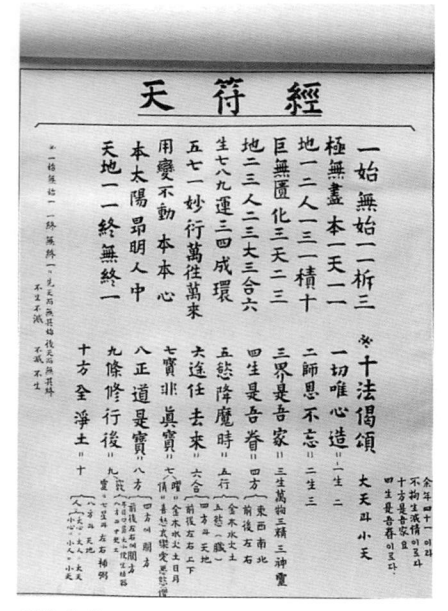

천부경 괘도

원기70년(1985) 초 필자가 대산 종사를 처음 뵙고 난 그다음 날 정토회원들에게 천부경 법문을 내리시는 것을 나는 그저 들었을 뿐이다. 법이 수승한 사람은 일시무시일에 더 들을 것 없이 해오한다는데 청맹과니인 나는 이 법문에 눈이 멀고 앞이 캄캄하였으니 이제 천부경 법문을 소개하고자 한다.

원불교학과 2학년 도반들과 함께(삼동원, 원기73년(1988) 필자 우측 두번째)

하나로 비롯했으나 하나로 비롯한 바가 없다.
하나는 셋으로 벌어져서[道生一 一生二 二生三 三生萬物]
극도에는 다함이 없으나 근본은 하나니라.
하늘 하나가 첫째요, 땅 하나가 둘째요, 사람 하나가 셋째라.
하나가 쌓여 열이 됨에 커서 다함이 없으나 변화는 셋이라.

일탁삼一柝三, 하나가 셋으로 벌어졌다.
천·지·인이 나왔다는 말이다. 극무진極無盡, 극 자는 유교의 무극 자리나, 불교의 법신불이나 법신불 일원상이나 태극이나 극이 없는 것이다. 대종사님은 이 말씀 저 말씀 안 하시고 손으로 형상을 그려 놓으셨다. 대종사님은 말없이 ○[일원상]을 그려

놓으셨는데 그것이 극 자리로 다 함이 없는 자리의 표현이다.

본일本一, 근본은 하나다.

하나가 천지인 셋으로 벌어졌는데, 하늘이 하나로 첫째고, 땅이 하나로 둘째고, 사람이 하나로 셋째이다.

일적십一積十, 하나가 쌓여 열이 됐다.

시방세계가 벌려졌다는 말이다. 그래서 그 열은 하나를 합한 열이요, 하나는 열을 합한 하나이다. 일一의 일 자리는 일원상 자리요, 무극 자리요, 법신불 자리요, 하나님 자리다.

거무궤巨無匱, 커서 다함이 없다.

그 자리는 다함이 없는 자리요 변화는 셋이다.

이 진리가 우주에 있는데 단군께서 깨달아서 내놓은 것이지 진리를 단군이 만들어 낸 것은 아니다. 누가 대종사님을 최고의 예술가라고 하였다. 턱 하니 일원으로써 표현했다. 과거는 일一 자리를 표방하기 때문에 성자들이 일 자리를 표방하였다. 지금 시대는 양시대고 활동하는 시대라 십十을 주장하기 때문에 대종사님 호가 십十이시다. 정산 종사는 가운데 추樞 자 중中이시다. 그러므로 하나와 열과 가운데가 한 합이 되었다는 것을 알아야 한다.

중中을 갖추면 천지와 하나가 된 분으로 정신수양에서는 정심定心으로 일정심一定心과 정심靜心으로 일심一心으로 하나가 되어 버리는 것이며, 사리연구에 있어서는 삼명육통三明六通의 진리를 아는 것이며, 그다음은 작업취사에 있어서는 중심·중도·중화를 갖추는 것이다. 그것이 구변수도九變修道다. 구변수도를 하면 천지와 하나 된 사람으로 천지보다 큰 사람이다. 하늘과 땅은 한정이 있지만, 우리의 마음[사람]은 한정이 없어서 큰 것이 된다.

대산 종사와 함께 탁구를 치는 필자

하늘 둘이 셋이 되고 땅 둘이 셋이 되고 사람 둘이 셋이 되니
큰 셋이 합하여 여섯임에 7, 8, 9를 낸지라.
3, 4를 운전하여 고리를 이루고[十二個月, 十二回]
다섯과 일곱은 하나에서 묘하게 불어남이라.

　천이삼天二三, 지이삼地二三, 인이삼人二三. 둘이란 말은, 음과 양인데 물과 불이라는 말이다. 사람도 물불이 끝나면 소멸한다. 그래서 그것이 합하면 여섯이 된다[大三合六].
　생칠팔구生七八九, 7, 8, 9를 낸지라. 운삼사성환運三四成環, 하루는 12시, 한해는 12달, 우리 회상은 12년씩 잡아서 36년이 1대다. 그래서 120년 1,200년 12,000년 이렇게 나가는데, 과거는 1,000수로 3천 년인데 지금은 5만 년 간다고 하니 자꾸 늘어간다. 수운 대신사께서 앞으로 지극한 도가 나오는데 후천구복십이회後天九復十二會라는 말씀을 하셨다.

오칠일묘연五七一妙衍, 오방칠요五方七曜로 작용인데 인간도 오욕 칠정이 있다. 인간은 소천小天이라 하는데, 부처님 말씀은 사람은 대천大天이며 천지보다 크다고 했다. 그런데 그 일을 해야 크지 가만히 앉아서 똥만 싸는 게 큰 게 아니다.

하나에서 열까지 벌여나가는 게, 나는 쉽게 이렇게 생각했다. 하나에서 둘이 되고, 둘에서 셋이 되는데, 셋은 천지인, 넷은 동서남북, 다섯은 동서남북에 중앙, 여섯은 육도[육합이라고도 함], 칠은 금목수화토 오행에 일월, 팔은 팔방, 구는 팔방에 중앙, 십은 시방이다.

천부경은 불생불멸의 진리를 밝혔으니 최고의 진리를 밝힌 셈이다. 도교가 중국에서 발생한 것으로 생각하기 쉬우나 단군 시대 자부 선생으로부터 비롯했다. 천부경은 신라 시대 고운 최치원 선생이 묘향산 암벽에서 발견하여, 풀어 후세에 전한 것이다. 그 뒤 조선 시대 계연수가 다시 묘향산에서 발견, 세상에 빛을 보게 되었다. 큰 글이라고 하는 것은 영력靈力으로 나오기 때문에 진리의 글이다. 부처님이 3천 년 전에 불생불멸의 진리를 밝혔는데, 단군 성조께서 4천3백여 년 전에 이미 불생불멸의 진리를 냈다는 것은 우리나라에서 세계를 주창할 수 있는 세계 종교가 난다는 증거가 된다.

> 만 번 가고 만 번 오되 용은 변하나 근본은 동치 않나니
> 근본은 마음이고[天心이 人心, 人心이 天心] 근본은 태양이라.
> 사람이 중中을 높이 밝히고
> 천지도 하나니 하나로 마침에 하나로 마친 바가 없느니라.

만왕만래萬往萬來, 만 번 가고 만 번 온다. 용변부동본用變不動本, 그러므로 불변으로 만물에 응해서 변화해야 한다.

본심本心, 마음이 근본이다. 본태양本太陽, 진리의 태양이 솟아야 한다.

앙명인중昻明人中, 이 세상에 제일 큰 것이 셋 있는데 무엇이냐? 땅, 우리를 싣고 있는 땅이 큰데 땅보다 더 큰 것이 하늘이고, 하늘보다 더 큰 것이 사람이다. 왜 그러냐 하면, 사람이 없으면 천지는 빈 껍질이다. 사람이 천지를 운행하기 때문에, 천지보다도 큰 것이 사람이므로 높이 사람이 중도를 밝히라는 것이다. 사람이 중도를 밝혀야 하기 때문에 원래에 그 사람은 천지인에 합한 그 사람으로 천지보다 크므로 높이 천지에서 숭앙한다는 말이다. 앙명이란 숭앙한다는 의미다. 그러니 하늘이 크고 땅이 크지만, 중도를 밝힌 그 사람이 크다. 중심·중도·중화로 허령·지각·신명을 통해서 대진리관·대윤리관·대국가관·대세계관을 정립해서 일하는 사람이 앙명인중이다.

일시무시일, 일종무종일, 앙명인중 이 셋을 밝히기 위해서 해 놓은 것이다. 중이란 원만 평등한 자리기 때문에 우리가 일생을 원만 평등하게 살고 갔냐? 안 살고 갔냐? 여기에 귀착점이 된다. 이 몸은 아버지 물건만도 아니고, 어머니 물건만도 아니고, 하늘 물건만도 아니고, 땅 물건만도 아니다. 동포의 사·농·공·상 어느 물건만의 것도 아니고 법률의 입법 치법만의 물건도 아닌 사은의 합자회사이기 때문에 우리는 일생을 살아갈 때 원만 평등한 중中을 잡고 살아야 한다. 그러므로 일인중화즉천하一人中和則天下가 안정화육安定和育하는 것이다.

천지일天地一, 천지와 하나가 됨에 성주가 되며 천지와 같은 하나가 된다. 앙명인중해서 천지와 같이 하나란 말이다. 그런데 그 자리는 일종무종일이라, 하나로 마쳤지만 하나로 마친 바가 없다. 불멸이다. 그러므로 만세멸도 상독로는 바로 성주다.

단군이 비로소 이 진리를 파악해서 비장한 것을 다시 발견해서 나온 것이다. 그러므로 천부경을 어느 시기 어떤 사람이 지었는가를 시비할 것이 아니라 진리냐 아니냐, 이것만 생각하면 된다. 우리가 좀 크게 살고 하늘같이 살고 땅같이 살려면 중도를 갖추어 천하에 유익한 사람이 되어야 하겠다.

유무념 공부를 생활화하자

　대산 종사는 유무념 공부를 생활 속에 실천하기를 강조하며 늘 대중들에게 귀가 따갑게 말씀하셨다.
　대종사님의 28년간 설법을 몰아 말하면 용심법用心法으로 오직 마음 잘 쓰라는 것이다. 그러므로 마음 잘 쓰는 공부를 바르게 잘 길들게 하고, 바르고 큰 힘을 타게 하여, 바르게 잘 쓰게 하는 것은 간단한 유무념 대조 공부법이다.
　대산 종사는 "나는 대종사님의 법을 받드는데 하나하나 수증修證하며 체질화하는데 곤이지지困而之知하였다. 그러므로 나는 출가 후 유무념 대조에 온 정성을 다하였다. 종법사에 처음 추대된 후 유무념 대조 주머니를 좌산 이광정 종사에게 주면서 '앞으로 공부는 산 공부를 하여라. 많은 것을 알고 보는 것이 중요한 것이 아니다.'라고 하며 건넸다."라고 하셨다.
　원기78년(1993) 대산 종사는 '콩으로 유무념 대조하신 이야기'와 대종사님께서 '태조사가 극락 가는 비결'이라고 자주 강조하셨다. 교단에서도 이즈음 유무념 대조하는 여러 가지 기기가 만들어져 보급되었다. 다음의 예화는 직접 받든 유무념 대조 법문이다.

　대산 종사 조실 방 밖에서 무슨 소리가 나는 것을 듣고 시자에게 "무슨 소리냐"고 묻기에 시자 답하기를 "아마 비행기 지나가는 소리인 것 같습니다"고 답하였다. 다음 날 새벽에 시자가 세숫물을 올리고 밖으로 나와 그날의 기후와 온도, 그리고 바깥 동정을 살피고 조실로 들어가려고 하는데 굴뚝에서 이상한 소리가 나는 것 같아 쳐다보니 배출기 모터가 헛돌고 있었다. 그래서 시자 느낀 점이 있어 이 사실을 대산 종사께 아뢰고, "유무념 공부란 자기 일부터 해야 할 것 같습니다."라고 말씀드리니 대산 종사 부연하기를 다음과 같이 말씀하셨다.

"유무념 공부란 멀리 있는 것이 아니다.

유무념 시계를 선보이는 대산 종사

가까운 곳에서부터, 주변의 일부터 유무념을 잡아야 한다. 처음 온 아이가 불을 때고 굴뚝 배출기 모터를 끄지 않은 것 같구나. 이처럼 유무념이란 멀리서 찾을 것이 아니라 자신이 맡은 일부터 건수를 잡고 시작하여야 한다. 그렇지 아니하고 요원한 공부 표준을 잡거나 자기와 무관한 일 등을 건수로 잡으면 밤새 빈 모터가 돌아가듯이 헛도는 인생이 될 것이다. 그리고 이 일을 시자진들에게 알리도록 하라. 조실 일은 하루만 빠지면 큰일 나고 말 것이다. 밤새 굴뚝으로 따뜻한 공기가 빠져나가 방이 차면 어찌 되겠냐. 좋은 일 하고서 복이 빠져나가는 것 같을 것이다. 이 유무념으로 평소 선업 짓는 데 힘쓰도록 하라."

야부 선사 선시

산당정야좌무언 山堂靜夜坐無言
적적요요본자연 寂寂廖廖本自然
하사서풍동림야 何事西風動林野
일성한안여장천 一聲寒鴈唳長天

산당 고요한 밤에 말없이 앉았으니
고요하고 소소한 본래 자연[面目] 그대로더라.
어쩐 일로 서풍은 불어 임야를 움직이는고.
한 소리 지르며 겨울 기러기 장천을 거슬러 날아간다.

원기69년(1984) 계룡산 신도안 삼동원에서 천호산 도곡 삼동원으로 이전할 즈음 초창 당시 초가집 한 채가 산마루에 있었다. 그해 겨울 출가하여 스승님을 모시게 되었는데 대산 종사는 산당을 즐겨 찾았다.

대산 종사는 산당 마루에 걸터앉아 대중과 함께 기도하고 야부 선사冶父禪師의 산당정야 선시를 설하였다.

"끼──익 하고 긴소리를 한번 해 봐라. 그 소식을 알아야 한다. 끼──익 하는 한 소식을 깨쳐 버려야 내 일생이 허망하지 않는다. 최후에 갈 때는 우리가 무무역무無無亦無인데 없고 없고 또한 없고 없는 것이다. 거기에 우리가 매달려 살다가 우리 일생이 허망하게 된다. 일성한안一聲寒鴈에 여장천戾長天이라. 한 소리 찬 기러기가

산당에서 공부하는 모습

장천에 끼―익 하고 날아간다. 우리가 갈 때는 끼익 하고 간다. 그 한 소리를 뛰어넘어서 본자연하여야 한다."

저녁이면 남편과 묵언하고 선하는 시간을 보내고, 고요한 본연의 경지를 맛보아 보라. 과거에는 부처님 계신 서방정토에서 부는 바람이 좋았으나, 이제는 동쪽에서 부는 바람이라야 훈훈하여 좋다. 모두 기러기 우는 소리를 내 봐라. 그럴 때 사심 잡념이 없어진다. 끼―익 하고 모두 다 같이 울어 봐라. 영웅, 호걸, 위인, 달사들이 다 그런 경지에 한 번 들어가고 나야 큰 인물이 될 수 있는 것이다.

원기70년(1985) 갓 출가한 동자가 대산 종사를 모시고 산다는 자체도 생소하지만, 세속과 단절된 산골짜기에서 대중 생활은 외로운 기러기 한 마리 신세와 같았다. 그래서 끼익 하고 소리 한번 지르고 혹여 기러기가 지나가지 않나 겨울 하늘을 물끄러미 쳐다보곤 하였다.

이 선시는 그해 정월 내내 산당 법문의 주 내용이었고, 연말에 다시 산당의 단골 법문이 되었지만, 그 후 산당이 헐리자 기러기는 동녘 하늘로 끼익 소리를 내며 사라졌다. 다시 기러기 날아 올 제 님의 소식이나 들을 수 있을까 궁금해진다.

과거칠불 법문

　대산 종사는 절기에 따라 봄·가을은 원평교당, 여름은 완도 소남훈련원, 겨울은 삼동원 등을 찾아 전지 정양을 하였다. 나는 간사 시절 가장 힘든 곳이 완도 소남훈련원이었다. 이곳의 여름철은 대산 종사 내방으로 인해 더욱 분주해지고 비로소 활기를 찾았다. 전국 각지에서 피서 겸 법문을 받들고자 몰려드는 교도들로 붐볐다. 낮에는 야단법석을 준비하기 위해 편평하게 돌을 놓아 자리를 마련하고 법 잔치를 열고, 손님을 접대하고 때에 따라 정도리 해수욕장을 오가야 했다. 밤이 되면 숙소가 모자라 이방 저방 옮겨 다녔다. 그러기에 대산 종사를 모시고 잘 때가 행운이었다.

　대산 종사는 이 당시 과거칠불過去七佛로부터 삽삼 조사卅三祖師 게송 법문을 자주 설하였다. 소남훈련원 주변 숲속은 수백 년 자란 동백나무가 군락을 이루고 있었다. 동백나무 밑에는 크고 작은 바위들이 널브러져 있었다. 이를 보신 대산 종사는 야단법석을 마련하라 하시며 누워있는 돌 하나하나를 바로 눕히고 세우며 "이 돌이 바로 교도 한 분이고 부처"라고 하시며 모두가 명사십리 모래와 정도리 구계등의 자갈보다 많은 부처 되기를 염원하셨다.

　정산 종사는 "천지는 깬 성인이 안 나오면 빈 껍질이라"고 하셨다. 깬 분에게 연줄을 대기 때문에 천지가 살아있는 것이다. 그러므로 법신불이 최상인데 사은을 빼면 법신불이 빈 껍질이다. 또 사은이더라도 스승이 깨쳐서 전하지 않으면 법신불 사은이 빈 껍질이 된다. 그런데 누가 아는 사람이 없다.

만불전 터 고르는 작업
(완도 소남훈련원)

또한 정산 종사는 법신불이나 사은이나 대종사를 하나라고 말씀해 주셨다. 법신불이나 사은이나 대종사나 선법사나 삼세 제불제성이 하나다. 법신불께 심고 모실 때 그 자리는 사은이요, 대종사이시요, 선법사이시요, 삼세 제불제성임을 염원하면 맥이 통한다.

대종사께 절하러 가서 엄한[애먼] 데다 절을 했다. 그러면 대종사께서 절을 받겠냐? 그러기 때문에 진리라는 것이 맥맥히 통해야 한다. 그러니까 부처님께서도 당신이 깨셨는데 영안으로 비춰 보니까 육불六佛이 계셨다는 것이다. 그리하여 여섯 부처님을 내세우셨다. 대종사께서도 대각하셨는데, 깨고 보니까 말겁末劫인데 수운 대신사와 증산 천자가 있으니까 그분들을 내세우시고 칠불을 내세우셨다.

앞으로 교단도 산 불보살을 배출하고 천여래 만보살을 발아시키려면 법이 맥맥히 전해져야 한다. 대종사께서 깨셔서 내놓으셨기 때문에 대종사이시고, 선법사가 그 법을 이으셨기 때문에 선법사이시다. 그러면 법을 대종사, 선법사만이 내셨냐? 삼세 제불제성이 다 내셨기 때문에 삼세 제불제성이 관통이 된 것이다. 그러므로 칠불이 원래 있는 것이 아니다. 부처님이 깨쳐서 칠불을 만들어 놓으셨다. 그런데 뒷사람들은 여섯 부처님이 있는 줄 알고 있다.

거시기 가져 오너라

대산 종사는 법설을 하시다가 종종 "거시기 가져오라"는 말씀을 하셨다. 그러면 시자는 그 말이 떨어지기 무섭게 재빨리 조실에 가서 법문을 가져다드렸다. 법문뿐 아니라 당신의 손짓과 발짓, 움직임 하나하나에 시자들은 신경을 곤두세우고 있다가 당신이 무엇을 원하는지 눈치를 채고 가져다 대령했다. 모르는 사람들은 조실 시자들은 눈치도 빠르고 이심전심(?)이 되어 그런다고 생각한다. 하지만 조실 근무하는 시자들은 자칫하면 '이 똥 같은 놈'이라고 혼 아닌 혼을 당하는 일이 허다하다. 그래서 시자들은 정신을 차리고 산다. 오래 모시고 산 시자일수록 느긋하다. 대산 종사의 일거수일투족을 면밀히 살피다가 무언의 지시에 바로 응답하는 것이다.

완도 소남훈련원 동백정에서 법문할 때 일이다. 대산 종사가 법설을 하시다가 "거시기 법문 가져오너라"라고 하셨다. 조실과 동백정까지 1㎞ 남짓 되지만 무더운 여름에 뛰어갔다 오기란 버거운 거리다. 어느 때는 세 번씩이나 헐레벌떡 뛰어갔다가 온 적이 있다. 법문의 상황성과 그 분위기를 깨지 않기 위해서 그렇게 뛸 수밖에 없었다. 어느 때는 옆에 있는 학생에게 몇 번째 선반 어느 곳에 무슨 법문이 있으니 가져다 달라고 부탁하기도 한다. 그런 날은 행운이 아닐 수 없다.

무슨 일이든 오래 하다 보면 그 일에 요령이 생기기 마련이다. 대중 접견이 있으면 당신께서 이 법문을 할 것이라고 미리 말씀하시거나 준비해 두라고 하신다. 처음엔 그 법문만 준비해 두었다가 다른 법문을 찾으시면 낭패를 보기 일쑤였다. 법문 내용을 정확히 말씀 안 하시고 '거시기 가져오라'고 하는 날이면 더더구나 낭패

야단법석(완도 소남훈련원)

가 아닐 수 없다. 그래서 법문을 예의주시하고 그 상황이나 배경, 그리고 대중들과의 교류 등 사소한 몸짓 하나에 긴장을 놓지 않고 있어야 '거시기' 해도 알아듣고 호흡을 맞춘다. 세월이 어느 정도 흘러 시자 생활에 익숙해지자 나는 사전에 준비하란 법문 외에 관련된 법문을 별도로 챙겼다. 또한 대중 접견 손님의 분류에 따라 법문을 준비하면 만사가 불여탄탄이다. 그러나 이러한 애로를 알 수 없는 대중들은 시자들이 눈치가 빠르고 민첩하다고 찬탄한다.

　대산 종사가 산책을 하시다 옆에 있는 학생에게 '직평이 불러오너라'는 말씀하셨다. 법무실장인 황직평 교무를 찾는 말씀이었는데 한 학생이 잘못 알아듣고 지팡이를 가져왔다는 유명한 일화가 있다. 만약 시자들이라면 아무리 잘못 알아들었다 하더라도 그 말을 하기 전의 상황과 분위기 등을 면밀히 살핀 후 행동하기에 그래도 실수가 적은 것이다.

　대산 종사를 모시고 이리저리 천방지축으로 뛰어다니고, 무더운 삼복더위에도 법문을 가져다드리는 수고는 있었어도 당신의 법설 한마디에 힘이 났던 그 시절이 그립다.

네 가지 기르는 도

첫째는 양정養精으로 정신을 길러야 한다.

대종사님 당시 정精 자字 하나만 가지고 3개월을 토론하고도 끝을 내지 못한 일이 있는데, 요즈음 곰곰이 생각해 보니 이 정 자가 묘하더라. 정 자를 해석하면 쌀미米 변에 푸를 청靑 자로 수양과 영양이다. 수양을 막연히 할 것이 아니라 철저히 내수양과 외수양으로 해야 한다. 그동안 우리가 선을 아침에만 주로 하였는데 야반청신夜半淸晨이라 밤기운이 좋을 때 선이나 기도로 적공해야 한다. 나이가 좀 들면 밤중에 잠이 자주 깨는데, 그때 몽상하고 그럴 것이 아니라 일어나서 물이라도 좀 마시고 선을 조금하고 나면 저절로 잠이 오게 된다.

좌선만 선이 아니라 입선, 행선, 와선 등으로 무시선 무처선까지 이르러야 한다. 세상은 차츰 바빠지고 정신을 많이 쓰는데 우리가 내적으로 무시선 무처선으로 선을 하지 않으면 건강을 잃기가 쉽다.

둘째는 양신養身으로 대종사님께서 우리 몸은 만사만리萬事萬理의 근본이라고 말씀하셨다. 이 몸은 부처님을 모시고 다니는 수레다. 따라서 몸을 함부로 하는 사람은 공부가 덜된 사람이니 몸 관리를 잘하여야 한다. 나도 30대에 건강이 안 좋아져 40대부터는 도인법導引法을 하였고, 50대부터는 요가를 하여 건강을 관리하였다. 그러므로 우리가 자기 육신 관리를 잘하도록 하여야 한다.·

셋째는 양덕養德으로 덕을 길러야 한다. 유가의 사서삼경의 경 중에 최고의 것이 『중용』인데 중용 가운데도 중화中和라고 하였다. 중은 천하의 대도요, 대본이며,

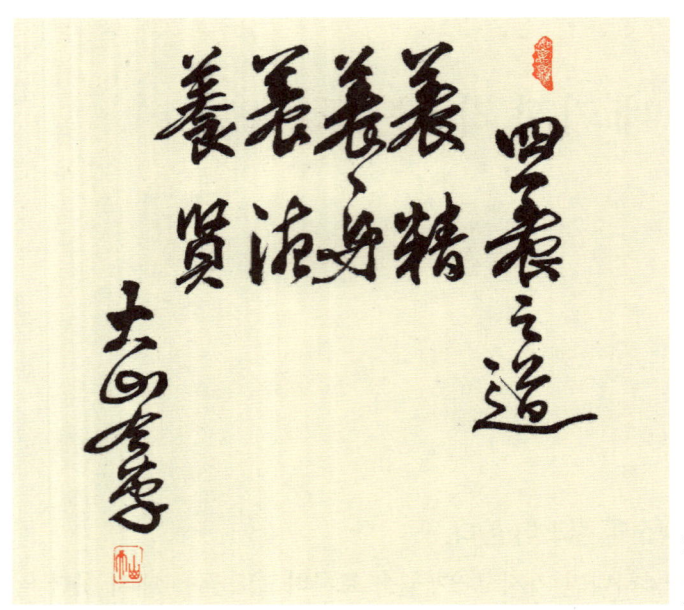

사양지도 四養之道
양정 양신 양덕 양현

화라는 것은 도를 깨치는데 최고라는 말이다. 그러므로 중과 화를 이루면 천지가 자리를 얻게 된다. 그리하여 만물이 그 생성의 도를 따라서 다 커 간다고 하였다. 양덕은 바로 중화인데 중화가 되어야 다른 사람의 스승이 될 수 있고, 회상을 맡을 수 있고, 어떤 기관을 맡아서 발전시킬 수 있다.

넷째는 양현養賢으로 어진 이를 길러야 한다. 세계도 불보살이나 성현이 나오지 않으면 빈껍데기이고, 나라도 단체도 그 주인이 없으면 빈껍데기이다. 우리가 이미 이 회상을 만났으니 인류를 책임질 수 있는 의무와 책임을 지려면 우리 자신만으로는 안 되고 후배와 후진을 길러야 한다. 그래서 나는 인류에 대한 책임으로 정신, 육신, 경제, 훈련, 교육, 관리, 생산, 자력, 평등, 원만, 봉공의 11훈을 밝히어 후진 육성에 큰 기운을 돌리자고 하였다.

이 법문은 원기70년(1985) 7월경 완도 소남훈련원 동백숲에서 교역자훈련 해제 법문으로 내리셨다. 무더운 여름날 총부에서 완도까지 법문을 받들고자 오신 교무님들의 모습과 그 광경이 과거 영산회상의 야단법석 같아 지금도 그날의 감격을 생각하면 어린 행자의 모습이 그리워진다.

열 가지 삼매

　원기70년(1985) 여름, 완도에서 간사 시절 무더위가 기승을 부리던 때 오른쪽 무릎에 종기가 났다. 걷기도 힘든데 종기 난 무릎에 반바지 끝이 스치기라도 하면 찌릿찌릿 온몸에 전해오는 고통은 소름 끼치게 아팠다. 며칠간 고생하다 내 손으로 아픔을 참고 종기를 짰다. 그 순간 언제 그렇게 아팠는지 모르게 낳았다.

　그 후 대산 종사와 삼매탕에서 몸을 씻다 대산 종사의 등을 보니 왼쪽 어깨와 등 주위에 등창이 나 있었다. 그 종기를 보고 "저도 무릎에 종기가 나 고생하다가 종기를 짜고 나니 아무렇지도 않게 나았습니다. 제가 한번 짜 보겠습니다." 하니 "응, 그러면 한번 짜 보아라." 하여 종기를 짰다. 대산 종사의 얼굴 표정이 무척 아프신 것 같아 잘못 짜면 더 심해질 것 같아 그만 중지하겠다고 아뢰니 계속 짜게 하였다. 마침내 다 짜고 나서 병통이 생긴 것이다. 아직 덜 곪은 등창을 건드려 더 부어오르고 통증이 심해 결국 의사를 불러 두 달여 만에 등창을 치료하였다.

　그때 걱정하는 나를 위로하고자 대산 종사는 대중들에게 말씀하시기를 "등창 앓아 본 일이 있느냐. 아파 본 일이 없는 사람은 그 세정을 모를 것이다. 증산 천사 말씀에 '성현이 종기나 등창을 앓을 때는 국가나 세계에 얽혔던 응어리가 두루 터진다'라고 했다. 나도 등창을 앓으면서 국가의 남북문제, 세계의 동서문제, 국내의 여야문제 등 모든 어려운 일들이 이 아픔으로 인해 툭툭 터지고 화해하고 통하여서 원만한 해결이 되기를 염원했다."라고 했다.

　해가 바뀌어 신년법문 부연으로 '선정삼매禪定三昧 염불삼매念佛三昧 독서삼매讀書

대산 종사, 만불전 터를 고르시고 휴식 중(완도 소남훈련원)

三昧 사상삼매事上三昧 해탈삼매解脫三昧 선보삼매禪步三昧 와선삼매臥禪三昧 낙고삼매樂苦三昧 감로삼매甘露三昧 설법삼매說法三昧'를 열 가지 삼매라고 밝혔다.

  대산 종사는 그 가운데 낙고삼매를 "내가 종기로 최고의 아픔에 처했을 때 스스로 허허 웃으면서 위안하여 낙고하였다. 그러니 최고의 고가 돌아올 때 고를 낙으로 하여 고가 고 아닌 낙으로 화하도록 하는 것이다. 과거에 수운 대신사가 사형을 당하셨을 때나, 예수님이 십자가에 못 박히실 때나, 이차돈 성자가 사형을 당한 때나 낙고의 경지로써 삼매에 들었던 것이다. 다른 사람들은 그런 상황에서 원망을 했지만 이분들은 기꺼이 받아들여 낙고삼매에 들었다."라고 말씀하셨다.

  대산 종사가 종기를 앓고 낙고삼매로 삼아 법문의 예화로 말씀하였으니 나에게는 모든 경계가 삼매로 화하여지는 이치를 몸소 보여주신 소중한 법문인 셈이다.

수도인의 세 가지 일과

　대산 종사의 일상생활은 사시정진으로 언제나 일분 일각도 어김없기로 수행자들의 표준이 되었다. 보통 사람들이 섣불리 흉내 낸다고 2~3일 하다가 다 도망갈 정도로 자기 수행에 철저하였다. 혹여 대산 종사의 늦잠 잔 이야기를 하면 이 어르신께 누가 될까 주저되나 크게 보아 오히려 자연스러운 일이라 소개하고자 한다.
　완도 소남훈련원의 일과는 여름 특성상 동적이고 대인접물이 많아 쉽게 지치고 피곤했다. 대산 종사 평상시 4시면 어김없이 일어나 세수와 냉수마찰을 하고 도인법과 선으로 하루를 시작했다. 이어 6시면 대중과 함께 요가를 하고 산책을 했다.
　어느 날 세상모르게 단잠에 빠져 늦잠을 자고 있는데, 밖에서 사람들의 웅성거리는 소리가 들려 시간을 보니 6시 5분 전이었다. 나는 깜짝 놀라 대산 종사를 깨워 옷을 급히 입혀드리고 밖으로 나가려고 하는데 잠옷 차림인 것을 알았다. 나는 놀라서 대산 종사의 손을 붙잡고 옷을 입으려고 하고, 대산 종사는 어서 빨리 밖으로 나가려고 나의 손을 잡아당기었다. 서로 손을 당겼으나 내가 이기지 못하여 밖에서 보이지 않게 문만 살짝 열어 드리니, 그제야 대산 종사는 내가 잠옷만 입고 있는 것을 보고 손을 놓아주고 당신 혼자 걸어 나가 창피를 면하였다. 만약 대산 종사가 손을 놓지 않았다면 수많은 대중의 입에 이 일이 회자되었을 테니 지금도 생각하면 아찔할 뿐이다. 사실은 잠옷이 아니라 속옷 바람이었다.
　밖에서는 대중들이 요가와 동시에 여름방학 동안 시자로 온 예비교무인 여학생들의 조실 방 청소가 시작됐다. 나는 학생들이 들어오기 전에 부랴부랴 옷을 챙겨

대산 종사, 대중과 요가(완도 소남훈련원)

입고 아무 일 없었다는 듯이 조실 방을 나와 요가를 하였다. 그날의 요가를 마치고 외치는 '새 마음 구호'는 어찌나 신이 나든지….

"우리의 다짐! 새 마음 새 몸 새 생활로 새 사람이 되어 새 가정 새 나라 새 세계 새 회상 이룩하자. 야!"

요즘도 가끔 이 일을 생각하며 수행인의 일과를 점검해 본다.

대산 종사는 아침은 수도 정진 시간이고, 낮은 보은 봉공 시간이고, 저녁은 참회 반조 시간으로 수도인의 세 가지 일과를 말씀하셨다.

一. 아침은 수도 정진 시간으로 정하여 마음의 때를 벗기는 선禪 공부를 계속해서 나날이 새 마음을 기를 일. [계정혜, 공원정, 일심 원만수행]

一. 낮은 보은 봉공 시간으로 정하여 부지런히 활동해서 사은에 보답하여 나날이 새 세상을 만들 일. [誠敬信, 일체 보은불공]

一. 밤은 참회 반성 시간으로 정하여 하루 동안 신·구·의 삼업으로 남을 해친 일이 있는가 없는가를 반성하여 나날이 새 생활을 개척할 일. [신구의 삼업청정, 원만]

네 가지 목욕

　무더위가 기승을 부리던 어느 날 모 국회의원이 완도 소남훈련원을 방문하였다. 대산 종사는 접견을 마치고 돌아가려는 의원의 손을 잡아 놓아주지 않고 삼매탕에 이르렀다. 대산 종사는 수영복으로 갈아입고 탕에 들어가 바쁜 일정 때문에 돌아가려는 의원에게 어서 들어와 목욕이나 하고 가라고 청했다. 그 의원이 이러지도 저러지도 못하고 있을 때 여벌로 준비해 둔 수영복을 내미니 사양치 못하고 마지못해 물속으로 들어왔다.
　일명 삼매탕은 한 평 남짓 계곡물이 바위에 모여 탕처럼 생겼다 하여 대산 종사가 붙인 이름이다. 그날 삼매탕에는 대산 종사를 비롯하여 사오 명이 들어가니 꽉 차 넘쳤다. 사람 사이 정이 들려면 같이 밥을 먹고 목욕하면 아무리 성근 관계라도 정이 들 수밖에 없지 않을까? 더구나 원불교 종법사와 같이 자연인으로 돌아가 목욕을 하니 그 훈증으로 사기 악기가 다 녹아나니 영광 중에 가장 큰 영광이 아니겠는가? 대산 종사가 그 의원에게 '이것이 바로 삼매고 함께 훈증으로 쪄진다'고 말하니 감개무량하였을 것이다.
　그 일이 있고 난 뒤 이 국회의원이 추진하여 영광 영산성지 가는 길이 확장 포장이 되었으니 성자의 삼매탕 훈증이 무르익은 증거라 아니할 수 없다.

　완도 소남훈련원은 남국의 정취가 물씬 풍겨 오는 곳이다. 또 수백 년 세월의 인고를 간직한 동백나무 군락 주위에 널브러져 있는 바위들을 제자리에 앉혀 놓으니 야외법단이 되었고, 그러한 곳이 곳곳에 있어 때 따라 이동 법당의 역할을 하였다.

또한 훈련원 주위로 산책로가 형성되어 사색을 즐기거나 선보삼매를 만끽할 수 있었고, 찬 계곡물로 무더위를 식힐 수 있는 곳이었다. 한낮에는 작열하는 태양 빛이 고개를 숙이게 하지만 해거름 때 고개를 들어 산봉우리를 쳐다보면 늙은 수도승을 닮은 숙승업진봉이 있

완도 명사십리에서 해수욕과 일광욕을 즐기신 대산 종사

어 수행하는 이에게 큰 바위 얼굴의 교훈을 주었다.
 대산 종사는 "숙겁에 쉬어가는 스님네들 스님네들 다실랑 짓지 말고 깨끗하게 다실랑 짓지 말고 깨끗하게"라는 숙승업진봉의 시를 내리어 노래로 부르게 하였다.

 대산 종사가 완도에서 설하신 대표적인 법문 중 '네 가지 목욕'이 있다. 관광하는 것이 바로 일광욕이다. 유럽에서는 햇볕이 나면 모든 사람이 볕을 쬐러 나온다고 한다. 다음은 해수욕이 있다. 일본 의학계에서 쥐에게 1주일가량 스트레스를 주어 신경마비를 시켰더니 어미 쥐나 새끼 쥐를 막론하고 서로 물어뜯었다. 그 쥐를 깊은 산속에 갖다 놓으니 안정이 되었다. 이 실험으로 인해 일본에서는 삼림욕이 대단히 성행한다고 하였다. 그러나 세계적으로 일광욕, 해수욕, 산림욕은 발달하였어도 한 걸음 더 나아가 삼매욕은 뒤떨어졌다. 미국에서는 삼매 탱크라고 하여 어두운 통속에 들어가 쉬고 나온다. 삼매욕 중 선정삼매인 입선으로 정에 드는 삼매가 있고, 독서삼매인 좋은 경전을 많이 보아서 삼매에 들기도 한다. 또 사상삼매로 부지런히 일해서 삼매에 든다.
 그 후 네 가지 목욕 중 산림욕이 삼림욕으로 바뀌었고, 풍욕이 추가되어 일광욕, 해수욕, 삼림욕, 풍욕, 삼매욕 등 다섯 가지 목욕으로 변경되었다.

정법으로 원만한 수행을 하자

필자는 갓 출가하여 대산 종사를 모시는 큰 은혜를 입었다. 큰 성인을 가까이 모시면서 무엇인가 특별한 공부법이 있고 남다른 수행법이 있을 것이라고 여겨 대산 종사의 일거수일투족을 면밀히 살폈고, 일상생활의 모습을 흉내 내기도 하였다. 그러나 대산 종사의 일상수행 모습은 평범함 그 자체였고 촌로의 모습 같았다. 지극히 원불교 수행법에 한 치도 벗어남이 없었다. 그러기에 원불교에 처음 입문하는 이들에게 표준이 될 일상수행 법문을 소개하고자 한다.

이 회상에 일방에 능한 나한들이 많이 온다. 그러나 대도는 정통정맥이 되지 아니하고는 받을 수도 전할 수도 없다. 정산 종사는 "내가 대종사의 큰 은혜를 많이 입었으나, 그 가운데 큰 은혜는 찾아 주시고 다시 토굴에 넣어 일방에 빠지지 않도록 사정없이 기운을 눌러서 정법으로 지도하여 주었다."라고 자주 말씀하셨다. 나한들이 정법의 바른 스승이 아니고는 제도를 받지 못하는데, 만나도 몰라보거나 자기 주관으로만 나가면 크게 걱정된다. 그러나 일방의 능한 것으로 재주 부린다고 이단이라 하여 몰아갈 필요는 없다. 한몫하고 고비만 잘 넘기도록 끝까지 호념해야 한다.

대타원 이인의화가 영통하여 삼세를 뚫어 보는 실력이 있었고, 나는 그때 크게 힘을 얻지 못하였다. 대타원은 정산 종사께 지도를 요청하였고, 나에게도 "영생을 맡기니 지도해 달라."고 하였다. 대도의 바른 스승을 알아보고 일방에 능한 것을 감

차고에서 공부하는 모습(삼동원)

추는 큰 심법이었다.

　모 기관장이 자기가 데리고 있는 전무출신 지망생이 근기가 솟으니 입산하여서 한 3년간 토굴 정진으로 큰 힘을 얻어 교단에 기여하고자 허락을 간청하자 대산 종사 말씀하셨다.
　"내가 만대를 놓고 지도하는 것이니 잘 들으라. 대도는 받을 사람이 받아야 하고, 천지 기운이 응해야 하며, 대중의 인증이 있어야 한다. 대종사께서 서대원 정사가 입산하여 특별 정진을 하고자 요청하였으나 허락하지 않았다. 또한 본인 스스로 건강도 아주 좋았고, 자신도 있었으며 좌우에서도 근기가 좋으니 입산하여 힘을 얻어 오는 것이 좋겠다는 권유도 있었다. 그러나 대종사께서는 정법으로 원만한 수행을 하도록 지도하고 만류하였다.
　과거 도인들이 건장하고 근기도 솟아 선풍을 일으킨 일은 있었으나 그것은 그때 그 시대의 일에 따라 맞는 일이다. 그러나 지금은 그렇게 해서는 아니 된다.

내가 원평에 있을 때 '모든 것을 챙겨 드릴 테니 입산하여 큰 정진을 하라'고 권유하는 동지들이 있었다. 내가 만일 입산하여 큰 힘을 얻고 나왔다면 후진들도 따라 할 것이다. 만약 입산하여 일방적인 수행으로 한 가지 방면에 능하여 정법을 몰라보고 자기주장만 하는 사람들이 나오게 될까 두려워 일체 그런 일을 하지 않았다. 앞으로는 어떤 대도인이 오더라도 이 회상에서 순서를 밟아 공부해서 심인을 받지 아니하면 아니 될 것이다."

삼전 법문

원기70년(1985) 5월 15일 제주국제훈련원 봉불식 법문 서두에 대산 종사 대중에게 물으셨다.

"여기가 무엇 하는 장소인가?"

"훈련하는 장소입니다. 마음 훈련입니다."

"맞았다."

"그런데 여기 누구의 집인가?"

"우리 집입니다."

우리 집만은 아니다. 전 인류, 전 국민, 전 교도의 집이다. 그러므로 여기는 전 인류, 전 국민, 전 교도들의 자연함양의 도량이요, 자연훈련의 도량이며, 자연요양의 도량이다. 그런데 함양은 정신이 거듭남이요, 자연훈련은 우리의 마음이 거듭남이며, 자연요양의 도량은 우리 육신을 거듭나게 하는 것이다.

오늘 봉불을 기념하여 삼전三田 법문을 소개하고자 한다.

첫째 영전靈田이니, 대종사님께서 대각하신 일원의 진리이다. 이 영전은 하나이면서 열이요, 열이면서 하나인 자리로, 영생불사한 자리요, 죄지으면 죄 주고, 복 지으면 복 주는 자리로 영명불매靈明不昧한 자리다. 씨앗은 뿌리지 아니하면 썩어 버리고, 밭은 빈 밭이 되어 버리고 만다. 우리 재가출가는 이 진리에 씨를 뿌리기 위해 서원을 세운 불보살들이다. 그러므로 진리인 영전에 대각 성불의 종자를 심고 가꾸

어야 한다.

둘째 법전法田이니, 대종사님께서 이루어 놓으신 일원의 회상이다. 이 법전은 삼세 제불제성이 공회共會하고 공생共生하고 공락共樂하는 자리요, 법이 담겨있는 자리요, 법등이 시방 삼세에 비추는 자리다. 씨앗은 뿌리지 아니하면 썩어 버리고, 밭은 빈 밭이 되어 버리고 만다. 우리 재가출가는 이 회상에 씨를 뿌리기 위해 서원을 세운 불보살들이다. 그러므로 이 회상인 법전에 영겁 주인의 종자를 심고 가꾸어야 한다.

셋째 덕전德田이니, 대종사님께서 개척하신 일원의 세계이다. 이 덕전은 일체생령 구류중생, 천지, 부모, 동포, 법률에 덕을 뿌리는 자리요, 화피초목 덕화만방한 자리다. 씨앗은 뿌리지 아니하면 썩어 버리고 밭은 빈 밭이 되어 버리고 만다. 우리 재가출가는 이 사은에 씨를 뿌리기 위해 서원을 세운 불보살들이다. 그러므로 사은인 덕전에 제중 보은의 종자를 심고 가꾸어야 한다.

삼전 법문의 요지는 진리인 신령스러운 밭에 대각 성불의 종자를 심고, 회상인 법의 밭에 영겁 주인의 종자를 심고, 사은인 덕의 밭에 제중 보은의 종자를 심고 가꾸자는 것이다.

대산 종사는 제주국제훈련원 개원을 시작으로 '국제훈련원'이란 명칭을 붙이게 하였다. 원불교가 제주에서 국제로 도약하기 위한 발판으로 삼고자 하는 원력이 담긴 셈이다. 님은 열반의 그 날까지 지리산국제훈련원의 터잡이를 하고 가셨다. 님은 그 터에 영전과 법전과 덕전의 씨앗을 뿌렸으니 열매 맺고 거두는 것은 우리들의 몫이 아닐까?

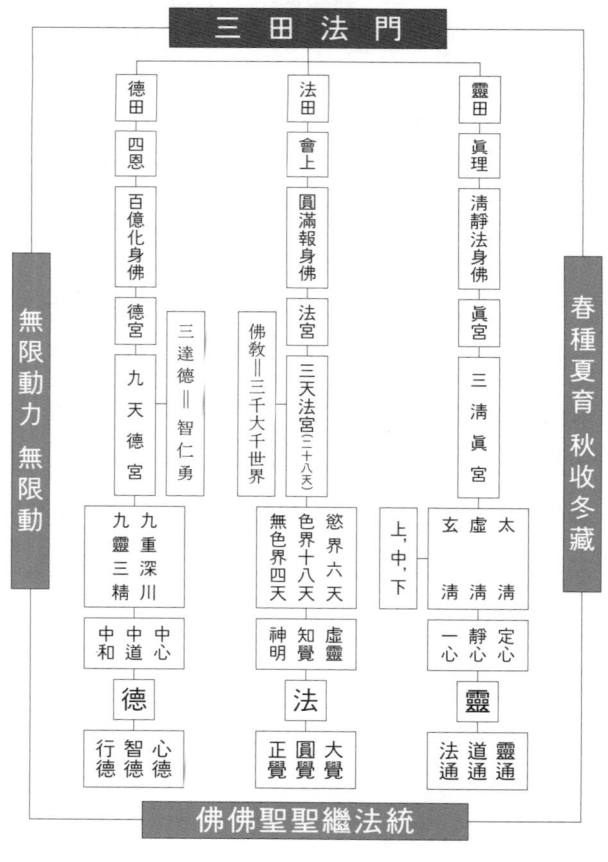

삼전 법문

단전배 만져보기

연도심수천봉월研道心秀千峯月
수덕신여만곡주修德身如萬斛舟

  이 한시는 형산 김홍철 법사와 아버지 팔산 김광선 종사가 무장 연화봉 초당에서 대종사님께 받든 법문 중 하나이다. 여러 법문을 듣고 기록하려고 하니 대종사께서 못하게 했다. 다른 말씀은 다 잊어버렸지만 이 글귀는 영산 제2방언공사 때 전해주어 『대종경』에 실리게 되었다.

  연도심수천봉월이요, 즉 도를 연마하니 마음이 천봉우리에 비친 달과 같이 심월이 솟아났다는 뜻이다. 수덕신여만곡주라, 즉 덕을 닦으니까 몸이 만곡주와 같이 무겁고 지중하단 말이다. 그러므로 총부나 선원이나 성지는 연도수덕의 광불도량이 되어야 한다. 광불! 넓을 광廣 자 부처 불佛 자에 큰 의미가 들어 있다. 각자에게 다 부처가 들어 있는데 광불을 못하고 소불[小佛, 작은 부처], 암불[暗佛, 어두운 부처]이 되기 때문에 매해진다.

  대산 종사는 삼동원에 정양하고 있으면서 대중에게 공부 위주로 일을 하게 하였다. 오후 일과를 시작하기 전 반드시 고경이나 한시 등을 공부하게 하였고, 간사들에게는 특별한 시간을 내어 강사를 모셔다가 공부를 시켰다. 이 한시 공부도 그때 익혔다. 지금은 교단에서 간사 생활을 거치는 후진들이 드물다. 삼동원은 그 당시

요가하시는 대산 종사

간사도 많았고, 인연에 의해 모여든 대중이 북적거렸다. 특히 겨울방학이 되면 학생들이 모여들어 연도수덕 광불도량의 공부하고 수행하는 분위기로 욱신욱신하였다.

대산 종사는 대중들과 공부할 때는 반드시 참석하여 보설해 주거나 참여한 법사님들께 한 말씀 하게 하였다. 그때 "도와 덕을 닦아 심력을 얻어 만 중생을 실을 수 있는 법선이 돼라."고 하시며 "공부하는 이는 단전배를 만져 보면 안다."고 하였다.

우리 초입자들은 서로의 단전을 만져 보고, 단전 위치도 잡아 보았다. 그때 누군가 대산 종사의 단전배를 보았다고 하여 자연스럽게 어른의 단전배가 화제가 되었다. 그 일이 있고 난 뒤 대산 종사가 목욕하실 때 유심히 아랫배를 보는 습관이 생겼다. 그러나 관심을 가질수록 보는 것에 그치지 않고 만져보아야 직성이 풀릴 것 같아 기회만 엿보다가 때를 밀어 드리면서 겨우 만져 보았다. 단전배를 의식적으로 만지려고 하니 어찌나 손이 떨리던지 심장이 멎는 것 같았다. 잠깐의 순간에 만진 단전배는 불룩 솟아 가늠할 수가 없었다.

어찌 성현의 국량을 어린 행자가 감히 측량하겠는가? 그 후 대산 종사의 단전배를 만져 보았는가 하는 도반들의 호기심 어린 질문에 미소로 답하였을 뿐이다.

구릿골에 터를 잡고

　원기70년(1985) 대산 종사께서 원평 정양 시 봄빛이 따스할 즈음 구릿골로 산책하러 다녔다. 어느 날 제비산에 올라 금평저수지를 바라다보며, "옛 원평교당이 저 아래 있었는데 수몰되기 전 원평에서 정양할 때 구릿골 일대를 아니 가본 곳이 없다." 하시며, "그때는 바늘 하나를 찾을 정도였다."라고 했다.
　어느 날 구릿골 깊숙한 계곡으로 들어가시어 대산 종사는 "여기가 화용도 계곡"이라 하였다. "삼국지를 보면 적벽전에서 관우가 조조를 잡지 않고 길을 터 주어 조조가 화용도까지 달아났다는 장면이 있는데 이곳이 바로 화용도라는 느낌이 들었고, 이곳 사람들이 그렇게 부른다."라고 했다.

　한때는 원심원 뒤로 병풍처럼 둘러싼 산이 있는데, 그 산을 가리켜 구성산九聖山이라 했다. 구성산 아래 증산 천사가 천지공사를 행한 유명한 동곡약방이 있고, 조금 더 계곡을 따라 올라가면 원심원이 있다. 원심원에서 구성산을 바라보면 까마득하게 보인다. 증산이 천지공사를 행할 때 제비산 중턱에 잠시 해를 걸어 놨다는 일화가 아직도 전해지는 그곳이 구릿골이자 공식 지명으로 동곡銅谷이다. 그곳 사람들은 이 골짜기가 그릇을 굽는 가마골이었는데 그릇골이 구릿골로 와전되어 불리다가 일제강점기에 구리 동銅 자 동곡으로 변했다고 했다. 그 증거로 도자기, 사기그릇 파편 무더기를 본 적이 있고, 그 산에 가면 혹시 온전한 그릇이 없나 찾아보기도 했다.

구릿골에서 대산 종사를 모시고
은모 김정권(좌측 두번째) 은부 이준교(우측 세번째) 교무와 필자가 은자녀 결의를 맺었다. 필자 우측

　　대산 종사는 원평에서 정양할 때 행선을 주로 하였다. 집에 있으면 아프고 저리고 하여 산을 갔는데 심심하여 망태기를 짊어지고 다녔다. 약 뿌리가 있으면 캐고 없으면 말고 하며 선보를 하였다. 한 뿌리도 한 망태기, 두 뿌리도 한 망태기, 못 캐도 한 망태기가 되어 큼직하게 벌려서 다녔다.
　　대산 종사는 아마 그때를 회상하시며 구릿골 이곳저곳을 다니셨는가 보다. 화용도 골짜기를 가기 위해 원심원을 지나 굽이친 산모퉁이에 이르면 조그마한 함석집 한 채가 있었다. 몇 날 며칠 이곳을 지나치다가 어느 날 이 집에 들렀다. 이곳에서 25년간 홀로 지내고 있는 증산도꾼 박상래의 집이었다. 한때는 소학교 선생으로 아이들을 가르치다가 여기에 터를 잡고 수행하고 있었다. 그러다가 함석집 뒷방에 세를 내어 이곳을 왕래하였다. 이 도꾼은 홀로 독공하며 지내다 원불교 종법사가 누추한 이곳에 자리를 잡고 내왕하는 교도들을 접견하며, 이 집 주인장을 소개하니 비로소 자신을 알아주는 반가움에 고마워하였다.

대산 종사는 이곳에서 봄가을을 보내신 후 다음 해에 원심원을 비롯하여 주변 몇 가옥을 매입하고 정양처로 삼았다. 그때 원남교당 서원심 교도에게 내린 법문이 지금의 원심원 수도원에 걸려있다.

원심원기圓心園記

구성산九聖山 어구삼신산지하於口三神山之河에 택지정택擇地定宅하니 수부귀 복혜건강壽富貴福慧健康으로 무량수無量壽 무량복無量福 무량혜無量慧가 진진陳陳하여 복족족福足足 혜족족慧足足 할 것이다.

※ 양정養精, 양신養身, 양덕養德, 양현養賢하고 잠심潛心, 연심鍊心, 정심正心하여 이취공부以就工夫하면 필득여의보주必得如意寶珠하리로다.

구릿골과 증산도꾼

원평 금산사와 그 일대 구릿골은 증산 천사의 천지공사 기운이 어려 있는 곳이다. 구릿골에 살려면 증산 도인들과 인연이 없이 지내는 것은 일종의 무례나 다름없다. 그래서 대산 종사는 증산 천사의 천지공사하신 이야기도 많이 하였고, 그 유적지도 참배하였다. 또한 수많은 증산 도인들을 맞았고 다녀가기도 하였다.

『대종경』 변의품 31장, 대종사 말씀하시기를 "증산 선생은 곧 드물게 있는 선지자요 신인이라, 앞으로 우리 회상이 세상에 드러난 뒤에는 수운 선생과 함께 길이 받들고 기념하게 되리라."고 하였듯이 대산 종사는 증산 천사 말씀을 자주 하여 어느 때는 어린 마음에 증산이 대산이고, 대산이 증산이 아닌가 착각할 정도였다.

대산 종사는 증산 천사를 기리는 의미에서 증산의 말씀을 어느 선인의 말씀이라고 자주 인용하였다. 그중 금산사와 관계있는 시를 소개하고자 한다.

만국활계남조선萬國活計南朝鮮이니
청풍명월금산사淸風明月金山寺로다
문명개화삼천국文明開化三千國이고
도술운통구만리道術運通九萬里더라
만국을 살릴 꾀 남쪽의 조선이니
맑은 바람 밝은 달 금산사로다

문명이 삼천 국에 피어나고
도술은 구만리를 통하더라.

　원평교당에서 대산 종사를 모시고 들판으로 산책하러 나갔다. 그런데 많이 보았던 들판이고 산하였다. 산책하는 내내 그 생각이 가시지 않다가 문득 수년 전 꿈속에서 본 그곳임을 알게 되었다. 나는 들판을 걷고 있었고 맞은편에서 흰 법복을 입은 법사님 좌우로 법사들이 호위하고 대중이 행렬을 지어 오고 있었다. 법사 일행들과 마주치자 나는 인사를 하였다. '저는 양정교당에 다니는 청년이고 지금은 전무출신 하려고 공부하고 있는 중'이라고 소개하니 법사님께서 머리를 쓰다듬고 등을 토닥이며 열심히 하라고 당부하며 길을 떠났다. 그 꿈이 하도 생생하여 즉시 교당으로 달려가 그 꿈을 교무님께 말하니 '법사님들께서 격려하고자 하신 것'이라고

원평 구릿골 증산 도꾼 박상래 집에서 한담을 나누는 대산 종사와 장산 종사(좌측)

하였다.

   그 후 나는 군대를 다녀온 후 그 꿈을 잊고 살다가 원평에서 다시 생각나 말씀드리니 대산 종사 내 손을 꼭 잡고 "너는 증산 도인으로 이곳에서 나와 인연이 있었다."라고 하였다. 이 일로 나는 한동안 '증산도꾼'이라고 불리게 되었다.

   사람에게는 인연지가 있는 모양이다. 원평에 사는 동안 이 말이 위안이 되었는지 나는 간사로 2년, 예비교역자로 5년, 도합 7년간 방학하는 동안 원평과 구릿골에서 홀로 독공한답시고 살았다. 그 후 몇 번을 다녀왔어도 요즘은 발길이 멀어졌다. 하지만 그곳의 소중한 인연은 어려울 때 여전히 나에게 힘이 되고 있다.

구릿골의 인연들

　대산 종사는 원심원을 정양처로 정하고 매일 그곳을 왕래하였다. 대산 종사와 시자들을 실은 봉고차가 구릿골 입구로 들어서면 늘 자신의 몸집보다 큰 지게를 지고 나무를 하러 가는 할아버지 한 분과 마주치곤 했다. 그때마다 대산 종사께서는 차를 세우게 한 후 껌과 사탕을 나무꾼 할아버지에게 주었다.
　그 할아버지는 말도 어눌한 데다가 걸음걸이도 느려 겨우겨우 한 걸음씩 옮기며 매일 산으로 가곤 했다. 그것도 집 뒷산이 아니라 화용도 계곡 골짜기 깊숙한 곳까지 나무를 하러 가는데 매일 지고 오는 나무 한 다발이 지게보다 가벼운 솔가지 몇 가지였다.
　하루는 우리가 원평교당으로 떠나기 전 할아버지가 원심원 근처로 와 어눌한 말투로 '댐배 댐배' 하며 손짓으로 담배를 사달라고 했다. 대산 종사께서는 시자들에게 할아버지에게 양말과 옷가지를 사주라고 하며 "이 영감이 나무하러 산에 가는 것이 아니고 기도하러 간다. 나는 이 사람이 내생에 우리 회상과 인연이 되라고 지금 인연을 걸고 있다."라고 하였다.

　한때 대산 종사가 폐병에 걸려 생사가 위태할 때 원평에서 정양하였다. 이때 오늘은 한 걸음, 내일은 두 걸음, 모레는 세 걸음 그렇게 조금씩 늘려 선보를 하였다. 커다란 망태기를 들고 이 산 저 산을 누비면 늘 한 뿌리도 한 망태기, 두 뿌리도 한 망태기였다고 했다. 아무리 많은 약초를 발견했다 해도 시간이 되면 어김없이 하산

했다. 아마 그때의 고행이 지금의 나무꾼 할아버지한테서 느껴진 모양이었다.

원심원 뒷집에는 평화 할머니 한 분이 사셨다. 그분은 어렸을 적 이곳에 시집와 평생을 증산 천사를 기다리며 기도로 지내셨다. 대산 종사가 매일 마을 입구를 지나 박상래 가에 머무르다 가신 곳을 보시고 당신이 평생 기도하며 기다리신 성인이 대산 종사라고 하였다.

옛 어른 말씀에 '이곳 구릿골에 비행기 타고 성인 한 분이 오실 것'이라고 하였기에 평생 세

원평 구릿골
나무꾼 할아버지와 필자

계 평화를 기원하며 그 성인을 기다렸는데 바로 그분이 검은 차를 타고 오신 분임을 알았다고 했다. 대산 종사는 이 할머니에게 '평화'라는 법명을 내렸다. 그 후 평화 할머니는 기도하며 모은 10원짜리 동전을 수북이 바구니에 담아 바쳤다.

원심원을 매입할 때도 대산 종사는 "이 집 주인이 좋은 일로 집을 파는 것이 아니니 시가보다 높게 매입하라"고 지시한 일이 있었다. 그 집 주인은 이 집을 팔아 일부는 아들의 빚잔치로 갚음하고, 바로 앞집에 새집을 지어 살며 입교하여 교도가 되었다. 대산 종사는 원심원을 내왕하는 교도와 손님들을 위해 마을 도로를 정비하도록 지시하시며, 아울러 이곳 마을 어른들에게 큰 잔치를 베풀어 주라고 하였다. 일종의 들턱인 동시에 신고식이자 주민들에게 인연을 걸려는 셈이었고 내생을 위한 준비가 아니었을까?

호랑이 눈빛

원평에서 법무실 간사로 근무하고 있을 때 백산 이용정 교무가 조실 방에 녹음기를 놓고 왔으니 가져오라고 하여 조심스럽게 조실로 들어간 적이 있다. 그때 대산 종사가 방문을 등지고 무엇인가 하고 계시다가 인기척에 고개를 턱 하니 돌렸다. 갑자기 어슴푸레한 방에서 안광이 번쩍하였다. 나는 순간 다리에 힘이 쭉 빠지고 오금이 저려 움직일 수가 없었다.

아마 어두운 밤에 호랑이 눈에서 발광하는 모습을 두고 한 말인가? 잠시 정적이 흐르다가 대산 종사는 "이 시간에 오지 마라. 내가 부를 때면 몰라도 내 개인 수양 시간이니 오지 마라."고 하였다. 님의 강렬한 눈빛에 눈앞이 캄캄하였고 기가 꺾였다. 나는 그날 이후 오후 3시에서 저녁 식사 시간까지 조실 방 근처는 얼씬도 하지 않았다.

훗날 여러 사람으로부터 전해 들은 이야기로 교단의 선진 어르신도 대산 종사를 정면으로 못 보신다고 하였다. 그분 앞에만 서면 기운으로 누르고, 눈빛으로 사기 악기를 누른 모양이다. 그래서 선글라스를 즐겨 착용하였는가 보다.

대산 종사는 대중에게 『금강경』의 오안五眼 법문을 자주 하였다. 이 법문을 소개하기 전 대중들에게 '도인법'을 말씀하시고 "눈을 따스하게 보전하려면 두 손바닥을 36회 비벼 열이 나면 두 눈에 살며시 갖다 대라."고 하였다.

오안은 육안肉眼, 천안天眼, 혜안慧眼, 법안法眼, 불안佛眼이다. 첫째, 육안은 육신에

평소 선글라스를 자주 끼고 다니신 대산 종사

있는 눈으로 현실로 보이는 고저 청탁과 청·홍·적·백·흑의 일체 색을 분별하는 눈이고, 둘째, 천안은 삼세를 직관하는 영안靈眼을 이름하며, 셋째, 혜안은 견성한 눈으로 우주만상의 진리를 보며 대소유무의 이치를 보는 눈이며, 일체 선악·시비·정사를 분별하는 심안心眼이며, 넷째, 법안은 견성성불을 하여 일체법을 지어서 일체 중생을 제도할 수 있는 눈이며, 다섯째 불안은 이상의 네 가지 눈을 다 갖춘 부처님 눈으로 만능조화와 천만 방편이 구비하여 일체중생을 대자대비로 보시며 대평등심과 대공정심과 대무상심과 대원만심으로 주소일념 중생만 제도하는 눈이다. 이 눈을 갖추어야 인류의 부모가 될 수 있고, 중생의 부모가 될 수 있다.

나는 대산 종사의 오안 법문을 듣고선 호랑이 눈빛 같은 전율로부터 비로소 자유로울 수가 있었고, 대산 종사 열반 당시 보여주신 그 눈빛으로 님의 따스하고 자비로운 눈길을 느낄 수 있었다.

대종사께서는 생전에 '나의 눈을 본 눈이라도 보려고 할 것이다.'라는 말씀을 하셨다. 지금의 나의 눈은 스승님의 모습을 얼마나 간직하고 있는지 자문해 본다.

일원상 그려놓고

대산 종사는 말년에 일원상을 즐겨 그렸다. 웬만한 사람이면 대산 종사가 한지에 그린 원상이나 목판에 그린 원상 하나쯤 선물 받았을 것이다. 아니면 사본 하나라도 있을 것이다. 그중 교단의 법신불 일원상보다 대산 종사가 붓으로 그린 원상이 히트를 쳤다. 완벽한 원상보다 굵고 힘 있게 시작하여 회전하다 서서히 사그라지는 붓 터치의 모양이 일원상 진리의 역동성과 시종의 윤회성을 잘 표현하고 있다. 또한 이 원상은 정반합의 논리를 표현하고 있어 보는 이로 하여금 심미적인 안정감을 주고 있다. 그래서 이 원상은 교단의 심벌마크가 되어 각종 로고로 주목받고 있다.

대산 종사는 붓으로 원상을 그리거나 글을 쓸 때 하루에 몇 장 밖에 못 그렸다. 어느 날은 한 장도 그리기 힘드셔서 붓을 놓곤 하였다. 님은 붓을 들면 온통 심혈을 기울여 단번에 글을 써 내려갔다. 한마디로 일필휘지一筆揮之였다. 이렇게 쓰다 보면 정력이 한지로 뭉치고, 목판으로 미쳐가니 한두 장 쓰다 말고 붓을 놓았다. 다 그린 원상이나 글을 보고 다시 받을 사람을 위해 여기에 기원을 담고 정성을 기울였다. 우리가 받은 대산 종사의 친필이나 원상은 이렇게 하여 탄생하였다.

이때 느낀 점을 글로 옮겨 놓은 것을 소개하고자 한다.

둥그러운 기운
손짓으로 그리시고

원청 20주년 휘호

말씀으로 그리시고
두 팔로 그리시고
온몸으로 그리셨네!

그리시다 말고
쉬었다가 그리시고
때와 곳을 마다치 않고 그리셨네!

한지에 그리시고
목판에 그리시고
책에도 그리시고
그릴 곳 없이 다 그리셨네!

禪할 때 그리시고
기도할 때 그리시고
걸으실 때 그리시고
그리시다 못해 지치면 누워서도 그리셨네!

님의 마음으로 그리시고
대중의 마음에도 그리시고
허공에도 그리셨네!

임께서 그리시고
방안 가득 펼쳐 놓으시고
참 좋다야 하신
그 둥그러운 한 상이
예나 지금이나
우주에 가득 차네!

일원상 허공에 걸어놓고

원불교 교도가 되어 원상 닮은 모습만 보아도 기분이 좋고 신심이 저절로 우러난다면 특신급 교도라고 할 수 있을 것이다. 특신급을 일러 일초직입여래위超直入如來位라고 하였다. 원상 형상을 닮은 수석이나 문양이나 로고를 보고 법과 회상에 대한 신심과 희열심이 지속할 때 바로 여래위로 갈 수 있는 바탕이 되는 것이다.

대산 종사는 일원상을 무척 좋아하였다. 길을 가다 바위에 일원상 모습이 보이면 주위를 청소하게 하였고, 원상을 닮은 돌멩이를 보면 성안에 웃음이 환하였다. 완도 정도리 해안가를 산책하면서 '이 돌 하나하나가 우리 교도'라고 하며 몽근 돌에 그려진 원상이면 다 좋아하였다. 원이 찌그러진 모습이나 희미한 원이나 모두가 원상 테두리가 있으면 소중하게 여겼다. 그래서 원상이 그려진 천연적인 작품은 무조건 보배로 생각하였고, 당신이 그리신 일원상은 찌그러지고 이지러져도 좋다고 하였다.

대산 종사는 일원의 진리를 형상 없는 면과 형상 있는 면을 아울러 밝히며 유무 양면에 걸리지 않고 자유자재함을 보인 그 삶 자체였다. 원평에서 생사를 넘나드는 정양 시절, 불가의 제자가 '원불교는 견성한 도인이 없다'는 말에 채약송, 정진문, 원상대의圓相大意 등 수많은 수행 적공시를 선보였다.

그중 원상대의를 내시며 "내 우연히 병이 나서 고요한 밤에 마음을 관하매 가을바람은 몹시 맑고 달 정기는 더욱 밝게 비치는데 망령되이 붓을 드니 이 원상의 소식은 말과 글에 있지 아니하나 그러나 말과 글로 나타낼 수 있느니라."고 밝혔다.

　그 후 대산 종사는 일원의 진리를 짧게 함축하여 허공에 걸어 놓으니 후대 공부인의 표준이 되었다.

　　　　일원의 진리
　　　　크되 큼이 없으며
　　　　작되 낱이 없으며
　　　　있고 있고
　　　　없고 없으며
　　　　있으면 없고
　　　　없으면 있어서 (대소유무)
　　　　생멸이 없고
　　　　인과가 적실的實하여
　　　　제불제성이 법받는지라
　　　　만법의 조종祖宗이 되느니라.

염주에 담은 염원

대산 종사를 뵙고 염주를 선물 받은 사람치고 기쁘지 않은 사람이 없었을 것이다. 염주를 받고 단순히 어른이 주셨음에 감사할 따름이지 사람들은 이 염주가 어떻게 만들어졌고, 어떠한 염원이 담긴 염주라는 것까지는 생각하지 않았을 것이다.

지금은 염주의 종류가 다양하고 제품의 질도 많이 좋아졌다. 하지만 대산 종사는 시중에 값싸고 질 좋은 제품보다 조실에서 직접 염주를 만들게 하였다. 혹 교단적 큰 행사에 염주가 대량으로 필요하면 그 재료를 사다가 일일이 한 알 한 알 끈으로 꿰고 이어 만들었다. 결코 완제품을 사다가 멋진 포장으로 선물하지 않았다. 그래서 대산 종사에게 받은 염주는 투박하고 약간 촌스러워 보였다.

필자의 간사 시절, 영산선학대학교 학생들이 영광 불갑사 모감주 열매라고 한 자루 듬뿍 안겨

대중들에게 공양할 염주를 손수 굴려보고 흐뭇해 하신 대산 종사

주고 갔다. 이 모감주는 검은콩보다 크고 둥글며 단단했다. 겨우내 여린 손가락으로 잡고 핸드 드릴머신으로 구멍을 뚫었다. 손가락에 물집이 생기고 드릴 끝에 찔려 손가락에 피가 나도록 수천 개, 수만 개의 모감주에 구멍을 뚫었다. 대산 종사는 교단적인 큰 보고 사항보다 염주 구멍을 몇 개나 뚫었는지 염주를 몇 개 만들었는지 물어보고 더 기뻐하였다.

염주는 이런 과정을 거쳐 시자들의 공력으로 만들어지고 조실 방으로 들어갔다. 대산 종사는 염주를 일일이 하나씩 굴리며 염원을 담았다. 이 염주들은 적게는 몇 달 많게는 몇 년을 조실 방에서 훈증 받아 대중들의 손으로 건너간 것이다.

대산 종사는 염주에 염원을 담아 염불십송으로 콧노래를 부르며 수많은 불보살이 나기를 염원하지 않았을까?

1. 이 염불의 인연으로 삼계업장이 소멸하여지이다. 나무아미타불
2. 이 염불의 인연으로 시방세계가 청정하여지이다. 나무아미타불
3. 이 염불의 인연으로 이매망량을 여차히 항복하여지이다. 나무아미타불
4. 이 염불의 인연으로 육근이 항상 청정하여 대지혜 광명을 발하여지이다. 나무아미타불
5. 이 염불의 인연으로 심량이 광대하여 제불조사의 심인을 닮을 만한 대법기가 되어지이다. 나무아미타불
6. 이 염불의 인연으로 생사에 자유를 얻어 육도를 임의로 왕래케 하여지이다. 나무아미타불
7. 이 염불의 인연으로 무량세계 무량겁에 무량중생으로 하여금 불도를 이루어지이다. 나무아미타불
8. 이 염불의 인연으로 삼세진루가 다 사라지고 심월만 독조케 하여지이다. 나무아미타불
9. 이 염불의 인연으로 삼계의 유주 무주의 고혼을 다 천도케 하여지이다. 나무아미타불
10. 이 염불의 인연으로 무량아승지겁에 흐를지라도 대서원 대법륜 대불퇴전이 되어지이다. 나무아미타불

님을 따라 하리라

✤

　대산 종사 말년에 정양하신 일상생활을 살펴보면 비범하기보다 지극히 평범하였다. 철저히 낮은 데로 임한 삶이었고 촌로와 별반 다름이 없었다. 그러기에 나는 그 평범함에 마음이 놓여 조금은 방심하여 소홀히 모시지 않았는가 반성해 본다.

　성인이 나시기 전 법이 하늘에 있었고, 성인이 나신 후 법은 성인에 있고, 성인이 가신 후 법은 경전에 있다고 하였다. 우리는 교단의 성인을 가까이 모시는 은혜를 입었음에도 불구하고 그 평범함에 속고 속아 신통묘용만을 찾으려고 하지 않았는지 모르겠다.
　대종사님께서 둥근 뿔테 안경을 씀에 대중이 따라 하였다는 말이 있다. 대종사님을 존경하는 마음에 일거수일투족을 닮으려고 하였을 것이다. 대산 종사를 모시면서 시자들은 무척 님을 닮아가려고 흉내를 내며 따라 하였다. 일종의 가게무샤[영무자(影武者)]라 할까? 그런 의미는 아니었지만, 하여튼 대산 종사의 모든 행동 하나하나 흉내 내는 것이 일종의 즐거움이었다. 그러나 님 가신지 오래되어 지금은 흉내 낼 님이 계시지 않기에 더욱더 그리움만 남는다.
　대산 종사는 말년의 일상생활을 건강상 묵묵함으로써 지내셨다. 그러기에 행동 반경도 좁고 말씀도 존절히 하였다. 일상 행동도 특별하지 않으면 정해져 있었고, 말씀도 거의 행동에 맞게 벗어나지 않았다. 일상생활 언어 중 누구에게나 "~~ 할까냐? 갈까냐?" 하고 명령이나 지시가 아닌 물음법이었다. 간사들에게도 함부로 말하지 않고 "이리로 머리 비고 저리로 발 뻗을까냐?"라고 하였다.

필자는 어린 간사들과 더불어 종종 대산 종사의 행동을 따라 하였다. 이러한 사실을 아시는지 "내가 사람인 줄 아느냐?"라고 하시며 무언의 경책을 주었다. 그러나 대산 종사에 대한 경솔함이나 무례는 없었고, 님을 닮고자 하는 어린아이와 같은 따라쟁이였다.

대산 종사는 출가하여 "5억 생이라도 이 공부 이 사업을 하리라"고 종종 말하였다. 님이 계시지 않는 지금, 님을 따라 할 수 없으니 아쉽다. 님을 모시고 있을 때 보다 철저히 저신저골이 되어 따라쟁이가 되었으면 좋았을 텐데 아쉽다.

평소 대산 종사의 물 마시는 모습을 옆에서 지켜보고 있으면 조금씩 한 모금 한 모금 삼키는 모습에 저절로 군침이 돌아 물을 마시고 싶어진다.

"물 좀 도라."

"앗다. 야!"

"좋다. 야!"

"교운이다."

그런데 오늘은 "야, 이놈아! 살살 해라."는 님의 경책 말씀이 들리는 것 같다.

대산 종사 침소에서 시봉하며 자리를 살펴드리고 있는 필자

우스갯소리

　대산 종사는 홀로 계실 때 일상생활을 정성스럽고 묵묵함으로 지키고 부드러움으로써 살았다. 정성을 씀에 어리석은 것 같고 묵묵함을 씀에 어눌한 것 같고 부드러움을 씀에 졸한 것 같았다. 그래서 어린 제자는 대산 종사를 종잡을 수가 없었다.
　'노인들은 평소 많이 웃으셔야 한다.'는 말을 들은 나는 어떻게 대산 종사를 웃게 할까 밤낮으로 고민하였다. 그리하여 인터넷을 검색하여 유행하는 유머[사오정 시리즈나, 만덕이 시리즈, 최불암 시리즈 등]를 하루에 한두 건 말씀드려서 웃을 수 있도록 하였다. 최신 유행하는 유머는 세대 차이로 이해를 못 해도 옛날 유머는 잘 알아들었다.

　"옛날 장가를 가면 처가에 가서 며칠 머무는 풍습이 있었다. 때는 감이 익어가는 늦가을이었다. 사위는 낮에 홍시를 맛있게 먹었다. 그는 낮에 먹은 홍시가 먹고 싶어 잠이 오지 않아 모두 잠든 사이 감을 따 먹으러 갔다. 사위는 흰옷을 입고 있어 들킬까 봐 옷을 다 벗고 감나무에 올라 맛있는 홍시를 따 먹고 있었다. 그때 마침 장인이 사위에게 주려고 감을 따러 나왔다. 사위는 감나무 위에서 들킬까 봐 꼼짝도 하지 않았다. 그런데 장인이 시력이 나빠 간짓대를 이리저리 휘두른 것이었다. 사위는 위에서 이러지도 저러지도 못하고 이리 피하고 저리 피하는 것이었다. 사위의 거시기가 눈 나쁜 장인이 보기에 감같이 보였는가 이리저리 휘둘렸다. '아니! 이놈의 감이 왜 이리 안 따지지!' 하고 찔러대는 것이다. 그러다 간짓대가 사위의 똥구멍을 찔렀다. 사위는 그놈의 똥침에 소리도 못 지르고 생똥을 쌌다. 그 생똥이 마

종법사 퇴임 후
탁구를 즐겨 하신 대산 종사

침 장인어른 이마에 떨어진 것이다. 장인어른은 이마에 떨어진 감이 아까워 맛을 보았다. 그런데 장인어른은 감을 맛보고선 '아니! 감이 곯았구만' 하고 다시 따기 시작했다. 한 열 개는 따야 할 텐데 하고 머리를 들어 감나무를 보니 조금 전에 따던 그 자리에 큰 감이 달려 있었다. 밤새도록 장인어른은 간짓대로 거시기를 감인 양 따고, 그 사위는 거시기가 다칠까 봐 밤새 이리저리 피했다고 한다."

필자는 대산 종사께 이 이야기를 조심스럽게 하며 '장인어른이 아직도 감을 한 개밖에 못 따고 대나무를 휘둘러 대고 있다'고 하니 대산 종사 단전배를 연신 볼록볼록하며 조실이 떠나가도록 웃으셨다. 그 일이 있고 난 뒤, 나는 용기를 내어 웃음보따리를 제공하였다. 그러나 웃는 날 보다 웃지 않는 날이 많았으나 그래도 행복하였다. 웃음도 만병통치약이지만 대산 종사의 치병 정양 오칙도 공부 삼아 하면 큰 병도 효력을 얻을 것이므로 소개한다.

정양 오칙 靜養五則

1. 크게 안정할 일 [大安靜]
2. 음식을 존절히 할 일 [節飮食]
3. 병과 약을 잊을 일 [忘病藥]
4. 보고 듣는 것을 삼가고 적당한 활동을 할 일 [斷見聞]
5. 사려를 하지 말 일 [勿思慮]

심사 심우 심계

　대산 종사가 원평에 주재하실 때 주말이면 어김없이 미륵산 약수를 한 말씩 짊어지고 오는 간사가 있었다. 총부 수위단회사무처에 근무한 그는 업무가 끝나면 미륵산에 들러 기도를 올리고 종법사님께 바치고자 약수를 길어 버스를 서너 번씩 갈아 타고 그 먼 길을 다녔다. 우리는 그를 일러 '북청 물장수'라고 했다.
　그때 나 역시 간사 근무를 하고 있었다. 고향이 동향이고 나이는 나보다 한 살 위였지만 우리는 한눈에 전생 인연을 만난 듯 서로를 알아보고 말 없는 가운데 도반이 되기로 약조하였다. 그 인연이 벌써 서른여덟 해를 지나 진갑을 넘어섰다. 그 사이 도는 얼마나 익어 가는지 되돌아볼 시기이다.
　초발신심 변정각初發信心便正覺이라 했다. 초발심 한창 서슬 푸를 때 우리는 한 스승을 만나 심사心師를 모시고 영생의 도반으로 지금까지 별다른 과오 없이 맡은바 성직에 몸담고 있다. 이것이 바로 심사心師요 심우心友요 심계心戒를 모시고 사는 표준이 아닌가 생각해 본다.
　대산 종사는 이 북청 물장수를 늘 따뜻하게 맞이하고 "10년간 기도하면 자신이 알고 30년간 기도하면 진리가 알아서 심월心月이 솟고, 성월性月이 솟고 혜월慧月이 솟으니 그 마음으로 살아라."라고 하시며 방산[손중희] 선생님을 모시고 살라고 하였다.
　대산 종사는 손 방산을 한학사요 고경 선생으로 모시게 하여 대중에게 한학문을 가르치게 하였다. 손 방산은 연로하여 치아가 빠져 말이 새어 나왔다. 그를 위하여 틀니를 해주고 가는 곳마다 동행케 하여 훈장 선생 역을 맡겼다. 교단에서 손 방산

대산 종사를 모시고
(공산 김오철 교무)

의 심수제자는 아니더라도 한 번쯤이라도 그에게 고경을 배운 사람은 그때의 공부 풍토를 그리워할 것이다. 방산과 북청 물장수가 이렇게 인연이 되었다. 하루는 방산이 그에게 '명당에는 반드시 석간수가 있으니 찾으라.' 하여 미륵산에서 기도하고 그 약수를 찾아 스승님께 정성껏 바쳤다.

대산 종사는 심사 심우 심계 법문을 자주 하였다. 나는 심사 심우는 어느 정도 표준이 잡히나 심계는 아직 삼십계문을 자유자재하지 못한 나로서는 언감생심이었다. 그러나 교단 살이가 더할수록 심계는 삼십계문 계문 범과 유무를 막론하고 소중하게 느껴지니 웬일까? 삼세 스승과 영겁동지와 더불어 소소한 계문도 소중하게 여기는 교단 풍토를 염원하며 다시 한번 이 법문을 새기고자 한다.

"첫째는 심사로 몸과 마음을 온통 바칠 수 있는 스승을 모심이다. 천지 시작 때부터 끝날 때까지, 끝날 때부터 다시 시작할 때까지 심심상련心心相連할 수 있는 스승을 모셔야 한다. 둘째는 심우로 창자를 서로 이을 수 있고 생사고락을 같이할 수 있는 동지를 만남이다. 셋째는 심계로 심사와 심우를 가져서도 영생을 잘살기 위해서는 심계를 가져야 한다."

평생을 불목하니로

고덕산 자락에 자리한 대성교당은 전주시에 근접해 있으면서 시골 같은 고즈넉한 곳이다. 일부러 일을 만들어 시가지로 나가지 않는 한 세상과 단절된 느낌을 받는다. 어머니 품속 같은 산자락이 좌청룡 우백호로 감싸고 있고, 앞으로는 잡힐 듯 말 듯 치명자산의 성스러운 기운이 뻗치는 곳이다.

이곳에 법도량이 들어서기 전에는 농원이었다가 대산 종사께서 다녀가시고 '진양농원'이라 명명하였다. 그 후 좌산 상사께서 이곳에서 고덕대성이 많이 나길 염원하는 의미로 '고덕대성'이라 하였다. 지금은 교당과 복지타운이 조성되어 고 근타원 박진오 종사의 생전 염원과 대산 종사와 좌산 상사의 원력이 뭉치어 법도량 입구에 '고덕대성진양도량高德大聖眞養道場'이란 제하의 기념비가 우뚝 솟아 있다.

대성교당은 여느 교당보다 대지가 넓고 요양원을 겸하다 보니 일도 많다. 더구나 문화센터와 황토방이 있어 아궁이에 불 지피는 일까지 있다. 황토방에 불을 때기 위해 장작을 패고 톱으로 나무를 자르는 등 자연을 벗 삼고 산다는 것은 그만큼 몸의 수고로움이 따르는 것이다.

어느 날 아궁이에서 활활 타오르는 불을 보니 간사 시절 서원을 다지며 평생 불목하니로 살리라 다짐했던 기억이 모락모락 피어올랐다. 그해 겨울 벌곡 삼동원은 신도안에서 이전하여 첫 겨울을 나는 시절이었다. 따뜻한 남쪽이 고향인 나로서는 겨우내 눈 덮인 골짜기와 계곡에서 불어오는 찬 바람을 맞으며 생활하기란 고역이 아닐 수 없었다. 조실 방 난방은 화목과 연탄 아궁이를 겸하였다. 나는 아궁이에 불을 지피고 연탄 가는 일을 많이 해보지 않아 어설펐다. 직접 산에 가서 땔나무를 하지 않았지만, 기계톱으로 나무를 자르고 장작을 패는 일은 하루 기본 일과였다.

그때 대산 종사의 출가담을 듣고 나도 불목하니로 살리라는 다짐을 했다. 대산 종사는 어렸을 적 대종사님을 만덕산 산제당에서 만나 인생 방향을 정하였다. 중국 대륙을 주유천하 하고자 하였던 어릴 적 꿈과 중국과 일본으로 유학 보내고자 하는 주위 인연들의 뜻이 있었으나 여러 차례 그 유혹을 물리치고 16세의 나이로 이 회상에 입문하였다. 청운의 꿈은 불목하니로 5억 생 이 공부 이 사업하고 살리라는 서원으로 변하였다. 그 후 대종사님과 여러 스승님의 소동小童이요 소자小子요 소제小弟로 살겠다고 하였다.

대산 종사를 모신 첫 해 겨울(삼동원, 필자 1열 우측)

86 큰 산을 우러르며

나는 불목하니 시절 아궁이에 불을 때는 일도 중요하지만, 방 온도를 맞추는 것이 더욱 소중함을 스승님을 통해 배웠다.

"오늘은 날씨가 추우니 장작을 몇 개비 더 넣어라. 이불 속에 손을 넣고 만져보아라. 연탄 화구를 조절하여라. 불을 얼마나 땠느냐." 하시며 일일이 불 조절하는 요령을 가르쳐 주셨다.

나는 방 온도를 맞추기 위해 처음에는 손으로 방을 만지고, 다음은 발바닥으로, 그다음은 방안의 온기로 불을 조절하다가 마지막에는 바깥 날씨를 보고 불 조절을 하였다. 대산 종사는 수행이란 따로 있는 게 아니라 불 조절을 잘하고 못하는 데 있음을 알려주었다.

별 날이 아닌 새 아침에

원기93년(2008) 새해, 경산 종법사는 '정신개벽으로 낙원세계를 건설하자.'고 신년법문에 밝히셨다. 신년법문은 종법사가 신년에 공식적으로 내리는 법문이다. 종법사 신년법문은 전 세계 인류와 국가, 사회가 한 해를 살아갈 표준과 나아갈 방향을 제시하는 메시지를 담고 있다.

대산 종사도 종법사 재위 시절 신년법문을 밝히고 이에 바탕을 둔 각종 부연 법문을 새해 첫날부터 전 교도들에게 설하였다. 신년법문이 공식적이고 정형화된 법문이라면 신년 새해 아침 법문이나 신년법문에 따른 부연법문은 격식을 벗어난 판 밖의 법문이었다.

언제부터인지는 모르나 신정절의 공식적인 경축 행사보다 오히려 새해 첫 새벽에 법문을 받들고자 원근 각지에서 교도들이 모여들어 성황을 이루었다. 이러한 현상으로 인해 좌산 종법사 재임 시절에는 신정절 기념식을 새벽 5시에 종법사 신년하례로 대신하였다.

대산 종사는 새벽에 모인 교도들과 함께 총부 대종사 성탑을 향해 사배를 올리고 상호 배례한 후 설법하였다.

"어제 오늘 거년 금년이 별 날이 아니지마는 우리가 마음 한 번 먹고, 새 아침에 새 마음과 새 몸으로 새 사람이 되어 새 나라, 새 세계, 새 회상, 새 역사의 장을 우리 모두 열자."

"과거는 생각할 것도 없고 물을 것도 없고 오늘부터 대종사님의 제자가 되고 세

계 제불제성님의 제자가 되어서 새로 새 역사를 이루는 오늘이 되시기 바랍니다."
이 두 법문은 두고두고 새기며 몇 년을 말씀하셨다.

원기77년(1992) 원단 새벽 왕궁 영모묘원에서 참여한 대중으로부터 세배를 받으시고, 시자에게 법문을 대독하게 한 후 말씀하신 법문을 간략히 소개하고자 한다.

"이제는 한 사람이 이러고저러고 하는 시대가 아니라 법치교단, 이단치교의 시대이니 수위단원은 생명으로 알고 나가라. 그리고 일원주의를 만드는 것이 신년계획이다. 이는 곧 대세계주의로서 하나의 세계, 평화의 세계가 영원토록 하는 것이다. 그러기 위해서 삼학병진의 대중화력과 사은보은의 대감화력과 사요실천의 대균등력을 나투어 일원의 세계, 보은의 세계, 균등의 세계로 이 지상에 대낙원, 대선경을 이루어야 하겠다. 이것이 만대의 우리 계획이다. 이제 우리 교단은 법치교단, 이단치교하는 교단으로 이는 수위단회의 강령뿐 아니라 우리 교단의 강령이니 법치교단, 이단치교를 우리의 생명으로 알고 나가자."

대산 종사 시절의 소박한 법풍이 교단 곳곳에 울려 퍼지기를 기원해 본다.

혈연과 법연의 소중함

대산 종사 말년 시봉할 무렵 시봉진에게 당신의 가족과 시자들의 법명을 나이 순서대로 적어 벽에 붙이게 하였다. 의자에 앉아 틈나는 대로 법명을 호명하게 하거나 때로는 홀로 앉아 읽곤 하였다. 혈연과 법연의 소중함을 익히 배워 알았지만 늘 한 때도 잊지 않고 호명하고 합장하며 기도하였다. 또한 호명 기도를 마치고 "내 자식들이다. 내 아들이요 딸들이다."라고 하며 인연붙이의 소중함을 강조하였다.

어느 날 대산 종사는 장산 황직평 종사에게 "야, 장산아! 성균이가 내 아들이다. 그리 알아라."라고 하였다. 그러자 장산이 "그러면 성균이가 내 아들인데 족보가 엉망이 됩니다."라고 하니까 대산 종사 허허허 웃으시며 "그래도 내 아들이다."라고 하였다.

그리고 기회 있을 때마다 "너는 내 아들임을 잊지 말아라. 너는 언젠가는 대종사님과 선종법사님과 주산 종사님의 일을 할 것이고, 그 일이 네 일임을 알아라." 하였다. 이 일로 인해 성현이 인연 걸어주심에 출가 수행자의 버팀목이 된 것에 한없는 은혜를 느끼지만, 한편으로는 부담이 되어 지금까지 의두 아닌 의두가 되어 가슴에 남아 있다. 그러나 확실한 것은 당신의 인연을 소중하게 여기고 마지막까지 선연으로 만들고자 하는 염원이었고, 혈연과 법연이 영생의 돌림 인연임을 새기게 하였던 것 같다.

대산 종사는 이 말씀과 연관하여 원기79년(1994) 신년법문으로 '가정의 도'를 내렸다. 당신의 가족들도 혈연의 가정이고, 법연으로 맺은 시자들도 하나의 가족이

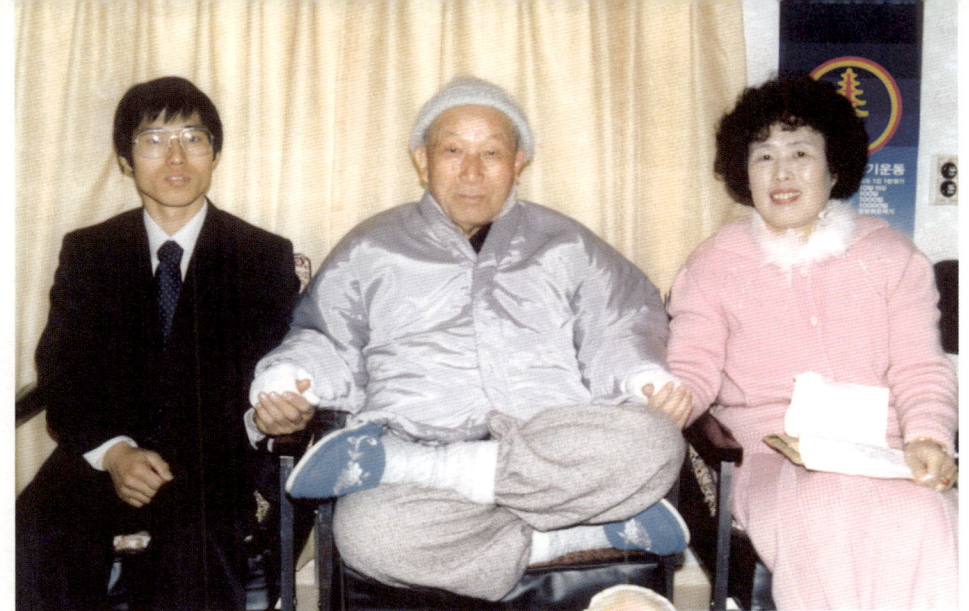

은모 권타원 김정권님과 함께 대산 종사를 모시고

기에 한 가정이 원만한 가정을 이루어 낙원이 되기를 염원하셨다.

    첫째, 가정의 기초가 되는 부부 사이에 도가 있어야 한다.
    둘째, 부부는 부모가 되는 것이 정칙이므로 그 도를 가져 지키고 실행하여야 한다.
    셋째, 한 가정의 자녀가 되었으면 인륜을 다하는 도를 가져 지키고 실행해야 한다.
    넷째, 형제 사이에는 우애하는 도가 있어야 한다.

이 가정의 도는 혈연의 소중함에 바탕을 두어 법정法情과 도정道情과 인정人情으로써 영원한 선연善緣으로 이어지기를 염원하고 밝힌 것이다. 하지만 이 모든 도가 잘 이행되기로 하면 또한 호주의 책임이 크고 중함을 알아야 할 것이니, 호주가 먼저 상봉하교의 의무와 책임을 다하고, 생산예축生産豫蓄의 자립적 생활에 노력하여 모범을 보이고, 바른 신앙에 바탕을 두어 서로의 화목과 의견 교환에 힘써서, 늘 진화하는 가정, 안락한 가정, 행복한 가정이 되도록 노력하는 동시에 가족 상호 간에 이상의 도를 잘 실행할 수 있도록 권면 지도한다면 자연 그 가정은 원만한 가정이 되어 낙원이 이루어질 것이다.

처음 받든 법문

　대산 종사의 삼동원 동계 정양이 함장含藏 기간이라면 원평의 춘계 정양은 활불活佛 기간이라 할 수 있다. 겨울은 말 그대로 눈도 오고 추운 계절이라 사람이 이동하기가 어렵다. 그런데 대산 종사는 춥고 추운 골짜기 삼동원 벌곡으로 깊숙이 깊숙이 더 깊은 곳으로 정양을 하러 가진다. 인적이 끊기고 끊긴 곳으로 가는 데도 오히려 내왕하는 교도들이 줄지 않으니 이 무슨 뜻일까?
　봄빛이 따사롭고 만물이 움틀 즈음 원평의 사월은 생기가 돋았다. 삼동원의 정양 기간에서 비로소 활불의 진면목을 나투는 원평의 시절이 온 것이다. 조실 방 경상 위 자그마한 돌에 '칠일입정 칠일설법七日入定 七日說法'이란 글이 새겨져 있었다. 삼동원의 입정 기간과 원평의 사자설법을 두고 한 말인 것 같다.
　대산 종사도 원평으로 오시면 법체 건강하시고 이에 따라 시자뿐만 아니라 주위 사람들도 덩달아 생기가 돌았다. 어느 날 대산 종사 아침에 선보하다 간사인 나에게 또렷또렷하게 말씀하시며 적어 두라고 하였다.
　"부모가 자비가 없으면 부모가 아니고, 자녀가 효성이 없으면 자녀가 아니다. 이는 금수 세계와 다를 바 없다. 공자님께서는 2천5백 년 전 효를 밝혀 주셨는데, 그 효가 땅에 떨어져 희미해졌기 때문에 대종사님께서 탄생하시어 일원대도로 사은보은의 대효를 밝히어 세계의 인륜 도덕을 부활시켜 주셨다."
　이 내용을 두 번 연거푸 토씨 하나 틀리지 않게 말씀하셨기에 아침 산책 후 바로 수필受筆하였다. 며칠 후 대산 종사의 조상 선령 열위 이장 병행 봉고식이 영모묘원

양정교당 교도와
은사 김장원 종사(우측 필자 다음)
일행이 대산 종사를 모시고

에서 있었다. 이때 하신 법문을 이미 오래전에 연마하고 나에게 말씀하셨기에 이 내용은 지면상 생략하고 아래 내용만 소개한다.

"공자께서 인류에게 인륜 강기가 되는 효를 가르쳤기에 우리는 사람다운 사람 노릇을 하게 되었다. 내가 16세 출가 이후 사은에 효를 하고 보은하라고 배웠지만, 집안 대소사를 직접 챙기지 못하였다. 하지만 조석으로 부모를 위하여 심고는 올렸다. 대종사님께서 '청산백골위후사靑山百骨爲後事는 허명세전虛名世傳에 무인시無人市라' 청산 백골로 후사를 위하려고 함은 헛된 이름을 세상에 전하려고 하는 것이니 사람 없는 곳에 가서 장 보는 것과 같다고 하였다. 사람은 한번 왔으면 영혼이 오고 가는 것이지 육신이 오고 가는 것이 아니기 때문에 거기에 너무 치우칠 것이 없을 것이니라 하신 법문으로 평생을 살아왔다.

그런데 이번 조상님들을 영모묘원으로 정성스럽게 이장하는 곳을 보고 감명받았다. 조상님들 유골을 백지에 싼 채로 모시는 줄 알았는데 뼈 하나하나를 일일이 맞추는 것을 보고 공자님이 가르친 효 사상이 살아있음을 알았다. 그러나 이제 2,500년이 흐른 지금은 그 효 사상만 가지고는 인류의 머리를 씻어 주지 못하기 때문에 우리 대종사님께서 70년 전에 다시 이 땅에 탄생하시어 마음과 효와 자연과 사랑을 가르치고 다시 은恩사상으로 가르쳐 주셨다."

왕궁의 시묘살이

　대산 종사는 말년 정양 기간 대부분 왕궁의 공원묘지 영모묘원에 상주하였다. 영모묘원 터를 잡기 위해 이곳저곳 교단 원로들과 다니시다가 익산 왕궁을 최후 낙점지로 정하였다. 처음 이곳에 터를 잡기 위해 살피러 가다가 눈이 많이 내려 못 가고 향산 안이정 종사에게 풍수지리를 보게 하여 자리를 잡았다. 당신은 이미 마음으로 낙점하고 반대하는 사람을 수긍키 위해 향산을 보내 결정짓게 한 것이다.
　그 후 영모묘원은 일원사당이고 대세계 사당이니 그곳에 공원묘지만 짓지 말고, 중앙교구가 훈련원이 없으니 교구 요인들에게 그 옆에 훈련원을 지으라고 말씀하셨다. 영모묘원 초창 역사는 법산 이백철 종사가 터를 고르고, 균타원 신제근 종사가 아름다운 공원묘지를 이룩하였다.
　원기73년(1988) 5월 대산 종사, 영모묘원이 어느 정도 터를 잡고 묘 터에 잔디가 솟고 잔돌을 고를 즈음 철쭉꽃이 만발한 봄날 원평에서 이곳으로 행가하였다. 천년만년 원평에서 살 것 같으시던 대산 종사는 이곳에서 시묘살이를 마치시고 끝내 열반에 드셨다.
　처음 이곳에 와 하신 말씀이 "선진님들이 많이 계시니 마음이 편안하다. 옛날에도 효자는 3년을 묘 옆에서 살았다고 하는데 나도 이곳에 오니 선진님들 생각이 난다. 우리도 매년 추석을 전후하여 시묘의 정성을 바쳐 대종사님을 비롯하여 삼세제불제성 모든 선영, 일체 생령에게 효성을 다하여 천여래 만보살에게 대불공을 올리자."라고 했다.

영모묘원에서 선진님들 묘소에 참배하는 대산 종사와 참배객 일행

　대산 종사가 전지 요양을 하러 가는 곳마다 각종 불사가 따라다녔다. 교단 역사상 그 불사를 살펴보면 대산 종사의 행적과 일치하는 경우가 많다. 기러기 떼가 때를 따라 이동하여서 한 판 벌이고 끝날 즈음 선두 기러기가 끼익 하고 가면 수많은 기러기가 무리를 지어 일터를 찾아 흔적 없이 하늘을 날아가는 형국과 흡사했다.
　대산 종사는 조석으로 대종사 성탑이 있는 총부를 향해 심고를 모셨고, 영모묘원을 매일 돌아보며 선진께 조석 문안을 드렸고, 때로는 묘 터에 앉아 선을 하였고, 때로는 철쭉이 흐드러지게 핀 봄날에는 소창을 하기도 했다. 때로는 법을 묻는 이에게 무언의 생사법문을 들려주어 더 자질구레하게 말할 필요가 없었다. 그러나 한 번 때를 알아 동하면 수많은 국가지도자가 이곳을 참배하고 다녀가게 하여 비닐하우스 접견실이 세상 소식에 회자하기도 하였다.
　대산 종사가 왕궁의 정양 생활이 익숙하기 시작할 때쯤 옆 산을 넘어 산책하며 수년 전 중앙교구 교도들에게 하명하였던 일을 상기시켰다. 이곳 쇠솥골에 훈련원을 지을 인연을 기다리며 공을 들였다. 그러기에 대산 종사의 시묘살이는 정중靜中에 동적인 활불상을 보이신 것이라 할 수 있고, 그 대표적인 것이 중앙중도훈련원의 불사일 것이다.

왕궁에서 영육쌍전의 일터로

　영모묘원의 하루는 목탁 소리, 나무아미타불, 영천영지 영보장생, 망자의 천도에 슬픔으로 노래하는 유족들, 함께한 대중의 웅성거리는 소리로 시작되고 끝이 난다. 1년 365일 휴일이 없는 망자의 행렬이 이어지고 간혹가다 꽃상여 탄 상두소리가 요령을 치기도 한다.
　영모묘원의 개척 불사가 시작되고 망자의 행렬이 이어질 때는 그 광경이 반갑기만 하였다. 그러나 마냥 반가울 수만은 없었다. 자살한 자, 교통사고 난 자, 물귀신 된 자, 부모 가슴에 묻은 자, 오랜 병마로 사망한 자 등 삶의 비애이자 염려의 대상이기에 생사이별의 고통이었다. 호상을 당한 자는 예외였지만 죽은 줄 모르고 들어온 영혼 등 온갖 사의 무리가 함께한 공원묘지는 연일 슬픔의 오열과 천도 의식이 살아 꿈틀대는 곳이다. 허나, 망자의 무덤가에 핀 철쭉은 오히려 아름답기만 하니 사의 무덤에 생의 소식을 듣는 징표처럼 보였다.
　대산 종사의 일과 중 제일 먼저 반갑게 묻는 말 중 하나가 "오늘은 몇 분이 들어오시는가?" 하는 물음이었다. 매일 매일 묻고 물어도 질리지 않고 물으시기에 입묘자가 없으면 오히려 죄송할 정도였다. 이처럼 단조로운 일상생활도 늘 반갑게 대하시는 기쁨이 어디서 나오는 것인가 궁금하기도 하였다. 그러던 차 우리 시자들은 대산 종사의 행동반경을 조금이라도 넓혀드릴까 궁리하던 중 수계농원 근처에 조성 중인 전주 제3공단을 둘러보고자 예고도 없이 수계농원을 방문했다.
　대산 종사가 뜻밖에 찾아왔으니 농원장 이하 직원들은 당황할 수밖에 없었고,

수계농원을 찾은 서석순 박사와 대산 종사

땀에 젖은 작업복 차림에 흙 묻은 손으로 대산 종사를 맞이하였다. 대산 종사는 농원을 둘러보며 "수계농원이 많이 변했다. 대종사와 정산 종사의 성심이 어려 있는 곳이니 이대로 방치해서는 안 된다. 그동안 교단 인재 양성의 산실이었다. 모든 일에 앞서 수계농원의 방침을 인농人農, 사람 농사짓는 데 초점을 맞추어 나가야 하겠다."라고 하였다.

이 일로 인하여 수계농원은 교단적 관심사로 부각되었고, 학원법인으로 되어있던 땅을 교단 소유로 이전하였다. 또한 정전 마음공부가 태동하는 계기가 되어 오늘날 마음공부의 형태로 발전하게 되었다.

이후부터 영모묘원에서 수계농원으로 매일 내왕하시며 대산 종사는 교단 창립 정신의 원형을 이곳에서 찾으려 하셨다. 아마도 공단에서 피어오르는 굴뚝 연기를 보고 교단의 정신적 보루인 수계농원을 지켜내기 위해 노구에도 불구하고 찾으신 것은 아닐까?

대산 종사는 영모묘원의 정양 기간 중 반은 수계농원을 내왕하셨다. 영모묘원이 집이라면 수계농원은 영육쌍전의 일터였다. 그런데도 교단에서 농원에 골프장을 건설하려고 홍역을 치르다 유야무야 되었다가 지금은 다행히 젊은 산부처들이 농원의 부활을 꿈꾸고 있으나 요원할 따름이다. 하지만 그 정신은 교단에서 언젠가 꽃피울 날이 있을 것을 믿는다.

수계의 부활을 꿈꾸며

　수계농원은 교단의 영육쌍전의 산실이자 인재양성의 요람지였다. 한때 수계농원을 거쳐 간 전무출신들의 긍지와 자부심은 대단하였고, 교단적으로 현 좌산 상사와 수많은 종사와 혈심적자들을 배출한 곳이라 할 수 있다.

　그러나 우리의 농촌은 산업화와 정보화로 인하여 피폐해졌고, 수계농원도 마찬가지로 교단의 관심사에서 멀어졌다. 그러던 중 대산 종사가 영모묘원에 정양하다 우연히 농원으로 가자 하여 들러 수계농원의 현상을 보고 인농人農을 재주창하셨다. 이때부터 교단적 관심사로 부각됐다.

　대산 종사는 "수계농원은 천지인 삼재三才가 응한 땅이다. 천天은 최수운 신사, 지地는 최혜월 신사, 인人은 강증산 천사이다. 이곳 수계리를 전라도 감찰사 이서구가 말을 타고 지나다가 '성스러운 이 땅을 말을 타고 지날 수 없어 내려서 걸어가며 세 번 절을 하였다.' 하여 삼례라 일컫는다. 이는 법보화 삼보 전에 절한 것이다. 증산은 이곳을 지나다 '백 년 후에 이 땅을 밟을 사람이 있을 것이다.'라고 말하였다." 이어 대산 종사는 "수계농원은 대단한 연지이고, 이곳에서 건강이 좋아졌다. 하지만 더 좋아지지는 않을 것이다. 그러므로 '천지대공사 대사결정'으로 종법사직을 퇴임하기로 결정하였다."라고 하였다.

　이 일로 인하여 교단 만대의 역사적인 전통을 세우고 교단 최초로 상사上師로 추대되고 좌산 종법사 시대가 열리게 되었다. 또한 대산 종사는 "내가 수계농원에 왕래하는 자미滋味가 참으로 좋구나. 요즘 수계농원 도착과 동시에 탁구 치고 또 점심

인농人農
사람 농사

식사 전에도 탁구 치는 것도 나를 좋게 한다. 너희들 시봉진들 정성에 고맙기만 하다. 내 정신이 상쾌하구나. 옛 기억들이 생생하게 난다. 세상에 수도인들도 부처님들에게 속는 사람들이 많다. 끝까지 믿고 속는 일은 아니 하여야 할 것이다."라고 하시며 그 심경을 밝혔다.

대산 종사는 말년 보림 동안 수계농원을 내왕하시며 교단 내외적으로 홍보하는 데 주저하지 않으셨다. 정전 마음공부로 훈련하는 공부인들을 모여들게 하셨고, 모든 재가 출가자에게 이 농원이 성지임을 인식시키고 지키게 하셨고, 33년 동안 재임하셨던 종법사직을 퇴임하는 계기를 삼은 곳이 수계농원이다.

그런데 우리는 한때 이곳을 경제적 가치로만 인식하고 큰 우를 범할 뻔했다. 어리석은 우리는 성인들을 끝까지 믿지 못하고 속을 뻔했다. 이제라도 시대의 흐름을 거슬러 보고자 안간힘을 쓰는 동지들이 있으니 교단적 관심을 모아야 할 때이다.

스승 찾아 도를 얻는 표준

    대산 종사를 모시고 사는 시자들은 늘 긴장 속에 대기하고 살았다. 벨 소리, 목탁 소리에 귀를 열어놓고 하루를 시작하고 하루를 맺는다. 조석심고를 끝으로 하루가 끝난 것은 아니다. 조실 방에서 모시고 자는 숙직을 서야 한다. 그러기에 일과는 긴장의 연속이고 그 속에 절로 순경과 역경이 녹아내렸던 것 같다.

    인간은 추억을 먹고 사는 동물이라 한다. 지금에야 무용담처럼 대산 종사와 함께한 나날들을 이야기하고 여유를 갖고 회상하지만 그때는 그런 여유가 사치나 다름없었다. 늘 긴장 속에 살다 보니 모시고 받드는 일이 서툴러 혼이 나기도 했다. 잠이 깊어 꿈도 없는데 '야, 야!' 하고 부르는 소리에 놀라 일어나 걷다가 벽에 부딪히기도 하고, 혼몽 중에 일어나 수발들다가 물 사발을 엎지르기도 했다.

    대산 종사는 그 모습이 딱했던지 "야! 내가 너를 모시는 것이냐, 네가 나를 모시는 것이냐?" 하며 빙긋이 웃으셨다. 어느 날인가 아무리 시자를 불러도 일어나지 않으니까 옆에 앉아 나의 자는 모습을 측은하게 바라보며 깨우지 않을 때도 있었.

    지금도 가끔 스승님을 모시고 사는 꿈을 꿀 때가 있다. 그 꿈은 과거의 현실이었기에 스승님을 향한 신성이자 기쁨의 상징이고, 나의 수행에 경책의 모습으로 나타난 것이 아닐까?

    구정 선사의 스승에 대한 신심은 공부하는 이에게 만고의 표준이다. 대산 종사는 구정 선사의 스승처럼 무조건 솥을 아홉 번이나 고치라고 하지는 않으셨다. 공부인의 근기 따라 솥을 다시 고쳐 걸라고 하셨다. 한 번을 걸어도 공부 길을 잡는

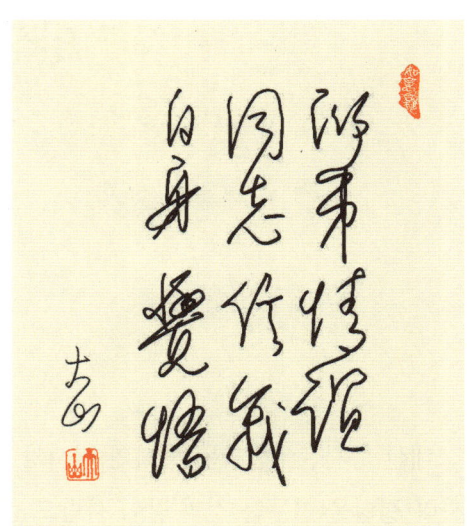

사제정의師弟情誼
동지신의同志信義
자신각오自身覺悟

사람, 열 번, 백 번을 다시 걸어도 공부 길을 잡지 못하는 사람이 있기에 무량 법문을 설하셨다.

그래서 때로는 '심사, 심우, 심계'를 말하기도 했고, '사대불이신심'[진리와 스승과 법과 회상이 하나 됨]을 강조하기도 했고, '무엇을 믿고 살 것인가?'[진리와 스승과 법과 회상, 사은과 자기], 혹은 공부인에게 '사제정의 동지신의 자신각오'를 누차 되새기게 했다.

사제정의, 동지신의, 자신각오는 출가의 길에 들어서는 생둥이에게 공부 길 표준 잡는 요긴함이 담겨있다. 첫째, 사제정의는 스승과 제자 간의 정의가 있어야 함이다. 둘째, 동지신의는 충고동지와 합의동지가 같이 좌우에서 도와주는 신의가 있어야 함이다. 셋째, 자신각오는 사제정의가 건네고, 동지간의 운형수제의 정이 흐르더라도 자신의 각오가 없으면 퇴전하기 쉬우므로 철저한 용맹정진으로 스스로 불퇴전의 각오가 있어야 함을 말한다.

인생오기

대산 종사는 "천지는 사시의 질서가 있어 이를 어기지 아니하므로 만물이 나고 자라 결실을 거두는 것과 같이 사람도 한 생을 통하여 그 시기를 잃지 아니하고 살아가야 일생이 보람되고 영생이 완전할 것이다. 그러나 그 시기를 잃으면 일생이 허망하고 영생이 위태로울 것이므로 이 인생오기를 밝혀 영생을 준비하고 설계하자."라고 했다.

인생오기人生五期는 대창시기, 대학업기, 대수련기, 대활동기, 대준비기이다.

대산 종사는 '대大' 자를 무척이나 좋아하셨다. 대서원, 대정진, 대불과, 대불공, 대합력, 대훈련, 대수련 등등 그러기에 당신 손자의 법명도 '대덕'이라고 하셨다.

수많은 학자가 인간 발달이론을 말하고 있다. 대체로 보면 영아기, 유아기, 아동기, 청소년기, 성인기, 중년기, 노년기로 구분한다. 대산 종사의 인생오기는 공부인으로서 인생의 도표로 삼아 공부하고 수행하는 데 도움이 되고자 밝힌 것이다. 일반적인 인간 발달이론보다 인간이 몸을 받은 모태에서 출발하여 낳고, 삶을 살고, 생을 마감하고, 다시 태어나기까지의 과정을 순환적인 인과론에 근거하여 밝힌 법문이다.

인생을 살아가는 첫 번째 이야기이다.

인생을 살아가는 첫째 단계는 대창시기大創始期이다. 이를 '새 천지개벽'이라고 하였다. 모태 중에서 심신의 기운이 어리고 형체를 이루는 때요, 이 세상에 태어나 타

은모 은부님과 대산 종사를 모시고
원평 구릿골에서

력만을 힘입는 때이다.

  ※ **최후 일념이 최초 일념이 된다.**
  첫째, 태모를 비롯한 주위 인연의 간절한 마음과 환경이 태아의 영식靈識에 영향을 주는 것이니 기원 일념으로 태교를 잊지 말 것이요.
  둘째, 부모를 비롯한 주위 인연이 마음과 말과 행동을 바르게 갖고 삼가 좋은 기운이 미치고 본받게 할 것이요.
  셋째, 특히 살생과 모지고 막된 말을 삼가야 할 것이다.
  ※ 태기가 있고 난 뒤 3개월부터는 부부의 독거가 좋고 성생활은 태아를 위해 주의해야 한다.

일반적인 인간 발달이론의 태아기는 인간의 성장이나 성숙에 초점을 맞춘 육체적 발달 관점이라면 대창시기는 태교에 바탕을 둔 심성 발달에 중점을 둔 정신적 관점이라 할 수 있다.

　대산 종사는 세간에 잘 낳고 잘 살고 잘 죽는 세 가지 큰일이 있으니, 어떠한 사람이 잘 낳은 사람이 될 것인가라고 물었을 때 기골이 준수하고 가정환경이 좋은 사람이라고 했다. 그러나 그는 외면으로 잘 낳은 것뿐이요, 내면으로 잘 낳은 사람은 악한 인연으로 나오지 아니하고 좋은 인연으로 나온 사람이 가장 잘 낳은 사람이라고 하였다.

　인생을 살아가는 두 번째 이야기이다.
　인생을 살아가는 두 번째 단계는 대학업기大學業期이다. 이는 참되고 바른 신앙에 바탕을 두어 도학과 과학을 아울러 가르치고 배워서 성숙하는 때이다.

> **첫째**, 유년기에는 부모님과 주위 인연의 따뜻한 사랑과 올바른 가르침으로 모범을 보여 주어 스스로 실천하게 할 것이요.
> **둘째**, 소년기에는 원만하고 바른 스승의 지도를 받고 벗을 사귈 것이요.
> **셋째**, 청년기에는 원대한 이상과 포부를 가지고 역량을 키우며 큰 경륜으로 큰일을 경영한 분들을 모시고 본받는 공부를 해야 할 것이다.
> ※ 전문대학까지는 의무교육으로 했으면 한다.

　대학업기는 25세나 30세까지로 유년기, 소년기, 청년기에 맞는 적기성을 강조하여 학문적인 소양도 중요하지만 참되고 바른 신앙에 바탕을 두어 도학과 과학을 아울러 배우는 소중함을 강조하고 있다. 교육은 정해진 시간이 있는 것이 아니고 평생교육을 해야 하지만 대산 종사는 학업기를 30세까지 한정한 것은 배우는 시기가 있음을 강조한 것이라고 본다.

인생을 살아가는 세 번째 이야기이다.
인생을 살아가는 세 번째 단계는 대수련기大修練期이다. 앞날의 포부를 실현하기 위하여 수련을 쌓고 계획을 세우는 때이다.

> 첫째, 국민으로서 국방의 의무를 이행하는 군사훈련 또는 노동훈련으로써 기질단련을 튼튼히 할 것이요. [國民皆兵運動]
> 둘째, 사·농·공·상 간에 일생을 통해서 자기 생활을 개척해 나갈만한 한 가지 이상의 기술을 습득할 것이요. [國民皆技運動]
> 셋째, 마음 개조를 하여 기질 변화를 하고 인도의 대의를 배워 실천하는 도덕훈련을 할 것이요. [國民皆善運動]
> 넷째, 자기의 이상과 포부를 실현하기 위한 구체적인 계획을 작성할 것이다.
> ※ 인생을 헤쳐나갈 때 어떠한 역경 난경과 생사기로를 당할지라도 능히 극복하고 해탈할 수 있는 저력을 길러두자는 것이다.

대수련기는 딱히 정해진 시기는 없다. 대학업기와 중복이 되기도 하지만 인생의 포부를 실현하기 위해서는 수련을 쌓고 계획을 세우는 것이 중요하다. 국민으로서 국방의 의무를 다하며 기질단련을 하고, 일생을 살아가려면 한 가지 이상의 기술을 습득하여 직업을 가지라는 것이고, 또한 도덕훈련을 통하여 마음 개조를 하자는 것이다. 그리하여 인생살이에 역경 난경의 생사기로에 처했을 때 수련의 힘으로 극복하고자 함이다.

인생을 살아가는 네 번째 이야기이다.

인생을 살아가는 네 번째 단계는 대활동기大活動期이다. 그간 배우고 수련한 바를 자신과 세계를 위하여 널리 베풀어 쓰고 지중하신 사은에 보은하여 인생의 가치를 실현하는 때이다.

> 첫째, 세계에 봉공하여 천지 만물의 전체은에 보답하고 인류의 의무를 다할 것이요.
> 둘째, 국가에 봉공하여 국가은에 보답하고 국민의 의무를 다할 것이요.
> 셋째, 사회에 봉공하여 사회은에 보답하고 사회에 대한 의무와 책임을 다할 것이요.
> 넷째, 가정에 봉공하여 부모 형제의 은혜에 보답하고 가정에 대한 의무와 책임을 다할 것이다.
> ※ 30세부터 65세까지 봉공을 하자. [자원봉사 활동을 하자]

인생을 살아가는 다섯 번째 이야기이다.

인생을 살아가는 다섯 번째 단계는 대준비기大準備期로 부활을 준비하는 시기이다. 이는 함장기로 다시 준비하는 것으로 새소리 물소리 자연의 풍악을 벗 삼아 금욕기, 수련기, 훈련기로서 '이 무삼 도리!'로 성리 단련을 하여 여유작작하고 절도 있는 수양에 적공하는 가장 좋은 시기이다.

> 첫째, 참회 반성으로서 선악 간 모든 인연 업보를 깨끗이 청산할 것이요.
> 둘째, 수양인으로서 영원한 세상에 새 생명의 종자를 충실히 기를 것이요.
> 셋째, 최후 서원 일념으로 청정히 떠나야 다음 생 최초 일념으로 새로 깨끗이 출발이 된다.

대산 종사는 세간에 잘 낳고 잘 살고 잘 죽는 세 가지 큰일이 있으니, 그중 어떤 사람이 잘산 사람이 될 것인가?

일생 의식주에 구애가 없이 산 사람이 잘산 사람이라고 할 것이다. 그러나 그는 외면으로 잘산 것뿐이요, 내면으로 잘산 사람은 남에게 해를 끼치지 않고 이익만

대산 종사를 모시고(뒷열 우측 두번째)

끼친 사람이 가장 잘산 사람이라 할 것이다.

그리고 어떠한 사람이 잘 죽는 사람이 될 것인가?

장수하고 자기 집에서 편안히 죽은 사람을 잘 죽었다 할 것이다. 그러나 그는 외면으로 잘 죽은 것뿐이요, 내면으로 잘 죽은 사람은 최후 일념이 청정하여 큰 서원을 다시 한번 세우고 착 없이 떠난 사람이 잘 죽은 사람이라 할 것이다.

대산 종사는 "천지는 사시의 질서가 있어 만물이 나고 자란다. 만물이 차서가 있듯이 사람도 한 생을 통하여 그 시기를 잃지 아니하면 일생이 보람되고 영생이 완전할 것이다. 그러나 그 시기를 잃으면 일생이 허망하고 영생에 위태로울 것이다. 따라서 '인생오기'를 밝혀 영생을 준비하고 설계하자."라고 하였다.

대산 종사의 입지시

교도들에게 '자신의 인생에 가장 좋은 행복한 시기가 언제인가?'라고 질문을 하면 신심 있는 교도라면 '원불교를 만난 시기'라 할 것이고, 전무출신들에게 '자신의 인생 중 가장 다행한 시기가 언제인가?'라고 질문하면 대개 '초발신심을 발하여 전무출신을 서원할 때'라 할 것이다.

전무출신을 서원한 예비출가자들에게 가장 많이 묻는 말이 출가동기이다. 출가동기는 처음 만난 출가자들이 으레 인사치레로 묻고 답하는 주제다. 보통 출가서원한 새내기는 스승님과 동지들 앞에서 수없이 출가 감상담을 발표한다. 출가동기를 발표하고, 들으면서 신심과 서원이 깊어지고 공부심이 익어가는 것이다. 그래서 도반들의 출가동기가 나의 출가동기가 되어 꽃발신심으로 순경과 역경을 이겨내는 계기가 된다.

대산 종사는 대중 법회 때 출가 재가를 막론하고 감상담을 발표하게 하였다. 교도들에게는 입교 감상담을 통하여 더욱 신심을 굳히게 하였고, 출가자들에게는 출가동기를 발표케 하여 굳은 서원으로 더욱 정진심을 일어내게 하였다. 어느 날 대산 종사는 출가 감상담을 듣고선 "내가 법문을 더할 필요가 없다."라고 하셨다.

나는 원기63년(1978) 부산교구 대법회를 마치고 양정교당에 오신 대산 종사를 고등학교 때 처음 뵙게 되었다. 대산 종사는 교도들의 인사를 받은 후 "이곳 교당이 황령산 밑이라 전무출신이 많이 나오겠다. 전무출신감이 많이 있다."라고 하시며, 일일이 몇몇 학생을 지목하였다. 그러나 나에게는 눈길 한번 주지 않으셨다. 그 후

6년이 지나 때가 되어 조실 간사로 근무하게 되었다. 대산 종사께 "당시 양정교당에서 어찌하여 저한테는 '전무출신 하라'는 말씀을 한마디도 안 하셨습니까?" 하고 여쭈니 대산 종사는 내 손을 잡으며 미소만 띨 뿐이었다.

그 후 간사 근무를 마치고 예비교역자 과정을 거쳐 새내기 교무로 대산 종사의 시자가 되었다. 그때 가장 막내둥이 시자로 곁에서 모시었는데, 대산 종사는 종종 나에게 '원평의 증산교 할아버지'라 하시며 인연붙이의 소중함을 새기며 입지를 굳게 하였다.

대산 종사는 13세의 어린 나이에 익산 총부에 왔다가 적응하지 못하고 사가로 갔다가 16세에 대종사님을 다시 뵙고 영생 스승님으로 모시고 5억 생을 살고자 서원하며 입지立志의 뜻을 시로 밝혔다.

대산 종사 30세 무렵

   차신필투공중사此身必投公衆事
   영세진심갈력행永世盡心竭力行
   인생출세무공적人生出世無功績
   사아평생하면괴斯我平生何免愧
 이 몸은 반드시 공중사에 던지리니
 천만년을 가더라도 몸과 마음 이에 바쳐 행하리라.
 인생으로서 출세하여 공적이 없이 죽는다면
 이 나의 평생에 어찌 부끄러움을 면할 손가.

님의 경책

　대인은 무몽이라 꿈이 없다고 하였으나 한번 꾸면 영몽이라 미래를 예견하는 능력이 있다고 한다. 대산 종사는 교단이 난관에 봉착했을 때 대종사님께서 꿈속에 나타나 방향을 제시해 주었다고 하였다. 공부심이 부족한 나는 언제나 대종사님을 꿈속에서 뵐 수 있을까 염원해 보았다.
　대산 종사 열반 후 몇 해 동안 대산 종사를 시봉하며 지낸 꿈을 꾸기도 하였고, 때로는 고향 집에 찾아와 법 잔치를 벌이거나 수많은 교역자를 거느리고 집을 방문하기도 하였다. 어느 날은 법문을 받아 적으라고 하여 법흥에 겨워 법문을 적었는데 아침에 깨보면 까마득하였다.
　대산 종사 열반 그다음 해 몸이 급격하게 나빠져서 1년여를 버티다 인사 시기가 되어 요양휴무를 신청하려고 했다. 그즈음 꿈속에서 대산 종사에게 몽둥이로 흠뻑 두들겨 맞았다.
　새벽녘 안개가 자욱이 깔린 오솔길을 따라 바랑을 짊어진 운수납자들이 만행을 하고 있었다. 나지막한 야산 언덕에 육환장을 곧게 세우고 대산 종사가 서 계셨다. 대산 종사가 석장을 한 번 쿵 하고 치더니 벽력같은 소리로 꾸짖듯이 송誦하였다.

　　구름도 쉬어 가는 작은 고갯길.
　　운형수제 도반들아, 무엇이 그리도 바쁜가?
　　쉬엄쉬엄 가다 보면 그 아니겠는가?

나 홀로 가다 보면 그곳이 선禪 터요 내 놀 곳이라.
한 생 이렁저렁 살다 보면 참판 농판 그 속에 있어라.
하지만 전생 꿈속은 홀로 꾼 단꿈이었지만
이제는 하늘 땅 새로 열려 개판改版 되었으니
어서들 바랑 벗어놓고 새 일터로 나오시게나.
하 하 하 하 하!
지금도 그 무엇을 찾아 이 산하를 돌아다니느뇨?
껄 껄 껄 껄 껄!
이 몽둥이로 혼날지어다.

이 꿈을 꾼 후 1년간 요양하면서 대산 종사의 말씀을 경책 삼아 심신 간 건강을 존절히 하였다. 그다음 초 복직하던 해, 결혼 후 4년 만에 첫 아이를 맞이하였다. 이 모두 님의 경책으로 이루어진 일임을 항상 감사히 여기고 있다.

세월이 흘러 대산 종사가 가신 지 오래되어 지금은 꿈속에서 자주 뵐 수 없으니 박복할 뿐이다. 언제 다시 님의 품 안에서 소자로 소동으로 모시는 꿈을 꿀 수 있을까 꿈꾸어 본다.

대산 종사를 모시고

용신의 운형수제

봄빛이 나른하여 양지 녘의 개미들 행렬을 보고 무료함을 달래려고 하는데, 양복 정장을 입고 가마솥을 짊어진 분이 원평 조실을 찾아왔다. 키는 작고 얼굴은 까무잡잡하고 메마른 사내였다. 처음 뵙는 분이었는데 한눈에 모두 들어와 가슴에 안긴다. 키에 비교해 손과 발은 팔척장신의 모습이었고, 눈매는 동자승처럼 선량해 보였다.

대산 종사는 공양 시자에게 말하여 정남이고 혼자 살고 있으니 특별식을 챙기게 하고, 각산 신도형 제자라며 반갑게 맞이하며 가마솥을 산 연후를 물은 후 "예비교역자 학생들을 한 10년간 훈련시켜라. 그 가마솥에 훈짐 나게 쪄서 용신을 부활하라."라고 하셨다.

이때 인연이 되어 나의 인생의 형님으로 모시고, 공부할 때는 도반으로, 때론 꾀복쟁이 동무로, 나태하고 게으를 땐 엄한 스승이 되었다. 간사 시절부터 출가하기까지 무던히도 용신을 찾았고, 함께 밤을 지새고 법담을 나누며 한 방에서 이리 뒹굴 저리 뒹굴 하며 지냈다. 낮이면 솔숲 사이로 산책하며 정담을 나누다가 솔바람을 벗 삼아 선정에 들기도 하였다. 이 분이 흰 한복을 입고 솔숲 사이로 거니는 모습을 보노라면 영락없는 아기 동자요 사 없는 신선 같았다. 그러기에 선산仙山이란 호를 받은 박인도 교무가 아니었던가.

선산 정사는 평생 입버릇처럼 '굵고 짧게 살자', '중의 벼슬은 닭 볏만큼도 못하다.' '동지를 의심하면 불신을 낳고, 진리를 의심하면 여래를 잉태한다'라고 귀에 못

용신교당 하선 선객일동(완도 소남훈련원, 필자 3열 우측)

이 박이도록 말했다. 지금은 하늘 아래 뵐 수가 없으니 그 우렁찬 독경 소리를 녹음해 두었으면 유음으로라도 선산 정사의 자취를 더듬을 텐데 아쉽다.

용신교당에서 시작한 선 정진과 교리 공부는 한때 교단 공부 풍토를 조성하는 솔바람 같았다. 대산 종사는 한 10년간 훈련하면 교단이 달라질 것이라 하셨는데 선산이 진영교당으로 부임하자 그곳에서 한 번 훈련하다 여건상 그만두었다.

대산 종사는 용신에서 해마다 여름 훈련을 나고 인사차 온 한 학생이 7일간 단식하며 훈련을 났다는 보고를 들은 후 학생들에게 훈증하시기를 "너는 몸이 튼튼해서 그렇게 했지만, 몸이 약한 후배가 또 그렇게 하다 병이 나면 안 된다. 조금 천천히 가더라도 반드시 정도로 가야 한다. 그래서 나는 건강관리를 말하니 표준 삼으라."라고 말씀하셨다.

용신교당의 훈련은 선산 정사가 있어 체를 잡았고, 대산 종사의 훈증이 있었기에 정법으로 연하고 정신正信으로 갈무리가 되었다.

말 없는 가운데 묵묵함을 즐기신 선산 정사님, 성성한 빛을 감추고자 애써 이생은 터만 닦고 가신다며 심대광심深大廣心을 외치며 일필휘지로 쓴 교리 공부 노트를 보여주었는데, 지금은 평소 말씀처럼 대산 종사를 사모하여 방울 대사 같이 딸랑거리며 님의 곁으로 가시지 않았을까.

선보하는 심경

　대산 종사, 완도 소남훈련원에 여름 정양기간 중 김제 용신교당 박인도 교무의 지도로 '용신하선'을 마치고 예비교역자들이 왔다. 그들의 하선 보고와 훈련 소감을 듣고 대산 종사는 감회에 젖어 법을 설하였다.

　"내가 20살 조금 더 먹었을 때 대종사님께서 나보고 '용신 교무로 가라'고 명령하였다. 그래서 자전거 위에 보따리를 싣고 정거장까지 갔었는데 '다시 돌아오라'라고 하여 짐을 갖고 온 일이 있다.
　그 후 정산 종법사님 때 용신교당 교리강습을 하명하여 이정만, 양혜련 교무와 강습을 난 일이 있다. 강습 때 십 리, 이십 리 밖에서 선 나러 오는 분들이 한 300여 명이나 되었다. 강당이 꽉 차고 밖에까지 서고 그렇게 훈련을 난 일이 있다.
　대종사님 탄생하신 곳이 길룡리, 대종사님께서 최후 열반에 드신 데가 신용리다. 교당이 10여 개 있을 때 그 안에 용신교당도 들었다. 어느 때든지 용신리가 한 번 무슨 큰 소리는 날 터인데 무슨 소리가 나는가 하고 기대했었다. 박인도 교무가 3년 전 학생들을 대상으로 교리 공부를 한다고 보고하기에 '이 녀석아, 한 번만 해서는 안 된다. 십여 차례는 해야 한다.' 했더니 '스무 차례 하겠습니다.' 하였다. 그러더니 해마다 선을 나고 이렇게 보고하러 온다. 참으로 잘했다.
　용신교당 교도들이 신심도 장하지만 순박하다. 교도들이 너희들에게 옥수수, 감자 등 무엇이라도 자꾸 갖다준다. 앞으로 박인도 교무가 계속 있을지 없을지 모르

용신교당 하선 후 보고하고 있는 필자(왕궁 영모묘원 비닐하우스)

지만, 다음에 가는 교무도 이런 훈련 안 나면 쫓겨날 것이다.

 내가 젊어서 원평에서 정양할 때 100m도 걷기 힘들었다. 처음에는 선보禪步로 100m도 가고, 200m도 가고, 다음날은 500m도 걸었다. 매일 조금씩 늘려 꾸준히 선보를 하니 어느 정도 갈 수 있었다. 1년을 하고 나니, 원평에서 80리 되는 곳에 한번 가고 싶은 생각이 나서 세끼 밥을 싸서 갔다. 동네 젊은이들이 뛰어가면서 '이 할아버지 이렇게 가다가는 평생 못 가겠다'고 비웃으며 앞으로 뛰어가는 것이었다. 나는 뚜벅뚜벅 선보로 갔다. 나중에 가다 보니 그 젊은이들은 누워서 쉬고 있었다. 나는 한 번도 쉬지 않고 80리 길을 선보로 갔는데 해가 절반도 안 되어 점심을 먹고 돌아오니 저녁 먹을 때가 되었다. 사람들이 '어디 갔다 왔냐?'고 해서 '지금 80리 길을 갔다 왔다'고 하니 '그런 소리 말라'고 하며 '장정들도 하루에 못 갔다 온다'고 하며 믿으려고 하지 않았.

 나는 분명히 갔다 왔는데 사람들은 믿지 않았다. 나는 선보로 가면 백 리 길도 갈 수 있었다. 어디를 걸어갈 때는 항상 선보로 가야하고, 훈련이나 선을 할 때도 선보 하는 심경으로 해야 한다."

선과 건강관리

대산 종사, 용신교당에서 박인도 교무의 지도로 훈련을 난 예비교역자들에게 설하였다.

"공부 길에 대해서는 내가 구체적으로 교리도해로 이야기했다. 다른 교리는 한 가지로만 말했지만 삼학에 대해서는 원리면을 밝힌 기일其一, 그리고 기이其二, 기삼其三, 기사其四, 기오其五로 철저히 밝혔다.

너희들이 이것을 다하라는 것은 아니고 하나만 표준 잡아서 해 나가되 남을 가르치는 입장이니 다른 것도 알고는 있어야 한다. 하나만 좋다고 하여 그것만 알면 하나밖에 모르는 엷은 지식으로 어떻게 남을 가르치겠느냐. 하나만 좋다고 하면 '어떤 점이 좋소' 하면 대답이 궁해진다. 그러니 다 알고는 있어야 한다.

삼학공부에 대해서는 철저하게 연구해서 원만하게 수행해야 한다. 따라서 삼학공부는 균형을 잡아서 해라. 수양·연구·취사 시간을 똑같이 잡아라. 그래야 선禪도 되고 지각도 열리고 취사도 잘된다.

회화·강연 시간을 훈련 과정에 많이 넣도록 해야 한다. 그래야 의견 교환이 된다. 자기가 깨달은 것이나 감각 감상을 자꾸 발표해야 한다. 발표하지 않으면 지혜가 계발되지 않는다. 대종사님 당대에는 회화·강연·감각 감상을 참 많이 했다. 그렇게 석 달을 하고 나니 모두 무서운 법문을 하더라.

조금 천천히 가더라도 반드시 정도正道로 가야 한다. 단식이나 편법 수행은 안 되

대산종사탄생100주년 포스터

대산 종사 72세 무렵

니 정도 아닌 일은 하지 마라. 너희들은 출가하였기 때문에 너희들 몸이 아니라 대종사님 선법사님 삼세 제불제성의 분화신이요 교단과 국가와 전 세계 전 인류의 몸이다. 그래서 내가 건강관리에 관해 이야기하겠다.

중국인은 대부분 태음 체질이라 며칠 굶어도 괜찮고, 소 다리를 한자리에서 다 먹어도 괜찮다. 일본인은 소양이 많고 서양도 비교적 소양인이 많다. 인간의 체질이 머리만 주로 쓰기 때문에 궁둥이가 뾰족해서 오래 앉지 못한다. 자기의 체질이 사상 중 어디에 속하는가를 알아서 그것에 맞게 수행 정진을 해야 한다. 태양이나 태음 체질은 오랫동안 앉아 있어도 좋으나 소음, 소양인은 오래 못 앉아 있다.

대종사님도 체질에 따라 선을 하라 하였다. 대종사님 당대에도 선을 많이 하다 보니 머리가 아픈 사람이 있어서 선을 한 후에 경행輕行을 하고, 또 조금 심한 사람은 지금 대종사님 성탑이 있는 곳에 다녀오도록 했다. 선을 하면 이상이 있는 사람은 행선을 하고, 또 기도도 올려야지 무리하게 선을 억지로 해서는 안 된다. 어떤 방법으로든지 진경에 들면 되지 않겠느냐.”

대산 종사, 선과 건강관리에 대하여 평생 단련한 경험과 수련의 방법을 밝혔다.

“남을 지도할 사람은 건강해야 한다. 그리고 건강관리는 자신이 해야 한다. 내가 36세에 시력이 약해져서 안경을 썼다. 그랬는데 누가 와서 ‘전무출신이 눈이 나쁘면 안 됩니다’ 하면서 ‘아침 좌선 후 손바닥을 36번 비비고 난 후 눈에 문지르고, 또 양치질하고 쓴 물은 뱉어 버리고 소금물로 눈을 씻어 내라’고 하여 그렇게 하였는데 그때의 시력을 지금까지 유지하고 있다.

또 위장이 좋지 않았다. 전무출신이 여러 곳을 다니는데 위장이 좋지 않아 음식을 아무것이나 먹지 못할 것 같으면 안 되겠기에 물었더니 ‘배꼽을 중심으로 해서 오른쪽에서 왼쪽으로 원을 그리면서 세게는 문지르지 말고 문질러 주라’고 하더라. 그래서 그렇게 매일 하고 과식하지 않으니 별 탈이 없었다. 이렇게 건강을 잘 유지해 왔다.

도인법導引法을 주로 함으로써 건강을 유지하였는데 교단 55주년 기념행사를 하는데 도저히 건강을 지탱할 것 같지 않아 요가를 시작하였다. 처음에는 교단의 원로들이 별로 신통하지 않게 생각했다. 그래서 내가 장이 좋지 않은 문산 김정용과 심장이 좋지 않은 예산 이철행에게 요가를 권하여 그들이 요가를 계속하더니 요전에 와서 ‘저는 요가로 살았습니다.’ 하더라. 외국인이 우리의 요가를 보더니 ‘세계 수준이라’고 하더라. 그리고 「동아일보」에서도 우리의 요가를 세계 수준이라고 신문에 발표했었다.

육신 관리와 정신 관리를 서로 병행해야 한다. 새는 호흡을 할딱할딱한다. 그러니 새의 수명이 얼마나 되겠느냐. 그러나 학은 긴 다리까지 호흡하고, 거북은 더 길게 숨을 쉰다. 그러기 때문에 학의 수명이 천년이라면 거북은 더 오래 만년을 산다.

요가 하시는
대산 종사

　신체 구조상으로 볼 때 호흡이 신체의 중간밖에 안 온다. 그런데 대종사님 당대에도 억지로 숨을 내리다 보면 머리가 벌어지고 눈이 번쩍번쩍해지는 사람이 있었다. 그러니 억지로 무리하게 하지 마라. 5단 호흡이 있지 않으냐. 법륜식을 많이 하다 보면 발뒤꿈치까지 숨이 저절로 내려가게 된다. 물이나 밥을 먹고 난 후 2시간이 못 되어서 하면 위하수가 되어 병이 나니 반드시 2시간 후에 하도록 해라. 태음 체질은 앉아서 선을 오래 해도 되나, 소양은 될 수 있으면 선보를 많이 하는 것이 좋다.

　체질에 따라 어떤 이는 서서 하면 선이 잘되고, 어떤 이는 누워서 하면 잘되는 사람도 있고, 앉아서 하면 잘되는 사람이 있는 것이니 자기 체질을 잘 알아 거기에 맞는 수행법으로 정진해야 한다. 5단 호흡을 할 때는 실내에서 하지 말고 솔밭 같은 곳에서 하면 좋다."

성리를 꾸어서라도

대산 종사는 "성리 소식을 모르면 어린애다. 성리가 없는 종교는 사도다. 성리를 모르는 종교는 자선단체다. 일종의 선의 단체지 그건 종교가 되지 못한다. 만 생령을 제도할 수 있는 정법 회상은 아니다. 성리에 토가 떨어지지 못하고 성리에 체질화가 되지 않으면 그것은 자선이요 일종의 선을 하는 사람이다. 선이 있으면 악이 따르게 되고 좋으면 싫은 것 무수한 상대가 나온다. 성리를 모르면 그건 자선이지, 진리계를 본 사람이 아니다. 그러니 우리가 성리를 중요하게 여겨야 한다."라고 하셨다.

내가 간사 때 삼동원에서 같이 근무한 동지가 있었다. 처음 만났을 때 동향이고 나이가 같아 쉽게 친해졌다. 그때 대산 종사는 과거칠불을 비롯하여, 삽삼조사와 여러 선시 등을 대중에게 공부할 수 있도록 기회를 마련하여 주셨다. 우리도 함께 대중 속에서 성리 공부를 할 수 있는 은혜를 입었고, 따라서 자연히 성리 흉내를 내기도 하였다. 어느 날 그 동지가 내가 서 있는 주위 땅바닥에 원을 그리며 "이 원상을 벗어나도 30방이요, 가만히 있어도 30방이다."라고 하였다. 나는 그 말이 떨어지기가 무섭게 땅바닥에 그려진 원을 발로 지웠다.

나중에 안 일이지만 이것이 그 유명한 마조 도일의 마조 원상에 관한 화두 내용이다. 마조는 뛰어난 법제자들을 많이 배출해냈다. 마조는 동그라미 원상을 그려놓고는 그의 제자들을 보고, "이 안에 들어가도 30 방망이요, 아니 들어가도 30 방망

이를 맞는다."라고 했다.

대산 종사는 "성리는 꾸어서라도 자기 것으로 만들라."고 하셨다. 성리는 주고받는 물건이 아니요, 사적으로 건네는 것도 아닌데 얼마나 답답하였으면 견성을 꾸어서라도 하라 하셨을까? 그래서 대산 종사는 "할 수만 있으면 도끼로 머리를 쪼개서 넣어 주고 싶다."고 하셨다. 우리는 그때 대산 종사가 성리를 꾸어서라도 내 것으로 만들라는 말을 듣고 무작정 따라 하였다.

대산 종사는 "원불교 성리는 일원성리─圓性理"라고 하시며 "『교전』이 성리 덩치라 하면, 『정전』은 성리의 원리 강령을 설한 것이고, 『대종경』은 성리를 실생활에 구체적으로 활용하는 방법을 말하고, 다시 『정전』 중 '교의편'은 성리의 원리와 대체 강령을 설하고, '수행편'은 성리를 체득하는 공부 수행 방법을 말한다고 할 수 있다. 또한 『대종경』 전체가 성리를 실생활에 구체적으로 사용하는 법"이라고 하셨다. 그 중 '성리품'은 성리의 소식을 상세하고 구체적인 사례 방법을 들어 설명한 것이다.

이제 더 망설일 필요가 없을 것 같다. 성리를 모르면 꾸어오면 될 것이고, 성리를 안다고 할지라도 일원성리에 바탕을 두어 표준 잡으면 될 것이니 하고 안하고는 자신의 의지에 달린 것이다.

사진 박을 까나

　대산 종사는 대중과 함께 사진 찍기를 무척 좋아하셨다. '사진 찍자'가 아니고 '사진 박자'고 하셨다. 사진 박자가 틀린 말은 아니었지만, 왠지 모르게 어색한 말 같았다. 누군가 "사진 박자가 전라도 진안 사투리 아니냐."고 하니까 대산 종사는 "사진 박자가 표준말이다."고 하여 대중이 한바탕 웃은 일이 있었다.
　대산 종사는 사진을 찍을 때 꼭 양옆 사람의 손을 잡고 찍었다. 그래서 시자들은 사진 찍을 일이 있으면 '사진 박자'고 하며, 대산 종사의 흉내를 내곤 하였다.
　유명 인사와 함께 찍은 사진 한 장은 심리적으로 유명 인사와 동일시하는 효과와 개인의 신분 상승 효과가 있다고 한다. 대통령 선거 때 모 대통령 후보가 미국 대통령과 함께 찍은 사진이 합성 사진으로 판명이 났다는 뉴스를 접했다. 유명 인사와의 사진 한 장이 이렇듯 유명세가 있는가 보다.
　대산 종사는 맞이한 손님들을 그냥 돌려보내지 않았다. 사진 박는 것이 으레 행사였고, 대중은 소중한 기회를 놓치지 않으려고 줄을 서는 수고로움을 감내했다. 하지만 시자들은 대산 종사의 건강 상태가 좋지 않을 때는 사진 찍는 일을 제지하거나 단체 사진만 찍도록 유도하였다. 그러나 대산 종사는 "사진 한 장 찍는 것이 교화"라고까지 하시며 노구에도 불구하고 박고 또 박았다. 사진 찍는 일이 끝나고 대중들이 돌아가면 "야! 사람들을 만나고 사진 박는 것이 인이 빠진다."라고 하시며 힘들어하셨다.
　조실과 응접실 벽에는 여러 사진이 걸려 있었다. 교황 요한 바오로 2세가 방한하

교황 요한바오르 2세 면담
(1984년 5월 6일)

였을 때 찍은 사진과 역대 대통령과 찍은 사진, 교단적 큰 행사 사진 등 각종 사진이 벽면을 장식하였다. 여느 시골집에 걸린 사진들처럼 미적 감감이란 전혀 고려치 않고 걸어놓은 것 같지만 나름대로 질서가 있고 의미가 있었다.

유명 인사가 방문할 때면 대산 종사는 사진들을 챙기게 하고, 그와 찍었던 사진들을 이쪽에 붙였다, 떼었다 방향을 바꾸거나 순서를 바꾸기를 여러 차례 하였다. 대산 종사는 사진 한 장 가지고도 교화를 염두에 두고 정성을 들였다.

경산 종사의 경륜 중 하나인 교화대불공을 염원하며 대산 종사의 '교화의 삼단'을 소개하고자 한다.

1. 자비인정 교화 = 자비로 정을 통하는 교화
2. 무량법문 교화 = 성문聲聞*으로 자각케 하는 교화
3. 무언실천 교화 = 궁행躬行으로 실천케 하는 교화

* 성문 : 부처님의 음성을 직접 들은 불제자라는 뜻. 서가모니불의 설법을 듣고 고·집·멸·도 사제의 이치를 깨달아서 스스로 아라한이 되기를 이상으로 하는 수행자.

세 가지 텅 빈 자리

관공觀空 = 생사와 거래가 없는 자리를 비추고,
양공養空 = 일체가 돈망頓忘한 그 자리를 양성養成하고,
행공行空 = 대무상행大無相行을 행하여 삼계三界의 대도사大道師가 되라.

"훈련교무들이 『채근담』과 『음부경』과 『십현담』을 배웠는데 잘못 공부하다가는 달콤한 글에 끌려서 살불살조殺佛殺祖하기 쉽다. 대종사님과 정산 종사님도 이러한 글들을 공부하게 하였다. 그러나 달콤한 함정에 빠지면 안 된다. 잘못하다가 악도나 지옥에 빠져서 헤어 나오기가 힘들다. 부처를 죽이고 조사를 죽여 버렸으니 그 사람이 어떻게 빠져나오겠느냐?

관일체법공觀一切法空, 일체 법이 공한 자리를 내가 꿰뚫어 본다. 그것이 견성이다. 일체 법이 유도 무도 과거도 현재도 미래도 너도 나도 없는 그 일체 법이 공한 자리를 꿰뚫어 관한다. 그것이 견성에 토가 떨어진 것이고, 또 그 견성에만 토가 떨어져서 좋으냐?

양일체법공養一切法空, 일체 법이 공한 자리를 기른다. 그 진성 자리를 길러야 내가 힘이 나기 때문에 그것을 길러야 하고 또 그것만 길러서 좋으냐?

행일체법공行一切法空이라, 일체 법이 공한 자리를 길러서 그것을 나투는 것이다. 그래서 불리자성왈 공不離自性曰工이요 응용무념왈 덕應用無念曰德이니, 자성을 떠나지 않는 것이 공부이고, 아무런 생각이나 상 없이 응용하는 것이 덕의 베풂이니 그 진

경산 종법사를 모시고(원불교100년기념성업회 직원 일동)

리의 표현으로 일직심으로 나가야 한다.

 이 넓은 바다가 오직 좋지 않은가? 숙승봉 밑 계곡이 좋다고 하는데, 그것도 좋지만 조금 더 넓은 것이 더욱 좋다. 또 여기보다는 태평양의 한복판에서 세상을 보아야 진리에 토가 떨어진 것이다. 그러나 보통 사람은 숙승봉 밑의 계곡물을 보고 견성했다고 야단하지만 그것은 아니다."

 이 법문은 원기69년(1984) 7월 중순경 대산 종사가 완도 소남훈련원에서 훈련 교무[현 예비교무]들의 훈증 훈련기간에 내린 '세 가지 텅 빈 자리' 법문으로 처음 하신 법문도 아니고 늘 자주 하였던 법문이다. 이 삼공[세 가지 텅 빈 자리] 법문을 하실 때 '관~ 일체 법공, 양~ 일체 법공, 행~ 일체 법공'이라 하였다. 처음 관, 양, 공은 첫소리를 길게 음미하듯 말하고, 후렴의 일체법공은 힘을 주어 말씀하셨다.

보이는 것 관음觀音이요, 들리는 것 청음淸音이요, 깨치는 것 묘음妙音 같았다. 이 한마디에 법문을 더 들을 것조차 없다는 묘한 매력을 느꼈고, 그 성음에 빠져드는 느낌을 얻었다.

대산 종사께서 '세 가지 텅 빈 자리'를 훈련교무들에게 이어서 부연하여 주셨다.

    원효 스님 하신 말씀이 있는데,
    푸른 산 첩첩 미타의 굴이요
    푸른 바다 아득히 적멸의 궁전이라.
    불조의 회광처를 알고자 한다면
    해 서산에 지니 달 동산에 오르더라.

"청산도 첩첩하니 아미타불이란 말이다. 창해가 망망하고 적멸의 궁전이다. 여래의 적멸궁전이 된다는 말이다. 불조의 단적의單的意를 물어본다. 부처님의 단적의는 무엇이냐? 해는 서쪽에 떨어지고 달은 동쪽에서 나오더라.

하나의 소식을 통해 버려야 유무에 걸림이 없다. 무에 걸려도 안 되고, 유에 걸려도 안 되고 또 무에 떨어져도 안 되고, 유에 떨어져도 안 된다. 걸려도 안 되고 떨어져도 안 된다. 그것을 우물쭈물 주물러 가지고 유무자재한 힘을 얻으려면 도묵道黙의 경지를 한번 지내야 한다. 도묵의 경지를 지내서 도광道光, 도의 빛이 한번 비쳐 나와야 한다.

적멸궁이란 것은 도묵 자리고, 도광의 자리란 한 빛을 얻은 자리다. 그러기 때문에 원효 스님도 한 소식을 틔기 위해서 그 시를 지었다. 대개 수도에 뜻을 둔 사람들은 미타굴에 가서 단련하고, 큰 대해에 가서 마음을 한 번 터득하여야 마음을 살활자재活殺自在하는 불보살이 될 수 있다. 그런데 살리는 것은 부처님들이 살리고 중생들이 죽이는 것이 아니다. 참으로 부처님들은 대혁신 대혁명의 능력이 있으시기 때문에 한 나라의 시조도 되고, 세계의 창립자도 되어서 전쟁이 한번 일어나서 세계도 한번 멸살할 때도 있을 것이고, 또다시 살릴 수도 있기 때문에 그것을 살활자재라고 한다. 그것이 능력이 있는 것이지 조그마한 골짜기 물로는 안 된다."

   숙승봉 아래 계곡물을 거슬러 한참 올라가면 너른 마당바위 위로 물이 흐르고 있다. 소남훈련원에 오신 분들 대부분 훈련원 주위만 맴돌다 가지만 숙승봉에 올라 남해를 바라보고, 깊은 계곡을 따라 올라가면 천혜의 신비를 만끽할 수 있다. 그러나 계곡은 깊고 험하고 숙승봉 주위의 산들은 속인들을 꺼려서인지 매우 위험하다. 그래서 대산 종사는 산에 오르는 것을 매우 조심하라고 경고하였다. 그 후 학생 서너 명이 산에 오르다 길을 잃어 밤늦도록 찾아 헤맨 기억이 있다.
   대산 종사의 경고가 아니더라도 자연을 함부로 대하는 우리의 마음을 살펴보아야 하겠다. 숙승봉 깊은 골짜기 물은 흘러 대해장강으로 가지만 머물러 있는 골짜기 시원한 물에 도취하면 조각 도인밖에 안 된다는 말씀을 다시금 새겨 본다.

   대산 종사께서 훈련교무들에게 '세 가지 텅 빈 자리'를 보아서 기르고 행하는 여래가 되라고 당부하시며 이어서 말씀하셨다.

완도 소남훈련원에서 바라본 숙승봉

"여기 정도리 같이 툭 터져서 대해 망망한 데서 깨침이 나온다. 30년 전인가 내가 『대종경』 법문 초안 작업을 하려고 부산 다대포에서 지냈다. 법문이 정리되지 않거나 생각이 금방 나오지 않아 방자연放自然해서 내맡겼다. 그리고 돌아다니다가 생각 하나가 툭 나면 또 쓰고 돌아다녔다. 다대교당 근처에 사람이 안 다니고 조용한 바위가 있어 거기 드러누워서 시를 하나 읊은 것이 있다.

창해만리허 滄海萬里虛
무아무인천 無我無人天
암상일화신 岩上一化身
안중시방현 眼中十方顯

창해 만 리가 텅 비었단 말이다.
내가 없고 보니 사람도 하늘도 없더라.
바위 속에 한 화신이 되어 버렸다.
눈 속에 시방세계를 궁굴리고 있더라.

누가 날 찾아오는 사람도 없고, 찾는 사람도 없고, 생각한 일도 없다. 부처님은 백억화신이 되었지만 나는 암화신이 되었다.

내가 총부에 와서 살 때 곰곰이 생각하니 부모도 좋지만, 대종사님이 좋더라. 또 우리 회상 동지들이 다 좋더라. 삼산 김기천, 사산 오창건, 주산 송도성, 정산 종사가 아버지나 할아버지뻘 되었지만, 대종사님을 은부님으로 모셨다. 그래서 그분들을 선생님이라고 호칭하니 화를 냈다. 세상은 선생님이라고 부르면 좋아하는데 이곳은 그렇지 아니했다.

대종사님은 대종사님 혼자 하늘에서 떨어진 어른이 아니시다. 그 어른도 부모에게 육체를 빌려 나셨기 때문에 그 어른도 생부모가 있고, 은부모가 있고, 법부모가 계신다. 그러므로 그 어른들을 받들어야 하고, 또 그 어른들을 삼세 일체 제불을 받드는 생자녀, 은자녀, 법자녀들과 인연을 걸어서 세세생생 사은에 동화되어서 살게

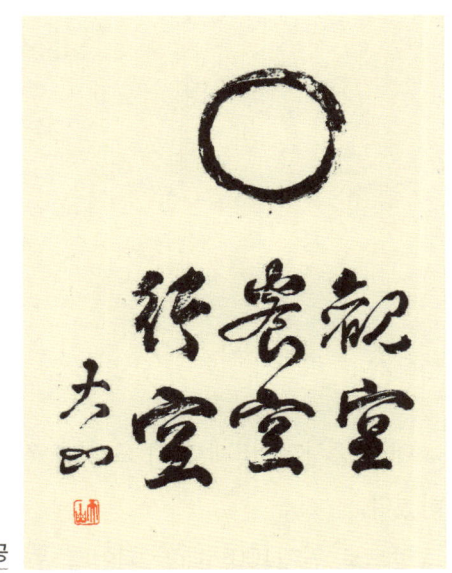

관공 양공 행공

해 주십사 하고 법신불 사은전에 빌고 빈다. 그래야 나도 그 속에 포함되며, 또 제도를 받기 때문에 빈다.

과거 공부인들이 최고의 진리를 주먹 안에 넣고 게송으로 나투었다. 그렇다고 거기에 끌려서는 안 된다. 관일체법공, 일체 법이 공한 자리를 관하면 그것이 아는 것이다. 양일체법공, 일체 법이 공한 자리를 길러서, 행일체법공, 일체 법이 공한 자리를 행하면 거기에서 무엇이 나오는가?

혜가 족족하고 복이 족족 나온다. 이 훈련교무들이 다 삼계의 대도사다. 이 마음으로 나가면 다 출가위, 여래위인데 이 사람들이 가다가 다른 길로 가니까 안 되는 것이다. 초심자로 살 때는 물들지 않았기 때문에 다 여래들이다. 그러나 가다가 다른 길로 가면 다른 길로 가는 줄도 모르고 사니 조심하여야 한다. 다른 길로 갈 때는 등허리를 딱 때려야 된다. 그래야 세세생생 복족족 혜족족하는 불보살들이 되는 것이다."

네 가지 도장

대산 종사께서 '네 가지 도장'을 찍어야 하는데 그 중 마음 도장을 찍을 것을 밝히셨다.

앞으로 원기100년대만 되어도 우리 회상이 좋아질 것이다. 공부하는데 국가관이 있어야 하고, 진리관이 있어야 하고, 윤리관과 세계관이 있어야 한다. 국가관에 그쳐서도 안 되고 세계관이 있어야 한다. 그러려면 네 가지로 인印을 찍어야 한다.

  니인泥印 = 진흙에 도장 찍는 것으로, 중생들이 찍는 도장.
  수인水印 = 물에 도장 찍는 것으로, 좀 더 수승한 사람들이 찍는 도장.
  공인空印 = 허공에 도장 찍는 것으로, 연각 보살들이 찍는 도장.
  심인心印 = 마음에 도장 찍는 것으로, 진리를 깬 여의자재한 부처님들이 찍는 도장.

수도인이 도가에 와서, 이 세상에 나와서 네 가지로 도장을 찍고 간다.

첫째, 진흙에 도장 찍는다. 범부 중생 보통 사람들은 그 도장을 어디에 찍느냐 하면 사사 인정 즉, 적은 인정에다 찍는다. 또 밥 한 그릇에, 술 한 잔에 도장을 찍어버린다. 현재 눈에 보이는 곳에만 도장을 찍으려고 한다. 그러기에 땅에 도장을 찍고 가기에 오고 가는 사람 발길에 묻혀서 그 도장이 한 시간이나 하루가 지나가면 없어진다. 이렇게 진흙에 찍는 도장은 중생이 찍는 도장이다.

둘째, 또 조금 나은 이는 물에다 도장을 찍는다. 바람이 불고 파도가 치면 물 전

대산 종사 낙관 중 하나

체가 흔들려서 오래가지 못한다. 돈이나 재물에 도장을 찍는다.

셋째, 좀 큰 어른들은 허공에 도장을 찍는 것으로 연각 보살들이 찍는 도장이다. 스스로 조석으로 때때로 허공법계에 서원 올리고 정성을 올린다. 주세 성자를 만나지 못해서 허공에다 도장을 찍는다.

넷째는 마음, 심법에 도장을 찍는 것으로 진리를 깬 여의자재한 부처님들이 찍는 도장이다. 이 도장은 대종사님과 정산 종사와 삼세 제불제성에게 찍는 도장으로 찍으면 수억만 년 가더라도 그 도장은 없어지지 않는다.

이 도장은 주세성자인 스승님에게도 도장을 찍어야 하지만 동지에게 도장을 찍어야 한다. 또한, 제자한테 도장을 찍어야 수만 대 사람들에게 전할 수 있다.

네 가지 도장 찍는 법문은 원기71년(1986) 11월경 영산성지에서 하신 법문이다. 위 법문을 처음 접하였을 때 필자는 『정산종사법어』 법훈편 44장을 새기며 "육신의 발자취는 땅에 남고, 마음이 발한 자취는 허공에 도장 찍히며, 사람의 일생 자취는 끼쳐 둔 공덕으로 세상에 남는다."라고 하였듯이 나의 자취는 무엇으로 남을 것인가 고민하며 수행심을 다독이기도 하였다.

도가의 스승님

　대산 종사는 "삼타원 최도화 할머니가 인도사引導師가 되셨고, 팔산 김광선 종사가 초도사初度師가 되셨고, 삼산 김기천 종사가 발심사發心師가 되셨고, 주산 송도성 종사가 입지사立志師가 되셨으며, 정산 종법사는 은사형恩師兄이 되셨으며, 대종사님은 법부法父가 되신다. 또한 구산 송벽조 선생과 유허일 선생은 한문사漢文師요, 서대원 선생은 불경사佛經師가 되고, 내가 교정원장과 정산 종법사의 뒤를 이어 주법의 책임을 맡아 일할 때 좌우에서 보좌하신 육타원 이동진화, 응산 이완철 종사가 계셨다."라고 말씀하셨다.

　대산 종사 이어 말씀하시기를 "나는 11세 때 소태산 대종사님께서 나를 찾아 주었다. 대종사님께서 진안 만덕산에서 교단 최초의 선을 12제자와 함께 났다. 나는 그때 최도화 할머니에 의해 인도되었다. 최도화 할머니가 '부처님은 원하는 것을 다 들어주신다.'고 하였기에 '그럼 내가 원하는 것을 들어 줄 수 있느냐'고 하였다. 당시 제1차 세계대전의 참혹상이 전 세계에 알려지던 때였다. 이 세상이 서로 싸우지 않았으면 하는 생각에 만일 싸우는 나라가 있으면 큰 대포를 만들어 싸우지 못하게 쏘아 주겠다고 하니 그분이 '그렇다면 되었다' 하여 만덕산으로 가서 최초 대종사님을 뵙고 4개월 정도 지내다가 집으로 돌아왔다. 그 후 13세 때 대종사님이 총부에서 부르시어 몇 개월 지내다 다시 돌아왔다. 이때 전주에 나와 잠깐 신학문 공부를 하기 위해 호영학교에 입학하였으나 뜻한 바 있어 이를 중지하였다. 그러다 3년의 세월이 흘러 16세 때 총부에 와 정식 입교를 하고 이어 출가하였다."라고 술회했다.

소태산 대종사 진영에
참배하는 대산 종사

　대산 종사는 원불교에 입교하도록 연원이 되어준 인도사를 비롯하여, 견성 성리 공부에 발심하도록 지도하여 주신 스승과 도문에 입지를 세우도록 일깨워준 스승, 큰 스승이신 대종사님과 정산 종사를 부모와 형제로 모셨고, 한문과 고경으로 불심을 키워주신 여러 스승님의 가르침을 받았고, 종법사 위에 오르자 좌우 보처로 지켜주신 스승님들이 계셨다.
　도가에 입문한 초입자는 스승과 동지와 제자를 잘 만나야 한다. 도가의 인연붙이는 수행길 바로잡아 영생길을 개척하는 데 중요하기에 대산 종사는 항상 스승님께 소자요 소제요 소동이라 일컫고 평생을 사셨다. 그러기에 우리의 엄한 스승이기에 앞서 도가의 신맥과 법맥의 표준을 몸소 보이신 우뚝 솟은 큰 산으로 기억되는가 보다.

정신수양의 요체

　대산 종사를 뵙게 되면 으레 법문하기 전 인쇄 법문을 받게 된다. 시자로서 법문을 배포하다 보면 사람 수와 비교해 몇 배나 법문이 더 필요할 때가 있었다. 대중들은 그것도 모자라 법문 한 뭉치 더 가져가려고 부탁하고, 모든 인쇄법문을 다 챙겨가는 것이 대산 종사를 뵙는 것만큼 중요하게 여겼다. 법문 한 장 더 챙기는 일은 이 소중한 법문을 남에게 전하고자 하는 간절함이 담겨 있었다. 지금은 인터넷이 보편화되어 컴퓨터로 자유자재로 편집하고 인쇄도 할 수 있기에 종이 활자로 인쇄된 법문의 소중함이 예전과 비교해 조금 덜하다.

　대산 종사의 설법에 빠질 수 없는 부교재 중 인쇄법문과 더불어 대형 차트법문이 있다. 일명 괘도법문이다. 최근 색 바랜 괘도법문을 보고, 대산 종사의 자취를 더듬어 보았다. 요즘은 대형프로젝트에 밀려 구식이 되었지만 낡아 찢어진 곳을 종이로 덧댄 자국과 색 바랜 종이 위에 첨삭된 법문을 보노라면 세월의 관록이 물씬 풍긴다. 한편, 대산 종사의 사자후 법문이 낡은 괘도에 걸려 박물관에서나 볼 수 있는 유품이 되지 않을까 염려가 된다.

　교단은 원기100년대를 앞두고 교단 100주년 행사와 대산종사탄생 100주년기념성업을 꾸리고 있는 것으로 안다. 부디 박물관에 소장된 유물이 아니라 전 교도의 가정 가정과 마음 마음에 걸려 있는 법문이기를 소망하며 '정신수양의 요체' 법문을 한 대목씩 소개하고자 한다.

精神修養 要諦 정신수양의 요체

無門觀 무문관

存夜氣 존야기

性理大全 성리대전

六根門 開閉 規制 自由 육근문 개폐 규제 자유

動中靜 靜中動 동중정 정중동

握固冥心 악고명심

保任含蓄 黙言安息 보림함축 묵언안식

緊紥穀道 腰骨竪立 긴찰곡도 요골수립

息妄現眞 水昇火降 식망현진 수승화강

대산 종사 말씀하시기를 "자신의 배를 만져 보아 배꼽 밑이 나왔는가, 배꼽 위가 나왔는가 보아 배꼽 밑이 부르면 단전 토굴이 살았다는 것이다. 대종사님께서도 단전이 툭 나오셨다. 억지로 단전을 부르게 하면 위하수가 되어 끌끌거린다. 끌끌하는 놈들은 선을 잘못한 것이다. 이렇게 법문하는데 조는 놈도 단전에 힘이 없어서 그런다. 졸릴 때 단전에 턱 주하면 한 시간이고 열 시간이고 백 시간이고 졸릴 염려가 없다. 아니 절대로 졸리지 않는다. 단전에 공을 들여야 한다."라고 하시며 정신수양의 요체 첫머리에 밝혔다.

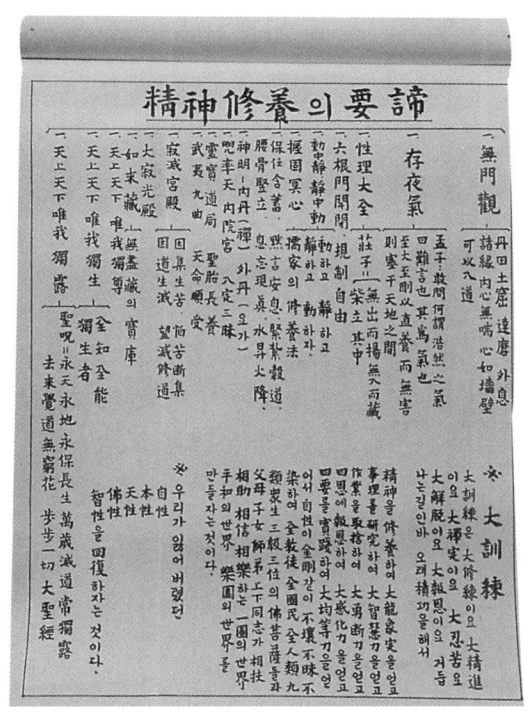

무문관 無門觀

무문관이란 문이 없는 것을 관觀하라는 뜻이다. 종래의 선가의 무문관無門關은 중국 송나라 때의 선승 무문혜개無門慧開가 지은 『선종 무문관禪宗 無門關』의 약칭을 두고 무문관無門關이라고 한다. 48개의 공안公案을 해설한 선서禪書이다. 『벽암록』, 『종용록』과 함께 널리 알려져 있다.

여기서 관은 빗장 관關이고, 대산 종사 무문관의 관은 볼 관觀이다. 굳이 두 가지 뜻을 비교하자면 선가의 무문관은 문이 없는 곳에서 빗장을 잠그고 토굴에 들어앉아 생사를 걸고 수행 정진함을 의미하고, 대산 종사의 무문관은 장소에 구애됨이 없이 어디나 선방이기에 생활 속에 단전을 떠나지 않고 단전 토굴에 들어 문이 없는 것을 관하며 육근문을 자유자재로 출입하자는 뜻이라고 할 수 있다.

무문을 관하건 무문에 들어 빗장을 닫고 수행하는 것은 둘 다 차이가 없으나 정상의 육근을 가지고 있는 보통 사람도 생활 속에 수행할 수 있다는 뜻에서 도가 현실을 떠나지 않고 여기에 존재함을 뜻한다. 종래의 수행법과 원불교 수행법의 차이를 설명하는 실례라고 할 수 있다.

대산 종사는 무문관 자리를 다음과 같이 설하였으니 문이 없는 문을 보아 문을 자유로 출입자재하는 그 자리를 관하기를 염원해 본다.

자성 금강을 불괴不壞, 불매不昧, 불염不染이라고 한다. 자성이 무너지지 않고, 어둡지 않고, 물들지 않도록 하기 위해 단전 토굴 속에 들어야 한다. 부처님에게 더하지도 않고 우리에게 덜하지도 않은 자성 자리를 잃어버렸기 때문에 부서져 버리고, 어두워져 버리고, 물들어져 버린다. 그러기 때문에 단전에 집어넣어 파손된 것을 다시 잇고, 어두운 것을 밝히고, 물든 것을 닦도록 해야 한다.

빨래를 세제 물에 넣었다 빼 탈탈 털면 옷이 깨끗해지듯이 이 단전 토굴에 들어갔다 나오면 깨끗해진다. 사람이 살다 보니까 자성이 다 파괴되고, 어두워지고, 물들어 버렸다. 우리가 색안경을 쓰면 다른 것으로 보이듯이 전부 그런 것 같다. 수많은 인류 중에 몇이나 그렇지 않게 사는지 모르겠다.

자성에 돌아와서 나는 일체 이 시간은 죽었다, 나란 존재가 없다, 무아라, 나를 찾아보면 없다. 그러니 단전 토굴에 들어야 하겠다. 명예에도 재색에도 다 초월해서 단전에 한 시간 머물면 하루, 십 년, 이십 년 동안의 재색명예도 떨어지고 다 잊어버린다.

그러니 자성의 불괴, 불매, 불염의 심경을 갖추어야 한다. 별스럽게 산다 해도 그 능력을 갖추지 못하면 죽어 갈 때 빈껍데기로 갈 뿐이다. 이 공부를 생명 걸고

대산 종사 좌선 모습

해야 한다. 하루하루 살아가면서 나태하고 타성에 젖으면 안 된다.

존야기 存夜氣

대산 종사는 정신수양의 한 방법 중 존야기에 대하여 밝혔다.

존야기란 밤기운을 기른다는 뜻이며 우리의 성품을 보존한다는 뜻이다. 모든 만물이 낮에 크는 것으로 알고 있으나 실은 밤에 크는 것이다. 또 봄과 여름에 크는 것 같아도 겨울 동안 찬 기운이 압기壓氣하므로 기운이 뿌리에 저장 함축되었다가 봄에 그 기운이 발동해서 커지는 것이다.

고요한 가운데 비추지 못하면 참 선禪이 아니고, 비추면서 고요하지 못하면 아니 된다. 그러므로 초롱초롱한 가운데 고요해야 하고, 고요한 가운데 밝고 밝아야 그

대산 종사 와선 모습

것이 최고 경지이다. 보통 수양인들은 한 곳에 기울어 버린다. 또 만뢰구적萬籟俱寂한 자리를 기르는 것이다. 이는 만물이 소리를 내는데, 바람이 불면 소나무는 쉬 한다든지, 다른 나무는 휘 한다든지 소리를 낸다. 그런데 그 소리가 모두 다르다. 만뢰가 구적하다는 것은 다른 것이 아니라, 우리 사람 가운데도 만물이 소리를 내듯이 마음 가운데도 만 가지 생각이 나는데 모두 다 다르다. 마음 나는 것도 사람에 따라 다르다. 이 사람은 이 욕심에 끌리고 저 사람은 저 욕심에 끌리는데, 그것이 다 함께 고요해 버렸다.

일만시비一萬是非가 공空하여 한 경지를 솟은 자리다. 그러므로 부처님께서 49년 설법하시고 '나는 한 법도 설한 바가 없다.' 즉 일언일구도 설한 바가 없다고 하셨다. 또한 '모태 중에서 중생 제도를 이미 마쳤다.'고 하셨다. 내가 괜한 말을 하였는지 모르겠다.

영산회상에 염화미소다. 영산회상에서 꽃가지를 들었는데 가섭이 파안 미소를 지었다. 가섭이 와서, '아! 그 말씀이 옳습니다.' 하고 웃었기에 그 법을 전하여 주었다. 그러니 그것이 최고의 경지이다.

밤의 기운을 보존하여 최고의 경지에 들면 남에게 말 못 하는 것이다. 자기 혼자 아는 것이다. 자기 혼자 '그렇구나! 그런 것이구나' 하고 그 경지를 자기가 해봐야 안다. 그러므로 맹자께서도 난언야難言也라, 나 같은 사람도 말하기 어렵다고 하였다.

라디오를 듣는다든지 TV를 보는 것도 시간을 정해 놓고 보아야 한다. 육근을 다 열고 정력을 쏟으면 빈 껍질이 된다. 그러니 세상살이에 볼 것만 봤으면 한다. 내가 경계를 겪어 본 것을 생각하면 첫 경계에 극복해야 한다. 오욕이나 일체 경계를 극복해야 한다. 눌러 버려야 한다. 그다음에는 눌러 버리면 또 나오니 절제해야 한다. 또한 절제만 해서도 안 되니 조절을 해야 한다. 살살 그놈 따라가면서 하다가 최고의 경지에 가서는 중도로 해야 한다.

성리대전性理大全

대산 종사는 『성리대전』에 대하여 다음과 같이 말씀하셨다.

우리의 본래 성품자리는 크게 온전한 것인데 육근문을 개폐와 규제를 할 줄 모르고 함부로 다 흩어 버리고 살기에 온전하지 못한 것이다. 그러므로 보림함축保任含蓄 묵언안식黙言安息하고 무문관해서 우리의 성품을 온전하게 보존해야 한다.

장자의 『남화경』에 이런 예화가 있다. 혼돈渾沌이란 왕이 있었다. 남해의 임금인 숙儵과 북해의 임금인 홀忽이 혼돈왕의 초대를 받아 잘 먹고는 그 은혜에 보답하기 위하여 선사할 것을 상의한 결과 다른 사람은 모두 구멍이 있는데 이 혼돈은 구멍이 없으니 구멍을 뚫어 주자 하고 하루에 한 구멍씩 일곱 구멍을 뚫어 놓으니 혼돈왕이 죽어 버렸다. 그것은 다름 아니라 우리 본성 자리는 구멍이 뚫리면 죽는다는 것이다. 그러니 성리대전하여 구멍이 뚫리지 않아야 한다. 부득이하여 뚫렸으면 다시 때우고 메워야 한다. 선禪이나 무문관 좌야기로 성품을 온전하게 해야 일생을 살고 가는 데 허망하지 않다.

내가 전주에서 학교 다닐 때 용머리고개에 있는 우리 선조 묘소[5대조]를 참배하러 가는데, 노인 몇 분이 증산 선생께서 '전라도에서 큰 부처님이 나온다.'고 하셨

후면
칠일 입정 칠일 설법

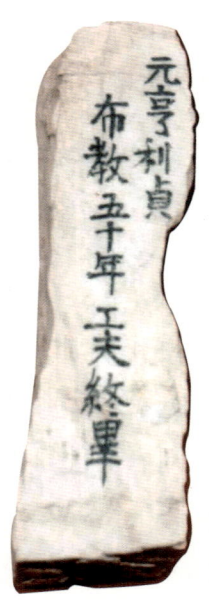

전면
원형이정 포교50년 공부 종필

다 하며 '원형이정元亨利貞 천상지도天常之道 성리대전性理大全 이목구비耳目口鼻'라는 말들을 하였다. 『현무경玄武經』에 '포교오십년布敎五十年 공부종필工夫終畢 성리대전 이목구비'라는 말이 있어 내 방향을 생각했었다. 교단은 이단치교 법치교단의 원칙을 세우고 개인은 자력을 세워야 한다는 것이다. 개인으로 나는 지금 살았다는 생각이 없다. 송장과 같다. 그러나 내 개인적으로 이러고저러고 할 일이 아니므로 성리대전 이목구비하고 있는 것이다.

우리가 다 가지고 있는 성리가 똑같은 성리인데 부처님이라 해서 더 밝은 것이 없고, 중생이라 해서 더 어두운 것이 없다. 우리는 지혜가 어둡기 때문에 무명이고, 부처님은 지혜가 밝기 때문에 밝은 것이다. 성품의 이치는 크고 온전한 것이다.

대산 종사는 생전 공부 표준을 붓글씨로 한지나 널빤지, 돌 등에 새겨 즐겨 보시곤 하였다. 필자도 비석같이 생긴 자그마한 돌 전면에 '원형이정 포교오십년 공부

종필', 후면에 '칠일입정 칠일설법'이라고 새긴 글귀를 소장하고 있다. 이 글귀를 보며 공부표준으로 삼기도 하지만 대산 종사의 그리움에 사무칠 때 위안을 주는 수택 手澤이 되기도 한다.

육근문 개폐 규제 자유 六根門 開閉 規制 自由

우리는 육근문을 열 줄도 알고 닫을 줄도 알아야 한다. 육근문에 검문소를 설치하여 제멋대로 들어왔다 나갔다 하지 못하도록 하여야 한다. 들어와도 스톱, 나가도 스톱하여 자유자재를 하면 그 자리가 정신수양의 최고가 된다.

육근문을 10의 6은 닫아야 한다. 6이 아니라 7은 닫아야 한다. 셋은 부득이해서 열더라도 사실 셋도 너무 많다. 불보살들의 지내신 행적을 보면 하나둘 열고 다 닫지, 셋도 안 된다. 그런데 실력이 없는 사람은 열을 다 열어놓고 사니 본성도 다 죽어 버리고 참됨도 다 잊어버리고 도둑맞고 빈껍데기만 돌아다니다 날아가 버린다. 그러기 때문에 반드시 6~7할은 닫아야 한다. 여닫고 규제하고 하면 거기서 나오는 것이다.

선보하시는 대산 종사

대산 종사 대중법회 때 시자들이 법문 소개 중 대중 분위기가 가라앉아 있거나 어색하면 중간중간 부연을 하신다.

"야! 장산이 한번 말해 주어라."

"저 교도님 감상 한번 말해 보시오."

때로는 대중에게 질문을 던지거

나 감상담을 하도록 유도한다.

"자, 눈을 한 번 가리고, 입을 한 번 막고, 귀를 한 번 막아 보시오."

대산 종사는 "눈과 입과 귀를 막은 동자상을 보았는데 이게 바로 육근문을 개폐하라"는 뜻이라며 대중들의 법회 분위기를 바꾸기도 하였다.

보림함축 묵언안식 保任含蓄 黙言安息

육조 혜능 같은 최상근기도 16년간을 보림함축하고 또 묵언안식하셨다. 한 생각 깬다는 것은 '누구는 못 깨느냐'는 분발심으로 적공하여 깨달아서 보림함축하고 묵언안식하는 공을 들여야 한다. 육조를 만든 것은 16년간 보림함축하고 묵언안식한 공이다. 경은 부처님이 설하신 말씀을 기록하신 것으로 깨달아야만 경이라고 할 수 있다. 그래서 『육조단경』이라고 하는 것이다.

보림이란 수행인이 진리를 깨친 후에 안으로 자성이 요란하지 않게 잘 보호하고, 밖으로 경계를 만나서 끌려가지 않게 잘 보호하는 공부를 말한다. 보림함축이란 말 그대로 자성의 안팎을 잘 지켜서 겉으로 드러내지 아니하고 속에 간직함을 뜻한다. 설령 진리를 깨지 않았다 하더라도 자성의 원리를 알아 잘 수호하는 공부를 하며, 잘 아는 공부를 하며, 잘 사용하는 공부를 지성으로 하는데 말은 묵묵하게 하고 편안하게 쉬라는 것이다.

동중정 정중동 動中靜 靜中動

아침에 일어나서 심고를 한다든지, 선을 한다든지, 염불을 다만 10분이라도 규칙적으로 해서 정靜을 하여 하루의 동動이 되도록 하고, 하루 동한 뒤에 반드시 취침 종 치고 나서 한 10분 내지 15분 정도 산책이나 선이나 염불을 하여, 거기서 고요함을 얻으면 잠도 잘 자고, 꿈도 좋을 것이며, 또 하룻저녁이 좋아진다. 하루 이틀 한 달 두 달만 할 것이 아니라, 일생을 하고 보면 거기서 무서운 힘이 생길 터이니 정한 뒤에 동하고, 동한 뒤에 다시 정하도록 표준으로 삼아야 하겠다.

예비교무들이 대학이나 대학원을 나오면 그때 공부하려고 하는 사람은 평생 공

총부 반백년기념관에서 설법하기 전 법장 치는 대산 종사

부 못 한다. 대학 1학년 때부터 공부 길을 잡아야 한다. 그때는 안 되더라도 그때부터 매달려서 애쓴 사람은 결국 성공하고, 1학년 때 못하면 2학년, 3학년, 4학년 또 대학원 졸업해서 하자 하고 사는 사람치고 내가 50년을 겪어 봤어도 성공하는 사람 없었다.

어릴 때부터 잡으려면 매달려야 한다. 그러니 아침에는 정靜하고 정靜해서 하루를 동動하는 것으로 표준 삼아야 한다. 그래서 한 달, 일 년, 몇십 년하고 보면 나중에 큰 위력을 얻게 되니 그날그날을 방심해서는 안 되고 미루면 안 된다.

악고명심握固冥心

유교와 불교가 다 비슷했다. 그러니 그때는 표준이 말만 다르지 선을 하는 표준을 다 같이 하였다. 퇴계 이황 선생이 하였던 수련법으로 양손은 무릎 위쪽 허벅지에 얹은 채 엄지손가락을 구부려 주먹을 잡고 정좌하여 그윽한 마음을 관하는 것이다. 악고란 어린아이가 태어날 때 주먹 쥔 손 모양을 말하기도 한다.

선의 강령은 식망현진息妄現眞 수승화강水昇火降 긴찰곡도緊紮穀道 요골수립腰骨竪立이다. 식망현진은 마음에 있어서 망념을 쉬고 진성眞性을 나타낸다. 수승화강은 좌선할 때 몸의 물기운水氣을 위로 오르게 하고, 불기운火氣을 아래로 내리게 한다. 긴찰곡도는 음식을 적게 먹는 수행법이다. 요골수립은 좌선할 때의 바른 자세로 허리를 반듯하게 세우고 똑바로 앉는 자세를 말한다.

대산 종사는 선의 강령을 설할 때 반드시 정좌하고 허리를 곧바로 세우게 하고 수인법手印法을 가르치며, 식망현진하고 수승화강하도록 강조하였다. 선은 꼭 정좌한 채 좌선만 하라는 것은 아니지만 모든 선을 할 때 기본은 단전주로 하고 자신의 체질에 따라 좌선, 입선, 행선, 와선 등을 하라고 하였다.

정신수양의 요체를 끝내며

대산 종사의 '정신수양의 요체' 법문의 결론을 소개하고 필자의 감상을 간단히 적어본다.

과거에 수양은 무문관한다고 방문만 닫아걸었는데 그건 무문관이 아니다. 육근문을 닫아야 무문관이다. 그러니 토굴에 들어간다고 수도인들이 산에 토굴을 파고 있는데, (그때는 그럴 수도 있지만) 그것은 참 토굴이 아니다. 이 몸이 토굴이다. 부모님이 만들어 준 이 토굴 속에 저장하는 것이 무문관이다.

맹자님이 말씀하신 존야기가 무문관이다. 밤기운이란 만생령을 살려주는 것이다. 만생령이 어느 때 크느냐 하면 밤에 크는 것이다. 우리도 수양해서 어느 때 크느냐 하면 존야기 하는 때, 육근문 개폐할 때 그때 본성이 드러나는 것이다.

혼돈같이 구멍이 뚫리면 다시 때워야 한다. 선이나 무문관, 존야기, 성리대전이 구멍 난 것을 때우는 것이다. 그래야 참 영생을 구할 수 있고 참 나를 구할 수 있어서 일생 살고 가는데 허망하지 않다. 구멍 뚫려 갈 때는 빈 껍질이 되어 날아가서 갈 때는 어디로 간지 모르게 허망하다.

오늘 전 생령에게 전 인류에게 전 국민에게 전 교도에게 이 무문관 소식을 다 같이 특별히 공부하자는 의미에서 전하니 가져가실 분은 맘껏 가지고 가서 무진장한 정신 자원의 확보, 무진장한 정신 자원의 계발, 무진장한 정신 자원의 활용, 무진장한 정신 자원을 계발하면 이 세계를 맘대로 할 수 있는 힘이 나온다.

필자는 처음 정신수양의 요체 법문을 접하고 정신수양의 요체 법문만 있고, 사리연구의 요체와 작업취사의 요체 법문은 없는가 하고 의문을 품은 적이 있다. 우리의 수행은 삼학을 원만하게 함께 아우르는 공부법이다. 삼학 수행의 병진법에는 어느 한 가지만 중요하고 다른 공부법은 등한시하는 것은 치우친 공부법이다. 그렇지만 가장 중심이 되는 것이 정신수양의 공부법이다. 굳이 정신수양의 요체만 밝혀도 삼학이 하나로 연결되기 때문이다.

정신수양의 요체要諦라는 단어를 풀이하면 정신수양의 중요한 점과 중요한 깨달음이라 할 수 있다. 필자가 『대산종사법문집 5집』 '여래장'을 편찬할 때 요체를 요제라고 읽는다고 하여 한문에 문리를 깬 분한테 자문하여 '정신수양의 요제'라고

따스한 봄볕을 쬐며 한가로이 앉아 있는 대산 종사(왕궁 영모묘원)

제목을 달았다. 그전까지 '요체'라고 읽었고, 그렇게 당연하게 읽었기에 혼돈이 왔지만 '요제'라고 사용할 수밖에 없었다. 지금에야 바로 잡아 '요체'라고 정정한다. 지금도 불가에서 '요제'라고 부르기도 하지만 '요체'라고 읽는 것이 일반적인 관례에 맞아 고쳐 쓴다.

　대산 종사도 그때 당시 별 이의를 달지 않아 그렇게 사용하였다. 요제라고 쓰건 요체라고 부르건 정신수양하는 것이 중요해서일까? 아니면 혼돈같이 구멍을 뚫어 본성을 잃게 될까 저어해서일까? 아니면 글자에 얽매여 성리의 본뜻에 멀어질까 하여 묵묵 관조하지 않았을까 주제넘게 헤아려 본다.

따뜻한 손길

대산 종사는 산책이나 선보를 할 때 오른손에 지팡이를 짚고, 왼손은 시자들에게 맡긴다. 옆에서 수행하는 시자나 타인이 손에 힘을 주어 위로 왼손을 받쳐주면, 왼손을 살살 흔들며 긴장하지 말고 손에 힘을 빼라는 뜻을 보낸다. 대산 종사는 사계절 내내 손에 장갑을 끼었다. 장갑을 낀 손에서 느껴지는 체온은 언제나 따스하기만 하였다.

매일 정기적인 산책은 대산 종사의 손을 잡기 위해 몰려드는 교도들에게 좋은 기회가 되었다. 대산 종사께 가까이 다가가 악수 한 번 하거나 손을 잡기 위해 줄을 이었다. 대산 종사는 한 사람에게 손을 맡기지 않고 길을 가다가 종종 다른 사람에게 손을 맡기었다. 말년에 기력이 좋지 않아 한 손의 지팡이마저 놓았어도 오히려 따뜻한 손길은 몇 배가 되어 대산 종사의 따뜻한 온기는 손에 손을 이어 전해 나갔다.

불보살과 함께 손을 잡고 불법을 수행하여 나아감을 일러 파수공행把手共行이라 하였다. 대산 종사와 손을 잡고 함께 거닐며 대중이 뒤를 이어 따라나서는 것이 바로 파수공행이요 우리 교단의 아름다운 수행 풍토이었다.

장마와 무더위가 한창 기승을 부리던 7월경 총부 다원에서 대산 종사 열반 10주기 기념으로 추모문집을 발행하고자 뜻을 같이한 모임이 열렸다. 대산 종사를 당대에 가까이서 모신 선진님들, 지금은 퇴임하여 말년 정양 수도하고 계신 기라성 같은 교단의 원로님들이 함께 하였다. 언제나 그랬듯이 이 자리에 함께한 필자는 가장 나이 어린 제자요 소동小童인지라 대산 종사는 계시지 않지만, 그 시절로 돌아간 듯하였다. 마치 대산 종사가 뿌려놓은 따뜻한 체온이 '운수의 정[마음&마음]' 방안에 가득하였다.

대산 종사는 교단의 우뚝 솟은 큰 산이었고, 만인이 우러러 뵈는 큰 스승이었다. 교단에서는 이 큰 자취를 법어로서 남기고자 원기92년

대중과 선보 중인 대산 종사(완도 소남훈련원)

(2007) 공식적인 기구가 출발하여 『대산종사법어』를 발행한다고 했다. 또한 이날 열린 대산 종사의 추모집 발간위원 모임은 비공식 기구였다. 한때 교단의 행정 중심에서 대산 종사를 지근에서 보필하고 모셨던 분들이라 법어와 추모문집 발행에 대해 반가워하면서도 원불교 100년 기념성업과 맞물려 대산 종사의 법어와 추모문집 간행을 신중히 하자는 의견도 있었다.

대산 종사의 손길은 교단 구석구석에 스며들어 있으니 우리 후진은 큰 산을 우러르며 님의 따뜻한 손길로 온 누리를 감싸고 만대에 길이 전할 법보가 손損 됨과 미진함이 없이 탄생하기를 바랐다.

대산 종사 기원문

천지하감지위
부모하감지위
동포응감지위
법률응감지위

　대종사님 성령과 정산 종사님 성령과 삼세 제불제성 성령 전에 임신년(1992) 새해를 맞이하여 기원하옵나이다.
　후천개벽의 대전환기가 된 대종사님 탄생 100주년 성업의 위력이 임신년 새해에도 계속되어 전 세계에는 평화가 전 인류에게는 은혜가 충만하길 기원하오며, 교단의 큰 염원인 종교 연합 기구가 탄생하는 기연이 되게 하여 주시오며, 진리와 도덕과 인이 나날이 살아나서 세계 곳곳의 크고 작은 갈등과 전쟁을 종식해 후천시대의 큰 흐름인 동서 화합과 남북 교류가 더욱 진전되어 이 세계가 일원의 세계 보은의 세계 균등의 세계가 되오며, 이 지상에는 대선경 대낙원이 이루어져 하나의 세계·평화의 세계가 영원하길 기원하오며, 구아주 구가주 구국주 구세주이신 대종사님의 수신제가 치국평천하의 도로써 이 나라가 세계의 정신의 지도국 도덕의 부모국이 되오며, 전 교도들은 교단 100주년을 앞두고 더욱 정진 적공하여 법위가 나날이 향상되길 기원하오며, 요양 중인 교무님들과 교도님들의 건강이 하루속히 회복되길 기원하오며, ○○○영가 등 새로 열반한 영가들의 완전한 해탈 천도를 기원하옵고, 각 기관 교구 교당의 건축과 교도님들의 하시는 사업들이 사은님의 은혜 속에서 원만히 이루어지기를 기원하오며, 세계평화 국운무궁 교운융창 도덕부활 정교동심 달본명근 세계균등 시방일가 되옵도록 일심으로 비옵고 사배복고하옵나이다.

야외에서 심고를 모시는 대산 종사

이 기원문은 영모묘원에 정양 중일 때 원기76년(1991)부터 대중 접견과 산책할 때 법신불 사은전에 올리던 기원문을 해마다 상황에 맞게 조절한 것이다. 원기76년(1991)은 대종사탄생100주년 기념성업의 해였다. 이때 대산 종사는 대중들과 함께 성업의 결실을 위해 기도하였고, 법위향상을 위한 염원과 은혜심기 확산을 위한 간절함을 담아 기원하였다. 특히 대종사탄생 100주년을 준비하는 바쁜 시기에도 불구하고, 교단 100주년을 향한 정진 적공을 강조하고 상기시켰다. 지금에야 교단 백주년의 기구가 출범하고 이제 준비하는 과정이지만 그때 그 시기에 교단 백주년을 향한 정진 적공의 준비를 하자고 하였으니 안목이 짧은 나로서는 그저 꿈같은 일이었다.

대산 종사는 교단 100주년의 성업을 위해 자신 적공을 강조하고 성리법문으로 정진 적공하자고 하였다. 대산 종사는 교단 100주년에 대한 교단적 준비와 아울러 자신 적공을 말할 때는 100주년의 앞날을 보듯 힘주어 "너희가 그때는 몇 살이냐? 좋은 날을 볼 것이다."라고 하시며 희망찬 눈빛으로 말씀을 하였으니 그 실지 증거를 우리 손으로 일궈야 하겠다.

대각의 4단계

대각을 하기까지 네 가지 단계가 있다. 첫째는 대원경지大圓鏡智, 둘째는 평등성지 平等性智, 셋째는 묘관찰지妙觀察智, 넷째는 성소작지成所作智이다. 이것은 대종사님께 서 이미 밝혀주신 진리로서 부처님께서는 사반야지四般若智로 말씀하였는데 반야지 라는 것은 대광명한 자리를 말한다.

대산 종사는 대각의 4단계를 우리의 공부 표준에 맞춰 '일원상 서원문과 사반 야지'라는 부제로 밝혔다. 이 법문은 오래전부터 하였는데 공식적으로 원기62년 (1977)경부터 설하였다. 원기70년(1985) 무렵 필자의 조실 간사시절에도 단골 메 뉴였다. 이 법문을 귀에 못이 박히도록 듣고 들었지만 지금도 새롭게 다가오니 하 열한 근기인가 보다.

대각의 4단계 법문은 시자 교무들이 쾌도 법문을 지휘봉으로 가리키며 설명한 다. 한 대목 한 대목 법문을 설함이 장광설이다. 법문을 소개하는 이나 듣는 이나 다 같이 황홀경에 취하려는 찰나 대산 종사는 맥을 끊고 부연을 하신다. 그 경우는 시자가 중언부언하거나 맥을 잘못 짚고 있을 때이고, 또다른 경우는 청법하는 이들 의 수준에 못 맞추거나 또는 중요한 핵심을 전달하지 못할 때이다. 이때 대산 종사 는 특유의 화법으로 "어! 장산이 한번 말해 주어라."고 힘주어 말하거나 직접 법문 을 설하여 분위기를 전환한다. 그러기에 시자들도 법문을 전달하다 보면 긴장하여 중요 핵심을 놓칠 때가 있다. 이때 대산 종사의 등장은 구원 법사인 셈이다. 그러나 대중 앞에서 '똥 같은 놈' 소리만 안 들어도 다행이지만 시자들의 등줄기는 이미 땀으로 축축하였다.

앞서 말하였듯이 본디 하열한 근기라 법문 들을 때는 한 경지에 올라 있는 것 같지만 뒤돌아서면 잊어버리니 답답할 따름이다. 이제 그 자리로 돌아가 대산 종사를 모시고 법문을 소개하는 심경으로 대각의 4단계를 일원상 서원문과 사반야지로 소개하고자 한다.

하와이교당 조혜천 교도 作

대원경지 大圓鏡智

대원경지로 한 두렷한 거울 같은 지혜 자리이다. 이는 부처님이나 우리나 다 가진 자리이다. 하나의 두렷한 자리란 일원상 자리를 말하는데 본래 본지本智 자리라고도 한다. 부처님의 불생불멸 자리이고, 공자님의 무극·태극 자리이고, 예수님의 하나님 자리이고, 노자님의 도·자연 자리라고 할 수 있다. 우리는 부처님이나 우리가 다 같이 갖춘 이 자리를 깨쳐 얻자는 것이다.

대종사님께서는 일원대도를 대각하였는데 그 자리는 일원상 서원문에 다 밝혀 있다. '일원은 언어도단의 입정처이요 유무초월의 생사문인바'까지 대원경지 자리를 밝히고 있다. 대원경지는 대원견성을 해야 얻는다. 견성을 해서 성불을 해야 한다. 그 자리를 깨야 초단계다.

평등성지 平等性智

평등성지는 대원경지 자리를 보아 부처님에 더한 바도 없고, 중생에 덜한 바도 없는 그 자리를 요달한 지혜 자리를 말한다. 그 자리를 깨야 천지 부모 동포 법률의 본원이요 제불조사 범부 중생의 성품이 같은 것을 안다.

평등성지는 불교의 평등주의를 말한다. 이 세상은 높고 낮은 것이 없다. 진리를 깨야 평등 세계를 관하고 너도 나도 차별 없는 자리로 갈 수 있을 것이다. 이 세상에 어떤 분이 제일 높은 어른이냐 하면 일체 처에 평등을 나투는 분이 제일 높은 어른이다.

대원경상大圓鏡上에 절친소絶親疎요 평등성중平等性中에 무피차無彼此라. 한 두렷한 거울 같은 지혜 자리 위에는 친함과 친하지 아니함이 끊어졌음이요 평등한 성품 속에는 이쪽과 저쪽의 상대가 없음이라.

일원상 서원문의 '천지 부모 동포 법률의 본원이요 제불조사 범부 중생의 성품으로'까지가 평등성지를 말하고 있다. 네 가지를 하나로 평등하게 보신 자리이다.

묘관찰지 妙觀察智

묘관찰지로 묘하게 잘 관한다는 것이니 대원경지 자리를 봐서 평등성지가 되어 묘하게 천지 만물 육도 사생 구류 중생의 진강급을 관찰할 때 중생이 죄지어서 죄 받고, 복 지어서 복 받는 변화되는 일을 다 아는 지혜 자리이다.

지금 우리 눈은 고기 눈으로 진리를 못 본다. 그런데 부처님께서는 오안五眼을 가지고 있다. 첫째 육안肉眼, 단지 눈에 보이는 것만을 볼 수 있다. 둘째 천안天眼, 천리 밖의 것도 보고 천 년 전의 일도 직관해서 보는 하늘눈을 가졌다. 셋째 혜안慧眼, 우주에는 대소유무의 이치가 있는 것을 혜안으로 보면 보인다. 견성한 눈이다. 참으로 법자는 혜안이 터져야 한다. 넷째 법안法眼, 법안은 만 중생을 살릴 수 있는 법을 제정할 수 있는 법의 눈이 열렸다는 말이다. 다섯째 불안佛眼, 부처님이 사바세계를 보신 눈이요 우리 대종사님께서 사바세계를 보신 대자대비의 눈이다.

부처님께서는 중생이 죄짓고 구덩이 속에 빠진 것을 보고 중생을 불쌍히 여기신다. 모든 중생을 자기 자식으로 보기 때문에 눈물을 아니 흘릴 수밖에 없다. 그러기에 오안을 갖춘 부처님은 대자대비의 눈으로 중생을 자식같이 생각하고 제도하신다.

출가 도반들과 함께 대산 종사를 모시고(왕궁 영모묘원, 필자 우측)

천만 사람이 보아도 못 보는 것을 대종사님께서는 대각하여 보았다. 이는 일원상 서원문의 '능이성 유상하고 능이성 무상하여 ~ 이와 같이 무량세계를 전개하였나니'까지를 말한다.

성소작지 成所作智

만능萬能 만지萬智 만덕萬德을 갖추어 사사물물에 대하는 곳마다 지혜를 이루는 것인바 부처님께서 이 자리를 얻어 여기에 대면 여기가 광명이 비치고 저기에 대면 거기가 광명이 비쳐서 부처님이 눈 한 번 보고, 눈 한 번 가는 곳마다 불국의 세계가 이루어지는 지혜의 경지를 나투었으니 우리도 이 자리를 얻자는 것이다.

대종사님께서 '이 세계가 다 무너져도 일원상 서원문만 남으면 다시 회상 하나를 펼 수 있다'고 하였다. 성소작지를 일원상 서원문과 대조하면 '우리 어리석은 중생은 ~ 지성으로 하여' 성소작지를 하기 위하여 우리 어리석은 중생은 이렇게 공부를 해야 한다는 말이다.

그다음에는 결말로 대각의 4단계를 성공시키는 대서원이 끝이다. '진급이 되고 ~ 서원함' 우리가 일원상의 진리를 꿀떡 삼켜 버리면 우리는 세세생생 대종사님과 부처님과 동거동락同居同樂할 수 있는 그런 길이 될 것이다.

네 가지 지혜 중 대원경지의 자리가 대각의 첫 단계다. 그 자리를 깨달으면 자타일체의 평등을 깨닫고 대자대비심을 갖는 지혜로 평등성지를 갖춘다. 평등성지가 되어야 우주의 진강급 음양상승의 이치와 사생과 육도 변화의 이치를 알게 되어[묘관찰지] 모든 경계를 대할 때마다 천백억 화신을 나툰다.[성소작지]

이 네 가지 지혜를 갖추면 네 가지 걸림 없는 법계에 이른다. 첫째, 사무애법계事無碍法界로 일에는 시비이해가 있는데 거기에 걸림이 없이 통달하고, 둘째, 이무애법계理無碍法界로 천지의 대소유무의 현묘한 진리가 있는데 대 자리는 전체가 하나인 자리이고, 소 자리는 전체가 쪼개져서 나누어져 있는 자리고, 유무는 그것이 있다가 없고, 없다가 있는 것으로 대소유무 이치에 통달한 자리다. 셋째는 이사무애법계理事無碍法界로 대소유무의 이치를 깨서 인간의 시비이해를 건설하여 법을 제정할 수 있는 능력이 있는 자리고, 넷째는 사사무애법계事事無碍法界로 오묘한 사무애, 이무애, 이사무애 법계를 깨쳐서 세상에 활용 자재하여 육도 사생 구류중생을 제도하는데 처처불상 사사불공이 막히고 걸림이 없는 자유자재의 경지이다.

부처님께서는 이처럼 사반야지로 대각의 4단계를 말씀하셨는데 이것을 대종사님께서 일원상 서원문에 다 밝혀놓았다. 일원상 서원문은 보통 서원문이 아니고 일체중생의 껍질을 벗겨서 불보살 만드는 경이므로 위대하고 그 이상 더 없는 경임을 알아야 한다.

대산 종사는 "대종사님께서 일원상 서원문을 서원문이라 하였지, 사실은 '일원상서원경문'으로 받들고 서원경이 되어야지 보통 경으로 보아서는 안 된다."라고 하셨으니 공부하는 이들이여 삼가 받들지어다.

세계평화를 위한 삼대제언

세계평화 삼대제언은 원기55년(1970) 10월 일본 교토에서 세계종교자평화회의가 열릴 때 교단 대표를 보내어 메시지를 전달하였다. 그 후 원기64년(1979) 대각개교절 기념으로 공식화한 법문으로, 그 해 주요 강조 법문이 되었다.

원기69년(1984) 교황 요한 바오로 2세가 내한하였을 때, 대산 종사는 종교지도자 대표로 환영사를 하며 세계평화 삼대제언을 제안하였다. 이때 비로소 원불교가 종교연합운동을 세계에 알리는 계기가 되었다.

세계평화 삼대제언이 처음 소개되었을 때, 첫째 종교 유엔[UN]의 탄생, 둘째 공동시장의 개척, 셋째 심전계발心田啓發의 훈련이었다. 종교 유엔은 정치 유엔에 대비해서 정치가 엄부嚴父라면 종교는 자모慈母의 역할을 하여야 한다는 취지에서 세계종교연합기구의 탄생을 종교 UN이라고 불렀다. 그리고 교황 요한 바오로 2세에게 전한 삼대제언은 첫째 세계종교연합기구[UR] 탄생, 종교 UN에서 종교 UR[United Religions]로 변경하여 제안하게 되었고, 둘째 공동시장 개척과 셋째 심전계발 훈련은 그대로였다.

교황 방문 시 제안하였던 세계평화 삼대제언을 국제부에서 세계에 널리 알리고자 '1. 심전계발의 훈련 2. 공동시장 개척 3. 종교연합기구 창설[UR]'의 순서로 바꾸고, 그 법문 내용도 요지만 드러나도록 축약하여 한 장의 유인물을 국어, 영어와 일어로 인쇄하였다.

세계평화 삼대제언

一. 심전계발의 훈련 心田啓發訓練

우리 모든 인류가 묶어 있는 마음밭을 계발하고 훈련해서 진리의 태양이 솟아 마음을 서로 크게 넓히고 밝히고 잘 쓰는 슬기로운 새 나라 새 세계를 만들자.

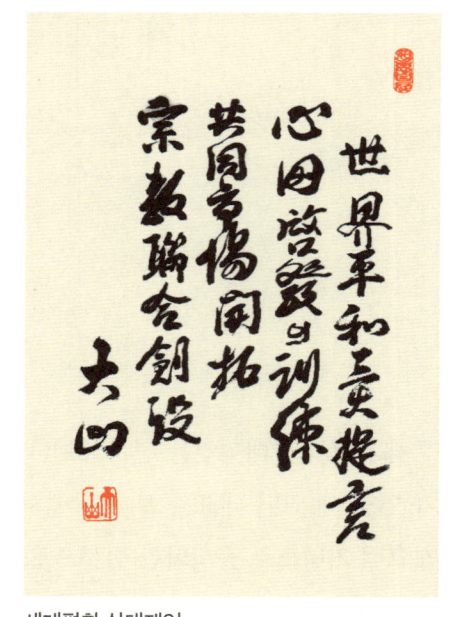

세계평화 삼대제언

二. 공동시장 개척 共同市場開拓

우리 모든 인류가 나라와 사상의 울을 넘어서서 생존경쟁보다 서로 공생공영할 수 있는 새로운 길을 개척하자.

三. 종교연합기구 창설 宗敎聯合機構創設(UR)

우리 모든 종교인은 합심합력해서 정치 UN에 대등한 종교 UR을 창설시켜서 인류에 대한 영과 육의 빈곤·질병·무지를 퇴치할 수 있는 의무와 책임을 갖자.

대산 종사의 종법사 제세 시 교단적 수많은 업적 가운데 대외적인 큰 이슈는 종교연합운동이라고 할 수 있다. 조실 방에는 한지로 만든 지구본과 완제품으로 구입한 지구본이 있었다. 대산 종사는 이 지구본을 보고 세계평화를 염원하였고, 종교연합운동을 구상하며 시자들에게 한 번씩 지구본을 돌리게 하였다. 두 개의 지구본 중 한지로 만든 지구본은 완전한 구형이 아니고 조금 엉성하였지만, 더 애착이 갔다. 대산 종사의 손때 묻은 원력과 정성이 지구본에 고스란히 남아 있기에 세계평화 삼대제언이 실현되는 그 날의 증표를 삼기 위해 한지 지구본을 소중한 유산으로 잘 간직하자.

필자가 법무실로 발령받아 간 원기77년(1992) 3월 대산 종사의 정토 의타원 이영훈 종사가 열반하였다. 대산 종사는 "의타원은 사가의 운영과 자녀의 교육 등을 책임지고 정토회를 통해 교단 발전에 밑받침한 법동지法同志 심동지心同志 은동지恩同志"라고 하시며 석별의 정을 표하였다.

의타원 종사의 영구차가 영모묘원 입구로 들어서자 대산 종사는 마지막 가는 길에 영구차를 세워놓고 평생의 반려자이자 사제지간이요 동지였던 의타원을 위해 법문을 하였다. 공식적인 열반법문은 이미 발인식에서 하였지만, 마지막 이별의 정을 나누는 마당에서 무슨 법문 말씀을 하실지 대중들은 정신을 고누고 숨소리도 멎은 채 지켜보았다. 특히 유가족인 자녀들에게 위로의 말씀과 함께 공중사로 인해 가정을 돌보지 않음에 대한 부부로서의 회한과 석별의 말씀을 하시지 않을까 하는 기대로 열반법문을 청하였다.

대산 종사는 분향하고 "앞으로 종재에 참석 못 할 것 같아 내가 금년 신년에 염원한 바와 이렇게 되었으면 좋겠다고 하는 생각에 마지막 가는 의타원 종사에게 다시 부탁하고자 합니다."라고 하시고는 '세계평화 삼대제언'을 말씀하였다. 일반적인 열반법문이 아니었기에 충격 그 자체로 어떻게 법문을 하실까 하는 호기심으로 법문을 들었던 기억이 난다.

"첫째 심전계발이다. 마음 밭을 계발하여 훈련의 세상을 만들자는 것이다. 의타원 영가 생전에 병문안 갔을 때 심전계발 훈련을 하고 있었다. 의타원 영가는 누워서 심전계발 훈련을 스스로 하였기 때문에 보통 공부가 아니고 일생 뿐 아니라 영생 공부를 끝마치게 된 것 같다.

둘째로 공동시장 개척이다. 지금의 정토회를 만들어 근 수백 명의 수가 공동시장을 개척하고 있다. 대종사님께서 '현재 있는 총부는 수도원으로 수도할 자리이고, 또 양로원[뽕나무밭, 현재 남자 원로원 자리]에 나오셔서 앞으로 이 자리는[생산기관] 기륵산도 내다보이고, 만덕산도 내다보이는 자리에 생산기관을 해야 한다'고 하셨다. 그것이 보통 어려운 일이 아니다. 보통 한 대의 문제가 아니고 이 세계의 문제를 정

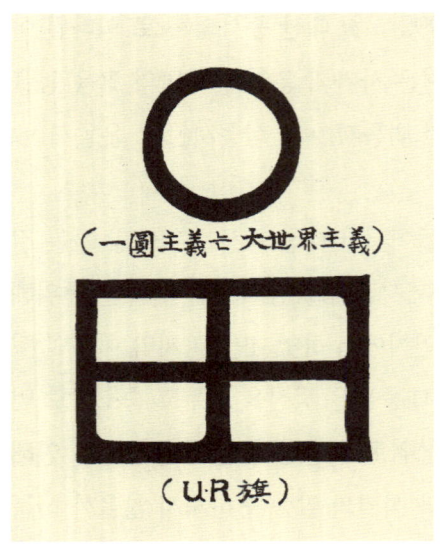

초기 UR기 초안

토회가 하려고 하는데, 의타원 영가가 전력하고 있었다.

셋째 종교연합[UR] 창설이다. 우리가 모두 세계를 좋게 하려면 심전계발 훈련을 먼저 하여야 한다. 자나 깨나 누우나 서나 심전계발 훈련을 해야 한다. 이분이 45일 동안 누워서 하였다. 앞으로 종재까지 재비를 모아 장학금으로 하되, 의타원이 병문안 위로금을 UR 기금에 보탰으니 거기에 조금 더 보태어 영원히 기념되게 하라."

　대산 종사는 생전에 밭 전田 자 모양의 UR기旗를 만들라 하여 견본으로 여러 장 만들어 조실에 걸어두었다. 당신의 평생 반려자였던 의타원 정토에게 전하였던 세계평화 삼대제언이 실현되어 금강산에 종교연합 본부가 들어서고 UR기가 펄럭이는 그 날을 위해 심전을 가꾸어야 하겠다.

박수 치자

요즘 건강 박수의 전도사들이 선풍적인 인기를 끌고 있다. 우리가 보통 치는 손뼉을 일명 합장 박수라고 한다. 박수의 종류를 보면 합장 박수, 손가락 끝 박수, 손바닥 박수, 손목 박수, 주먹 박수, 손가락 박수, 목뒤 박수, 손등 박수 등 8가지 박수가 있다고 한다. 박수 종류는 개발하는 사람에 따라 여러 종류의 박수가 있다. 어떤 손뼉을 치더라도 즐거운 마음으로 손뼉을 치면 건강에 좋다고 한다. 손바닥도 발바닥과 마찬가지로 신체의 모든 기관의 장기와 연결되어 있고, 신체의 축소판이라 여기에 자극을 주니 자연 건강에 좋을 것이다.

대산 종사를 처음 뵌 교도들에게 대중법회가 끝나고 가장 인상에 남는 것이 무엇이냐고 소감을 물으면 아마 십중팔구는 손뼉 친 기억이 가장 기억에 남았다고 할 것이다. 교당을 건축한다고 보고해도 박수, 교단에 좋은 일이 있다고 보고해도 박수, 감상담을 해도 박수, 인사만 해도 박수, 수고했다 박수, 법문하다 박수 등 수없이 손뼉만 치다 보면 어느새 접견이 끝날 때도 있었다.

대산 종사는 '야! 박수 치자'는 말 한마디를 그냥 하는 게 아니라 절묘한 찬스에 박수 치자고 한다. 한마디로 칭찬 효과를 극대화한 시점에서 긍정적인 박수를 유도하는 것이다. 박수란 대중의 분위기를 유도하는 기법이자 국면 전환을 위한 박수이기에 억지박수 유도가 아니라 자연스러운 공감대 속에 나오는 박수로 청중과 연사의 호흡 속에서 '박수 치자' 하여 손뼉을 치기에 자연 건강에 좋은 박수가 되었다.

손뼉만 쳐도 건강에 좋다고 하는데 한때 대산 종사는 발굴림대를 보급하는 일에 정성을 다하였다. 손바닥과 마찬가지로 발바닥에 우리 신체 장기가 연결되어 있어 특정 부위를 자극하면 신체의 그 부위가 좋아진다고 한다. 처음 굴림대는 고정식으로 양쪽에 구멍을 뚫어 고정하여 둥근 막대를 끼운 채 사람이 서서 굴림대를 굴렸다. 또 한 가지는 두 개의 둥근 막대를 양발로 굴리도록 하였다. 요즘 시중에 나오는 굴림대가 이런 식으로 중앙 부분을 볼록하게 하고 홈을 파 양방향으로 가늘게 하여 더 강한 자극을 발에 주도록 고안되었다. 고정식은 사람이

박수 치는 대산 종사(중앙 서석순 박사)

넘어지지 않도록 하였지만 이동이 불편하고, 이동식은 노약자가 넘어지면 위험하지만 가지고 다니기에 편리하게 만들어졌다. 이 굴림대를 보급하고자 손뼉 치는 것만큼 선물로 많이 주었다. 이 굴림대는 단순한 굴림대가 아니라 육신의 건강을 챙기는 굴림대가 되었고, 아울러 법의 수레바퀴를 굴리는 의미에서 '법륜대'라고 불리도록 이름까지 지어 주었다.

  오늘도 법의 수레바퀴를 굴리는 모습을 보고 박수 치자고 하지 않을까 그 성음을 기다려 본다.

교단의 상사로

　원기79년(1994) 9월 15일 임시 수위단회에서 대산 종사는 "나는 오늘 종법사직 퇴임에 대하여 수위단회에서 공식 발표하고자 합니다. 그동안 퇴임 문제를 여러 각도로 깊이 생각하여 왔었습니다. 원기73년(1988)에 두 번이나 퇴임의 뜻을 밝혔으나 대중이 시기가 아님을 간곡히 권하므로 보류하였습니다. 또한 작년 10월 16일부터 수계농원을 왕래하면서 11월에 다시 한번 퇴임의 뜻을 밝히었고, 금년 들어 원로님들과 상의하고 오늘 이 회의에서 종법사직 퇴임을 공식 천명하는 바입니다."라고 종법사 퇴임의 뜻을 공식 발표하였다.

　대산 종사는 정산 종법사의 대를 이어 33년간 교단의 최고 지도자로 역임하였다. 교단의 상사上師 제도가 있지만, 역대 종법사 중 교단 최초로 상사에 올라 무녀리를 한 셈이다.

　대산 종사는 종법사 퇴임을 위해 준비하셨지만, 종법사 퇴임만을 위한 것이 아니라 교단 만대의 아름다운 전통을 세우고자 종법사 퇴임 의사를 여러 차례 밝히고 대중들의 의견을 물었다. 지금에야 대산 종사의 종법사 퇴임 과정을 스스럼없이 이야기할 수 있지만, 그 당시는 천어로 알고 함부로 말할 수 없었다. 아니 알았다 하더라도 교단의 어린 사람으로 성현의 깊은 뜻을 헤아릴 수 없었다.

　원기79년(1994) 대사식으로 인해 좌산 종법사 시대가 열리고, 대산 종사는 교단의 상사가 되었다. 앞서 수위단회에서 퇴임의 뜻을 공식으로 전하며, 원기73년(1988) 7월 만덕산훈련원에서 퇴임의 뜻을 밝혔다고 언급하였다. 이때 발표하였

원기79년 11월 9일 대사식

던 법문은 녹음하여 보관했으나 한동안 그 행방이 묘연하더니 비로소 종법사 퇴임 발표 당시 발견되어 녹취하였다.

법신불 사은이시여!
대종사님 성령지하!
선종법사님 성령지하!
삼세 제불 성령지하!

이렇게 시작되는 나지막한 음성과 차분차분한 한 말씀 한 말씀에 비장한 각오가 담겨 있어 모골이 송연하였다.

"세세생생 전무출신만을 놓지 않고 수행에 게을리하지 않을 것이지만 모든 공직을 놓고 편안히 쉬고 싶다"는 말씀에 '천지대공사 대사결정'의 뜻을 읽을 수 있었다.

대종사님과 정산 종법사님의 경륜 따라 대산 종법사님의 대불사
一. 상사로 퇴임하는 대불공
一. 경륜의 한 큰일로
一. 대법통의 정통 계승
一. 생전 종법사 양위
一. 법치 교단의 실현
天地大公事천지대공사 大事決定대사결정

세세생생 전무출신 하리라

원기73년(1988) 7월 10일 새벽 5시 40분 만덕산 훈련원에서 대산 종법사는 특별발표를 하였다. 종법사를 퇴임하겠다는 발표가 시자를 통해 알려지자 교단의 원로들이 만덕산훈련원을 찾아와 아직은 시기가 아니라고 극구 만류하는 바람에 대중의 뜻을 받들어 종법사직 퇴임 발표를 거둬들였다.

종법사직 퇴임의 뜻을 밝힌 이 특별발표는 대중들에게 알려지지 않았고, 이제 세월이 흘러 발표하기에 무난함으로 글자 한 자도 안 고치고 원문 그대로 싣는다. 대산 종사의 성음을 생각하며 일독하면 그분의 간절한 뜻이 전해지리라 여긴다.

법신불 사은이시여!
대종사님 성령지하! 선종법사님 성령지하! 삼세 제불 성령지하!
전 수위단, 전 법사단, 전 재가 출가 교단, 전 인류, 전 생령 전에 진심으로 고백하옵나이다. 그동안 제가 대종사님 성령과 선종법사님과 삼세 제불 전 교단의 현형제賢兄弟의 동지들에 뜻에 의하여 부족하고 무력한 이나마 전무출신이 되었기 때문에 대종사님이 계셨을 때에는 대종사님께 바쳤고, 선종법사님이 계실 때에는 선종법사님의 지도를 받았고, 또 대종사님, 선종법사님께서 열반에 든 이후로는 현형제 동지들의 뜻 받들기 위해서 이 자리에 있어서 여러 동지들의 큰 뜻을 받들어 왔습니다.

원기73년(1988)부터서 건강이 약해져서 전무출신만은 대종사님 성령 전에 선종법사님 성령 전에 삼세 제불 성령 전에 세세생생 맹세했기 때문에 전무출신의 도

원기79년 대사식에서 좌산 종법사에게 법장을 수여하는 대산 종사

는 어느 생 어느 때든지 놓지 않고, 이 종법사직만은 이 공직만은 물리기로 3년 전에 뜻을 세웠으나 몇 동지와 일반 교단이 교단 2대말 2~3년을 두고 특별한 일이 없이 그 직을 물린다는 것은 교단이 복잡하게 된다 하여 공식적으로 종법사 선거 때에 제의를 했더니 대중이 듣지 않았습니다. 이제는 2대말이 4~5개월 앞두고 건강이 너무 지탱을 못 하기 때문에 3년 전에 뜻도 세웠지마는 이번에 전 수위단 전 법사단 전 교단에 이 뜻을 말씀한 바입니다. 서류로는 교정원을 통해 써 놓은 것이 있고, 이번은 구두로 대중에게 발표하는 바입니다. 앞으로는 전무출신직만은 세세생생 놓지 않고 게을리해서는 안 되지마는 종법사를 비롯해서 이 공직만은 다 대중이 이 뜻을 알아서 앞으로 11월 대총회에 크게 미리 준비하시기를 바라면서 그동안 모든 동지와 여러 현형제에게 감사하고 죄송한 뜻을 전하는 바입니다.

　이미 3년 전부터 건강이 너무 약하였고, 금년에는 그보다 더 건강이 약하여 이 만덕산을 올까 말까 하다가 동지들이 그래도 여기 오면 나을 것 같다고 하여 여기 와서 공기 조절해서 나았고, 앞으로는 완도행도 좀 고려했으면 생각하고, 또한 공식적으로 어디를 내왕한다는 것은 못 할 것 같으니 이 뜻을 제안하는 바입니다.

정리건곤대 한중일월장

대종사님께서 팔산 김광선 종사에게 글 한 귀를 내려 주시기를 '정리건곤대靜裡乾坤大 한중일월장閑中日月長'이라. 이 법문이 법의대전에 들어 있는 건지 그렇지 않으면 변산 계실 때에 하신 법문인지 모르겠다. 항타원 이경순 종사께서 수필하여 놓은 것 중에 발견이 되었다.

대종사님께서는 글을 배우지도 숙지한 바도 없으실 텐데 문장을 지으면 유명한 선성들의 글이라든지 한국의 선성들의 글을 읊으셨다. '아! 그런 사람이 다녀갔는가 보다'고 생각할 뿐, 이 글도 누구 글인지는 모르겠다. 그러나 내가 들은 기억으로 없는 것으로 생각한다.

정리에 건곤대하고 즉 고요함 속에 건곤을 키우고, 한중에 일월장이라 즉 한가한 가운데에 일월이 길다 하는 글을 주셨다. 내가 이 글을 오래전부터 받들고 생각할 때 수도인의 영생의 보감이 되어야 할 것이다. 건곤이 다른 것이 아니라 고요한 가운데 우리의 자성과 본성과 불성이 크다는 말이다.

한가한 가운데 일월의 지혜가 크다. 그렇기 때문에 이 정기훈련 중에 정리에 건곤대하고 한중에 일월장하는 그 공부를 해야 하겠다. 그래야 영겁에 우리의 앞길이 광명할 것이고, 우리는 자도自度로 되는 가운데 타도他度로 되는 것이니 항상 배움 장을 당할 때는 사심, 잡념, 망상이 일어날 때마다 정리에 건곤을 기원하고, 한중에 딴생각을 하지 말고 일월의 대광명을 발하는 지혜를 길어 나게 하여야 하겠다. 그래서 영겁에 우리가 자신도 제도 받고, 남도 제도할 수 있는 교도자教導者가 되어야

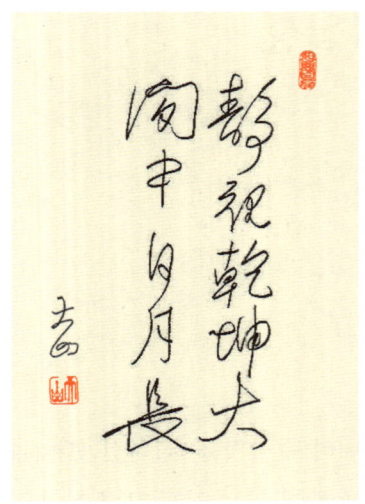

정리건곤대
한중일월장

하겠다.

또한, 이 글은 단편으로만 해석할 수는 없다. 폭이 넓기 때문에 여러 가지로 해석할 수가 있다. 그러나 내가 생각하기는 정리에 건곤대하고 고요한 속에 자성을 키웠다. 그러기 때문에 도법을 길들일 때 불보살이나 선객들이 말하기를 건곤탄토객 乾坤吞吐客이라고 한다.

정리에 건곤대하고 한중에 일월장하는 공부를 우리가 놓지 말고, 나 자신도 제도하고 남도 제도하자. 대종사님께서도 앞으로 천여래 만보살을 염원하시고 이 글을 지으셨을 것이다.

우리는 특별히 공부하여 남을 제도해야 한다. 남을 제도하려면 자기부터 제도해야 하는데, 그러기 위해서는 무한한 노력과 적공이 없어서는 안 된다.

대종사님께서 원래에 게송을 지을 때던가? 서원문을 지을 때던가? 첫 번에 적공이라고 지었다가 나중에 고치셨다는 말이 있다. 그러므로 적공은 중생이 부처로 가는 첩경이기 때문에 적공이 없는 사람이나 노력이 없는 사람은 그 자리에 머물러 버린다. 이 정기훈련 중에 아니 일생을 통해서 영생을 통해서 자기도 제도 받고 남도 제도 할 수 있는 대적공을 하여야 하겠다.

참고 경서

대산 종사는 "고승 화상들의 게송과 수행시와 함께 유불선 삼교의 제가諸家 수행 요지와 참고 경서 등을 공부해야 한다."라고 하시며, "이것이 바로 파수공행[把手共行 불보살과 함께 손을 잡고 불법을 같이 수행함]이라"고 하였다. 그러나 "외학과 외지에 대한 무조건적인 수용이 아니라 참고 경전으로써 활용하여 광대 무량한 종교의 신자가 되게 하자"는 뜻으로 『대산종사 법문』 제1집에서 사대종교[佛, 道, 儒, 基]와 원불교에 대하여 그 기본 정신을 밝혔다.

원기 원년(1916) 대종사께서 대각 후 비몽사몽간에 생각된 경명經名이 금강경이었다. 그해 5월 일산 이재철 대봉도가 대종사님의 명을 받들고, 금강경을 불갑사에서 구해다 바치었다. 또한 모든 종교의 경전을 두루 열람하시고는 금강경을 연원경으로 정하고 석가모니불에게 연원을 정하였다.

이때 대종사께서 참고하신 경전은 사서, 소학, 금강경, 선요, 불교대전, 팔상록, 음부경, 옥추경, 동경대전, 동학가사, 구약, 신약 등이다. 기회 있을 때마다 몇 가지를 대중들에게 말씀하시고 강설하셨다. 정산 종법사도 금강경, 육조단경, 대순전경, 수심정경, 치문, 삼가귀감 등을 수도인이면 한번 섭렵해야 한다고 말씀하셨다.

나는 두 스승님의 말씀 따라 모든 경전을 섭렵하였다. 대종사께서 정산 종사를 부안 변산 월명암에 보내시며 말씀하시기를 '불경은 보지 말라.' 하시었더니, 경상經床까지 외면하고 보지 아니하였고, 또한 나에게도 "너는 나보다 글이 수승하니 이

제 더 이상 책을 보지 말라." 하여 그동안 덮어 두었다가 대중을 지도할 위치에 서니 할 수 없이 책을 다시 보게 되었다. 책을 다시 보니 저절로 뜻이 통하고 강령이 잡혔다. 팔만장경이나 오거시서를 다 볼 것은 없지만 우리의 지정 교서를 공부한 후 타종교의 경전을 한 번 보아야 한다. 그래야 우리 법이 대경대법인 줄 알게 될 것이며, 삼교의 교지를 두루 통달하게 될 것이다.

그 참고 경서로는 불가의 금강경을 비롯하여 육조단경, 신심명, 증도가, 초발심자경문, 수심결, 선가귀감, 과거칠불과 삽삼조사 등과 유가의 중용, 유가귀감, 명심보감 등과 도가의 도덕경, 대통경, 옥추경, 도가귀감, 천부경과 유불선의 정수를 종합한 삼가귀감, 채근담 등이나 기타 소서, 음부경, 대순전경, 수심정경 등을 한 번 열람하여야 한다.

법위등급 출가위 조항에 '현재 모든 종교의 교리를 정통하며'라는 말이 있고, 교법의 총설에서 '모든 종교의 교지도 이를 통합 활용하여 광대하고 원만한 종교의 신자가 되자.'라고 하였다. 대산 종사는 이와 같은 경지에서 제 종교의 참고경서를 한 번 참고삼아 연마하라고 하였다. 이는 보다 수승한 수행과 대적공하는 공부인들에게 필히 요구되는 절실함이 아닐까?

증도가

　대산 종사는 어느 때 어느 곳을 가더라도 상주하는 대중과 더불어 장소에 구애하지 않았다. 그곳이 가건물의 법당이라고 해도 때론 차고와 초당, 또는 야외 산상에서도 야단법석을 벌여 공부 판을 열었다. 공부하는 장소에는 남녀노소가 없었고, 출가 재가가 없었고, 수행의 고하도 없었다. 가르치는 스승이나 공부하는 대중이 따로 없이 그저 함께할 뿐이었다. 그러다 공부가 무르익으면 저절로 흥이나 콧노래를 부르거나 제 흥에 겨워 온종일 성가를 불렀다. 이것은 다만 깨우침의 차이는 있을지 몰라도 도를 깨친 자가 부르는 노래로 증도가인 셈이었다.

　예비 수학과정에 있는 선학원생들이 대산 종사께 노래 공양을 하면 으레 단골 메뉴는 증도가였다. 영가 현각 화상이 지은 '증도가證道歌'를 즐겨 듣곤 하였다. 이 깨달음의 노래 증도가는 오선도 교무가 곡을 붙여 부르니 고경의 맛이 한층 맛깔스럽고 흥에 겨워 노래를 부르는 사람이나 듣는 사람이나 도를 깨치게 하는 찬송가였다.

　증도가는 영가 현각 스님이 선종의 깨달은 내용을 7언 또는 6언의 운문으로 읊은 것으로 266귀 1,114자로 되어 있다. 유려한 문체에 선의 진수를 나타내었기 때문에 예로부터 널리 익혀 왔다. 스님[665~713]은 당나라 절강성 온주부 영가현 사람으로 법명은 현각玄覺, 자字는 명도明道, 호는 진각眞覺, 속성은 대戴 씨이다. 8세에 할애 출가하였고, 어려서부터 널리 경과 논을 연구하여 특히 『천태지관』에 정통하였으며 『유마경』을 읽다가 심지가 열렸다고 하며 혹은 『반야경』을 읽다가 대오하였다고 한다.

원기72년 원불교학과 제생의세 학년 신입생 훈련을 마치고(왕궁 영모묘원에서)

육조의 제자인 현책의 인도로 육조를 찾아뵙고 인가를 받았다. 저서는 선종영가집, 관심십문, 증도가 등이다. 온주 용흥사에 머무르다 당나라 개원 1년 49세를 일기로 앉아서 입적하니 시호를 무상 대사無相大師라 하였다.

증도가의 첫 구절을 보면,

군불견君不見가.
그대여 보지 못하였는가.
절학무위한도인絶學無爲閑道人은 부제망상불구진不除妄想不求眞이라.
배움 끊고 함이 없는 한가한 도인은, 망상을 제거할 것도 없고 참을 구할 것도 없네.
무명실성즉불성無明實性卽佛性이요 환화공신즉법신幻化空身卽法身이로다.
무명의 참 성품이 곧 불성이요, 허깨비 같은 빈 몸이 곧 법신이로다.
법신각료무일물法身覺了無一物하니 본원자성천진불本源自性天眞佛이라.
법신을 깨쳐 마침에 한 물건도 없고, 본원의 제 성품은 천진불이라. [이하 생략]

여기에 원문을 다 소개할 수 없으니 공부하는 이여! 아직 보지 못하였거든 증도가를 한번 보라. 그러면 콧노래가 진진 무궁하리라.

호남가

　대종사께서 대각하신 뒤 우연히 떠오르는 가사를 읊으니, 팔산 김광선 종사가 "이 가사는 예전부터 전해 오던 것"이라고 말씀드리자 대종사께서 "아! 나보다 먼저 깨달은 분이 있었구나."라고 하였다.

　정산 종사께서 나에게 "대종사께서 대각하시고 호남가湖南歌를 외우셨는데 호남가가 참으로 좋다."고 하기에 그 뜻을 오래 두고 음미해 보니 참으로 호남가가 좋았다.

　　　함평 천지 늙은 몸이 광주 고향을 보랴 하고
　　　제주 어선 빌려 타고 해남으로 건너갈 제
　　　흥양에 돋은 해는 보성에 비쳐 있고
　　　고산에 아침 안개 영암을 둘러 있다.
　　　태인하신 우리 성군 예악을 장흥하니
　　　삼태육경은 순천심이요
　　　방백수령은 진안민이라.
　　　고창성 높이 앉아 나주 풍경을 바라보니
　　　만장 운봉 높이 솟아 층층한 익산이요
　　　백리 담양 흐르는 물은 굽이굽이 만경이라.
　　　용담에 맑은 물은 이 아니 용안처며
　　　능주에 붉은 꽃은 골골마다 금산이라.

대산 종사 동학사 방문에 서원관 학생 여럿이 동행했다.(필자 뒷열 좌측에서 세번째)

남원에 봄이 들어 각색 화초 무장하니
나무 나무 임실이요 가지가지 옥과로다.
풍속은 화순하고 인심은 함열이라.
이초는 무주하고 서기는 영광이라.
창평한 좋은 세상 무안을 일삼으니
사농공상 낙안이요 부자 형제 동복이라.
강진에 상가선은 진도로 건너갈 제
금구에 금을 일어 싸 놓으니 김제로다.
농사하는 옥구 백성 임피성을 둘러 있고
정읍에 정전법은 납세 인심 순창하고
고부 청춘 양유색은 광양 춘풍 새로워라.

> 곡성에 묻힌 선배 구례도 하거니와
> 흥덕하기를 나날이 시습하니
> 부안 국가 보국 충신 아닌가.
> 우리 호남 좋은 법성 전주 백성을 거느리고
> 장성을 널리 싸고 장수로 돌렸는데
> 여산 돌칼을 갈아 남평루에 꽂아 놓으니
> 어느 외방지국이 경거할 뜻을 둘까 보냐.

함평천지 늙은 몸이 광주 고향을 보랴 하고 제주 어선 빌려 타고 해남으로 건너갈 제 흥양에 돋은 해는 보성에 비쳐 있고

이 세상을 고르기 위해서 부처는 한때 인도에서 탄생하였는가 하면 공자나 노자는 중국에서 탄생하였고, 예수는 이스라엘에서 탄생하였다. 이처럼 성현들이 골라 다니며 천지를 함평하기 위해 늙은 몸이 되어 광주 고향 즉 성품 자리를 돌아본다는 말이다. 제주 어선이란 전 세계를 건질 수 있는 고깃배를 말함인데, 우리는 지금 모두가 고깃배를 타고 있다. 그런데 이 고깃배는 생선을 잡는 고깃배가 아니라 만 중생을 건질 수 있는 제주 어선이다.

또 해남이란 말은 동남아를 뜻하며, 흥양이란 밝아진 시대를 뜻하는데 과거 삼천 년은 음시대였으나 앞으로는 양시대로 밝아진다는 말이다.

태인하신 우리 성군 예악을 장흥하니 삼태육경은 순천심이요 방백 수령은 진안민이라

정산 종사께서 말씀하기를 항시 세상을 고르려면 정치계로 성웅이 나오고, 종교계로 성현이 나와 서로 쌍방으로 나타난다. 한 분이 다니시는 것이 아니라, 한 그룹으로 기러기가 무리 지어 다닌다. 그러기에 한때는 영웅들이 가서 골라 놓으면, 그 뒤 성현들이 뒷받침하는 것이라고 하였다.

태인하신 우리 성군이란, 영웅들을 말한다. 단군 성조나 기자, 세종대왕, 충무공

수계농원 직원들과 대산 종사를 모시고(필자 우측 세번째)

과 같은 위대한 분들을 뜻한다. 이러한 성웅들이 이 세상을 다녀갔다. 그러므로 정산 종사는 앞으로 우리나라 복조가 세계의 지도국이 될 것이며, 정치계로 위대한 인물이 나올 것이라고 했다. 그러니 태인하신 대통령이 나올 것이며 나와야 하겠다. 이 말씀은 지금 드러내서 말할 것은 아니나 앞으로 백 년만 지내고 보면 한국을 지도국으로 받들 때가 있을 것이다.

앞으로 마음혁명이 일어나야 한다. 이 마음혁명을 일으키기 위해서는 마음공부를 해야 한다. '예악을 장흥하니' 하는 말은 충·효·열을 다시 살려낸다는 말이고, '삼태육경은 순천심이요'는 그 나라의 장관 고관들이 순천심이 되어 세상의 인심을 좋게 만든다는 뜻이며, '방백 수령'이란 책임 맡은 관료를 뜻함인데 이분들이 전 세계를 편안하게 만든다는 뜻이니 앞으로 그런 지도자가 몇 분 나와야 하겠다.

익산이란 별유천지가 된다는 말이다. 자고로 익산에 팔만 구 암자가 이루어진다는 말이 있는데 이곳이 앞으로 세계의 대종교 도시가 이루어질는지 알 수 없다. 서기는 영광이라 영웅이 항시 앞길을 트면 뒤에 성현이 나온다. 서기는 부처님 나신 곳을 뜻한다. 창평한 좋은 세상은 평평하게 만든 좋은 세상을 말하는데 원불교의 사은사요를 실천한다면 평평한 세상이 이루어질 것이다.

무안을 일삼으니 사농공상 낙안이라

오래전 울산 현대조선과 포항제철을 가보니 예전과는 달리 선비보다 농·공·상이 낫겠다는 생각이 들었다. 그러니 사농공상이 낙안이요, 부자 형제 동복이라, 좋은 세상이 돌아온다는 말이다.

'정읍의 정전법井田法'은 중국의 하·은·주 3대 때에 실시된 전제로 과거의 좋은 세상을 하·은·주 삼시대라고 하는데, 이는 정전법을 사용했기 때문이다. 정전법은 경작지를 아홉으로 나누어서 가운데 한 곳의 수확은 정부에 바치고 나머지는 백성이 갖는 법이다. 그렇게 함으로써 나라에서는 백성을 살렸고, 백성은 나라를 살렸다.

이처럼 국가는 국민을 위한 국가가 되어야 좋은 국가이고, 국민은 국가를 위한 국민이 되어야 좋은 국민이다. 그런데 현대는 그렇지 않은 경우가 있다. 국가에서 국민을 함부로 부려먹는 나라도 있고, 국민은 정부를 비방하고 함부로 하는 경우가 있는데 이것은 안 될 일이다. 그렇기 때문에 국가에서는 국민을 위한 정부, 국민은 국가를 위한 국민이 되어야 좋은 세상이 된다. 그런 세상을 만들기 위한 것이 바로 정전법이고, 새마을 운동이다. 한국에는 정읍이라는 지명이 있는데 그것은 정전법이 한국에서 난다는 것을 예언한 것이다.

'납세 인심 순창'이란 말은 한국이 극락이요, 에덴동산이며 평화의 전당으로 지나간 성현들께서 그려 놓은 것인데, 대종사께서 인증하였다.

제주 어선 빌려 타고 해외로 건너갈 제

제주는 전 세계 오대양 육대주를 건지는 제주가 된다. 그전에는 대종사님이 삼천 대천 세계 모든 불보살을 데리고 해남으로 돌아들었다. 이제 국내는 이만치 됐으니 이 힘을 합력하여 해외로 뻗어 나가야 하겠다. 가까운 일본, 중국, 하와이, 미국으로 교화의 장을 넓혀야 하겠다.

필자의 어머니 행타원 박성덕님과 함께 대산 종사를 모시고(영모묘원, 필자 좌측 첫번째, 모친 우측 두번째)

    내가 30년 전에 글 한 수를 지은 것이 있는데 '해동일쌍제주선海東一雙濟州船'이라 일쌍이 무엇인지 교리에 비추어 보면 공부의 요도 삼학팔조, 인생의 요도 사은사요 이다. '해동일쌍 제주선하니 삼가일가 천하평三家一家天下平이라.' 세 집이 하나가 되어 버릴 것 같으면 천하가 평화가 될 것이다.

    호남가 말미에 '우리 호남 좋은 법성 전주 백성을 거느리고'는 대종사께서 더 붙이셨다. 또한 대종사께서 '호남공중하처운湖南空中何處云고 천하강산제일루天下江山第一樓라' 하였으니 우리 모두 호남가를 재음미하며, 그 노래대로 낙원 세계가 이뤄지도록 더욱 노력해야 하겠다.

궁을가

궁을가弓乙歌는 작자 및 창작 연대 미상의 동학가사이다. 4·4조의 장편 가사인데, 1행이 끝날 때마다 '궁궁을을 성도로다弓弓乙乙 成道'를 후렴구처럼 반복하고 있다. 이 가사는 어린이들을 상대로 동요로 부르도록 권유하면서 당시의 시대 상황을 비판하고 그 극복의 길을 제시하고 있다.

대산 종사는 "'매구하송每句下誦 차육자此六字에 궁궁을을弓弓乙乙 성도聖道로다.'에서 이 육자는 '나무아미타불'이란 말인데 염불을 많이 하란 뜻으로 하루 일곱 번씩은 집에서 해야 한다. 바빠도 할 수 있어야 한다."라고 말했다.

앞에서 구변구복九變九復이라 했는데 이 말은 극수極數이다. 하늘을 구천九天이라고도 하고 구소九霄라고도 하고 구곡九曲 구중九重이라고도 하여 이 극수로 내려오기 때문에 천지가 한 바퀴 돈다는 뜻이다.

두 손을 들어 둥글게 만들면 그것이 궁이다. 그 안에 'ㄱ'을 넣으면 궁을이 되어 태극이 된다. 태극을 유교에서 '무극'이라고 하고, 원불교에서는 '일원'이라고 하는데 대종사께서 이렇게 손을 들어 궁궁을을을 가르쳐 주었다.

우리 한국도 좋아진다. 태극기가 궁궁을을 아닌가? 또 이 한국에 일원 대도가 나왔으니 이 나라가 잘될 것이다. 위에는 하늘이고 밑에는 땅이고 음과 양, 건과 곤, 남과 여, 도와 덕, 이것이 태극이다. 무극이 태극이라고 하였다. 또 태극이 궁궁을을이다. 이것을 노래 부른 양반이 쉽게 말하면 도덕가이다. 그런데 이 궁을가를 언제 지었는지 이름도 모르고 성도 모르고 있다.

원불교학과 임원들(원평교당, 필자 좌측 첫번째)

　언제 지었는지 모르는 궁을가에 갑자 정월 초하루로 후천 구복 십이회란 말이 있다. 그 말은 갑자년부터 우리 회상이 건설된다는 뜻이다.
　부처님은 1대겁이 된다는 원리만 밝히셨고, 대종사님은 갑자 정월 초하루로 1대겁이 시작된다고 하셨다. 그 궁을가는 천도교에서는 '권학가'라 해서 많이 썼고, 우리 대종사께서도 많이 말씀하셨다. 궁을가에 8·15광복까지도 말하고 있으니, 대종사님께서 참 선각자가 있었다고 하였다.

弓乙歌
　大明天地 日月之下에 億兆蒼生 생기실제
　三皇五帝 恩德으로 너도나고 나도나고
　父母恩德 입었나니 恩大德重 泰山이라
　天地定位 一分後에 乾坤父母 一般이라
　우리 我東童蒙들아 父母恩德 갚는노래
　너와나와 불러보자 九變九復 此時天地
　一事於斯 九變修道 一千四百 四十萬年
　甲子正月 初一日로 後天九復 十二會라
　- 중략 -
　每句下誦 此六字로 弓弓乙乙 聖道로다. - 이하 생략 -

옥추경

대산 종사는 유불도 삼교의 정수를 깨치는 것이 중요한데 모든 경전을 다 볼 것은 없고 그 정수만을 보아야 한다고 했다. 그중 도교의 『옥추경玉樞經』을 소개한다.

道者는 以誠而入하고 以黙而守하고 以柔而用하나니
도자　　이성이입　　　이묵이수　　　이유이용
도는 정성으로써 들어가고, 묵묵으로써 지키고, 부드러움으로써 쓰나니

用誠似愚하고 用黙似訥하고 用柔似拙하니
용성사우　　　용묵사눌　　　용유사졸
정성을 씀에 어리석은 것 같고, 묵묵함을 씀에 어눌한 것 같고,
부드러움을 씀에 졸한 것 같으니

夫如是則可與忘形이오 可與忘我요 可與忘忘이니라.
부여시즉 가여망형　　　가여망아　　가여망망
무릇 이같이 한즉 가히 더불어 몸을 잊고,
가히 더불어 나를 잊고 잊었다 하는 것도 잊을 것이니라.

入道者 知止하고 守道者 知謹하고 用道者 知微하니
입도자 지지　　　수도자 지근　　　용도자 지미
도에 든 자 그칠 줄 알고, 도를 지키는 자 삼가할 줄 알고,
도를 쓰는 자 미묘한 것을 아나니

能知微則 慧光生하고 能知謹則 聖智全하고
능지미즉 혜광생　　　능지근즉 성지전
능히 미묘한 것을 안즉 혜광이 나고, 능히 삼가할 줄 안즉 성지가 온전하고

대산 종사 훈증훈련(영모묘원, 제생의세 학년)

能知止則 泰定安하고 泰定安則 聖智全하고
능 지 지 즉 태 정 안   태 정 안 즉 성 지 전
능히 그칠 줄 안즉 크게 정하여 편안하고 크게 정하여 편안한즉 성지가 온전하고

聖智全則 慧光生하고 慧光生則 與道爲一하니
성 지 전 즉 혜 광 생   혜 광 생 즉 여 도 위 일
성지가 온전한즉 혜광이 나고, 혜광이 난즉 도와 더불어 하나가 되나니

是名眞忘이라 惟其忘而不忘이라.
시 명 진 망   유 기 망 이 불 망
이것을 참으로 잊은 것이라 오직 그 잊어서 잊지 않음이라.

忘無可忘하고 無可忘者 卽是至道니라.
망 무 가 망   무 가 망 자 즉 시 지 도
가히 잊어서 잊을 것이 없고, 가히 잊을 것도 없는 자 곧 이 지극한 도니라

道在天地나 天知不知하고
도 재 천 지   천 지 부 지
도가 천지에 있으나 천지도 알지 못하고

有情無情이 有一無二니라.
유 정 무 정   유 일 무 이
유정 무정이 오직 하나요 둘이 아니니라.

옥추경을 옥추보경玉樞寶經이라고도 한다. 조선 시대에 점복·제사에 쓰이던 도교의 위경僞經으로 주로 소경·박수들이 많이 읽었다. 민속신앙에 해마다 음력 정초가 되면 소경을 불러서 옥추경을 읽고 한 해의 재액을 물리치기를 빌었다. 소태산 대종사도 대각 후 옥추경을 참고로 열람하였다고 한다. 대종사 당시 수위단원들의 기도문으로도 사용되었다.

불교의 정수를 반야심경이라고 한다면, 도교의 정수는 이 옥추경이라고 할 수 있을 것이다. 대종사님 당시 옥추경을 많이 말씀하셨다.

도자道者는 이성이입以誠而入하고, 도라는 것은 정성으로서 들어가고, 정성이 없으면 도에 들어갈 수가 없다. 공부 길에 돈오돈수頓悟頓修가 있는데 공자는 생이지지生而知之하고, 안자는 학이지지學而知之하며, 증자는 곤이득지困而得之했다고 한다. 그러나 결국 들어가서는 같다.

그런데 여기서 생이지지나 학이지지나 곤이득지가 다 정성 없이 들어간 법이 없다. 그러므로 도에 들어가는 제일의 열쇠가 성誠이다. 우리가 공부하고 큰 사업을 하는 데 있어서 정성이 없다는 것은 '나는 못 합니다.' 하고 항복 문서 쓰는 것이나 마찬가지다. 그렇기 때문에 이 정성이 제일 중요하다. 그래서 증자 같은 양반은 삼순구식三旬九食하고 십년불의十年不衣하였다. 즉 가난해서 10년 동안 새 옷을 못 해 입었다. 우리 대종사님 계실 때 출장복 하나 놓고 출장할 때만 입었다. 또 맥고모자 5개 사 놓았는데, 써야 머리에 방방해서 쓰고 다닐 수가 없었다. 그래서 들고만 다녔다.

그런데 증자 같은 양반도 은록대부 벼슬을 주니까 나는 벼슬보다는 도가 더 좋으므로 이 생활을 해야겠다고 하여 밭을 매면서까지 공자의 도덕을 얻기 위해 일단의 정성을 다하였다. 그렇기 때문에 공자는 생이지지하고, 안자는 학이지지하고, 증자는 곤이득지했으나 결국 길은 같다.

공자는 십유오이지우학十有五而志于學하고[열다섯에 비로소 도에 발심이 나셨고], 삼십이입

왕궁 영모묘원에서 대산 종사를 모시고

三十而立하고[서른에 큰 뜻을 굳게 세웠고], 사십이불혹四十而不惑하고[마흔에 모든 유혹이 마음을 달래어 가지 못하게 했고], 오십이지천명五十而知天命하고[오십이 되어서는 천명을 알았단 말이다. 즉 성리를 짐작했단 말이다], 육십이이순六十而耳順하고[이순이라는 것은 갖추어다. 대종사님께서는 나는 스승을 정하지 않았다 하셨는데 천하를 스승으로 삼으셨다. 누구든지 외부 사람이 오면 정치가는 정치가대로 도덕가는 도덕가대로 물어보시어 다 흡수하셨다. 이순(耳順)이다. 다 들어오는데 막히고 걸림이 없다], 칠십이종심소욕불유구七十而從心所欲不踰矩라[마음 가는 대로 하더라도 법도에 어긋남이 없다는 말이다].

사람이 무엇을 할 때는 정성, 이것이 들어야 천하만사를 여는 열쇠가 된다. 생이지지生而知之한 공자도 주역을 가죽끈이 세 번 닳도록 읽었다. 공자는 생이지지인데도 만 중생을 제도하기 위해서 처음부터 순서를 어기지 않았다.

안자는 삼십에 천명이라 언제까지 순서를 밟을 수 없으므로 생이지지로 학이지지學而知之했다. 그러므로 문일지십聞一知十 지백知百 지천知千이 되어 버렸다. 그러니까 알기는 공자하고 똑같이 알았다. 그러나 그때는 법을 안자한테 전할 수 없었기 때문에 아주 더디고 곤困한 증자가 도를 받았다. 그 양반은 곤이득지困而得之다. 증자는 순전히 정성 하나로 도를 받았다.

대종사도 9세 시부터 일관하신 것을 보면 공자하고 정성한 공부 길이 거의 똑

같다. 정산 종사는 안자 같으셨다. 정산 종사가 경상도에서 전라도로 올 때 생이지지한 것을 대종사가 알았다. 하지만 대중의 신망과 천지의 진리에 응함이 덜 하셨기 때문에 늘 배우는데 학이지지했다.

증자가 공부하듯 우리가 체 받아야 한다. 순서가 있게 체 받되 앞으로는 '성誠' 이것이 제일 좋을 것 같다. 그리고 부처님이 생이지지일 것 같으면, 학이지지는 아란 존자이었다. 증자는 도통을 안자 보다 더 받았다. 그래서 만대에 오지 않았는가?

그런데 또 자사는 생이지지인 것 같다. 보통 사람은 학이지지 되어서 가볍게 날려 버리지 않을 수가 없는 것 같다. 조금 속速하고 빠를 것 같으면 날려 버린다. 날려서 크고 깊게 오래가지 못한다. 도가에서는 같은 것이로되 곤이득지를 학이지지보다 더 쳐주는 법이 있다. 그러므로 정성 그것이 무서운 것이다.

이묵이수以黙而守하고

죽기보다 무서운 것이 지키는 것이다. 내가 알고 있는데 묵묵으로 지킨다는 것은 죽기보다 무서운 것이다. 조금 알면 많이 불려 이야기하는 것인데 많이 알고 있으면서 조금 내놓는다는 것이 죽기보다 어려운 것이다.

이묵이수는 큰 근기가 아니면 안 된다. 도가 없으면 이묵이수가 안 된다. 여기에 표준을 두어야 한다.

이유이용以柔而用하니

부드러움으로써 쓴다. 최대의 강인데 최대의 부드러움으로써 쓰고 활용한다는 것도 무서운 것이다.

용성사우用誠似愚하고

정성할 것 같으면 어리석은 것 같다. 일부러 그러는 것이 아니라 저절로 그렇게 되어 버린다.

용묵사눌 用默似訥
묵묵한 것을 쓸 것 같으면 어눌한 것 같다.

용유사졸 用柔似拙 하니
부드러운 것을 쓸 것 같으면 졸한 것 같다. 이것이 만능 겸비한 여래의 자리다. 졸한 것과 능한 것을 겸비하고 쓰되 능한 것을 쓸 때 졸한 것을 바탕하고 졸한 것을 쓸 때 능한 것을 바탕을 두어 쓰기 때문에 다른 사람이 능히 폭을 잡을 수가 없는 것이다. 명암자유明暗自由 능졸자유能拙自由 대소자유大小自由 밝은 것은 어두운 것으로 지키고, 능한 것은 졸한 것으로 지키고, 큰 것을 작은 것으로 지킨단 말이다. 여러분들 부지런해야지 다른데 한눈팔아서는 안 된다.

부여시즉夫如是則 가여망형可與忘形이오 가여망아可與忘我요
형상과 나, 이것 챙기다 똥독에 빠져 무슨 일 못 한다. 그러므로 잊을 때는 한 번 잊어버려야 된다. 교당 초창기 때는 속옷 하나 가지고 3년을 입고 살았다. 지금은 아마 1년 입는 사람도 드물 것이다. 요즈음은 너무 사치하는 것 같다. 내가 양주에 있을 때 6개월을 양말 한 켤레로 산을 다니면서 신는데 떨어져서 짓고 또 짓고 하여서 볼 수가 없을 정도가 되었다. 그리고 여름에도 옷이 없으니까 그럭저럭 걸치고 다니는데 아무도 없는 줄 알았는데 교도 한 사람이 있어 나를 보고 깜짝 놀라는 것을 보았다.

그러니까 천하에 한 소식을 얻고 공부할 때는 망형망아忘形忘我가 되어야 한다. 그것[형상, 나] 챙기다 나중에 똥독에 빠지고 중생 되어 버린다.

차경석 선생이 증산 천사 제자가 되었다. 증산 천사는 그전까지만 해도 부자였던 그 사람에게 더러운 괴나리봇짐을 짊어지게 하고 돌아다녔다. 어느 날은 키가 작은 증산 천사를 모시고 사돈집에 가서 '스승님 모시고 왔으니 밥을 내놓으라.'고 하였다. 차경석 선생이 천자 한 번 될 만하다. 가짜 천자라도 될 만하다.

만약 여러분이 떨어진 옷 입고 나를 따라가자고 하면 몇 사람이나 될지 모르겠

완도 소남훈련원
숙승봉 아래 자리한
조실(대산 종사)

다. 망형망아로 일생 살고 나서는 썩어 없어질 것, 남이 나를 챙겨야지 평생 자기가 저를 챙겨서 되겠는가? 거지가 그런다. 평생 집마다 밥 한 끼 얻어먹으려고 복 지으라고 쫓아다닌다. 일생을 망형망아 한다는 것 보통 서원 세워서는 어려운 것이다. 망형망아해 버려야 된다. 그래야 남이 챙겨 준다.

가여망망可與忘忘이니

가히 더불어 잊을 것도 잊어버려야 한다. 내가 아상을 떼고 망형망아가 됐다고 해서도 안 된다. 잊을 것은 또 잊어버려야 한다.

대종사 당시 옥추경을 수행하는 참고 경서로 활용하고, 심지어 수위단회 기도문으로 사용하였다. 항타원 이경순 선진이 그 당시 정성스럽게 필사한 사본으로 보아 옥추경이 수행지침서가 될 만하니 필독을 권하는 바이다.

입도자지지 入道者知止

도에 든 자 멈출 줄 알아야 한다. 날뛰다가도 그칠 줄 알아야 한다. 그칠 줄 아는 것이 도다. 여기에 표준을 잡아야 한다. 별스럽게 날뛰다가도 이러면 되는가 해서 턱 멈출 줄을 알아야 한다. 헌 차는 조금 더 갈 것이고, 새 차는 멈추는 것, 가는 것, 뒤로 빼는 것, 자유자재다. 일생사가 여기에 있고 영생사가 여기에 달려 있다.

수도자지근 守道者知謹하고

다 부처님이고 부처니 내가 삼갈 줄 알아야 한다.

용도자지미 用道者知微하니

도를 쓸 줄 아는 사람은 미微한 자리, 현묘난측한 자리를 바라보아 그 자리를 알아야 참으로 아는 사람이다. 현묘난측한 자리를 알면 지혜가 나온다. 거기서 허령, 지각, 신명이 나온다. 알려면 허령, 지각, 신명을 알아야 알았다고 하지, 알지도 못하면서 알았다고 큰소리치는 사람들이 많다.

주송을 외우든지, 선을 하든지, 염불을 오랫동안 하면 첫 단계가 허령이 열린다. 그래서 안 보이는 것이 보이고, 앞일을 내다보려고만 생각하면 보이는 것이다. 이것을 잘못하면 3년 못 가서 없어지게 된다. 알았다고 해서 사방에서 금은 옥백이 오면 그만 미쳐 버린다. 그러므로 요즈음 점쟁이들이나 영이 열린 사람이 처음에는 아는 체하나 나중에 닫히면 죄를 더 짓는다. 그러니까 그것은 닫아 버려야 한다.

무이구곡武夷九曲을 너희들이 지니고 다닌다. 창자가 있는데 단전주를 해서 거기에 정력을 모으면 허령이 열리는 수가 있다. 그런데 옛사람들은 영리해서 그림만 그려 놓았다. 그런데 대종사님이나 정산 종사님은 그것을 아셨다. 무이구곡 거기에 면면약존綿綿若存 용지불근用之不勤하면 거기서 허령이 열리는 것이다.

옥추경의 이본들이 시중에 여러 종류가 있다고 한다. 조선 초에서 임진왜란 당시까지 관리들을 뽑는 시험 교재로 사용하였고, 이 시대에 가장 많이 읽히는 치병治病 경전으로 병굿이나 신굿과 같은 큰 굿에서 독송 되었다. 옥추경의 봉독은 소경

결재하시는 대산 종사

이 주로 읊었다고 전해지며 부적으로 그려 민간에서 널리 애용되기도 하였다. 우리 교단에서 통용되고 있는 옥추경은 이 경의 일부분인 옥추경의 골자만 골라 수행 공부의 지침서로 활용하고 있으나 더욱 관심 있는 사람은 구하여 일독을 권한다. 그러나 여기에 실린 중요 정수만 보아도 족하니 그 수고로움을 거두는 것이 좋을 것 같다.

대산 종사는 삼교를 통하여 그 정수만 되는 골자를 추려 뽑아 우리 공부인에게 전하여 주려고 하였다. 당신이 즐겨본 삼가의 정수가 아니라 대종사 당대에 활용된 참고교재를 드러내어 대중의 공부 길을 안내해 주었다. 공부인이 자칫 외학병이 두려워 우리 공부에만 빠져 자만하려는 우물 안 개구리와 같은 생각의 틀을 바꿔준 경전 중 하나가 옥추경일 것이다.

음부경

『음부경陰符經』은 고대 중국의 황제黃帝가 지었다고 하는 도가 경전의 하나이다. 황제가 지었다고 하여 『황제 음부경』이라 하지만 약칭하여 『음부경』이라 부른다. 황제가 지은 것이 아니라 위작이란 설도 있고, 배달국 시절 자부 선사가 황제 헌원에게 전수하였다는 설도 있다. 이 경은 음양상승술陰陽相勝術에 근거하여 치국治國과 용병用兵을 말하고 있으며, 인간의 생사 문제를 언급하고 있고, 객관적 세계에 대하여 냉정하게 관찰할 것을 말하고 있다.

『대종경』 부촉품 14장 '삶은 죽음의 근본이요 죽음은 삶의 근본[生者死之根 死者生之根]'이라고 인용하고 있다. 『음부경』은 소태산 대종사가 대각 후에 참고로 열람한 경전 중의 하나이다.

대산 종사는 이 『음부경』의 말씀을 인용하여 우리 공부법과 대조하여 가르침을 설하였다. 음부경이란 경명에서 풍기는 뉘앙스에 음부 세계의 경전 또는 비전으로 인식하고 단순히 외학으로 치부하였다. 그러나 이 경을 대산 종사께 처음 듣고 선사천왕이 휘두른 사자후에 눈멀고 귀먹어 두려움에 전율하며 한 생각 챙기니, 공부란 끝이 없어 사통오달로 통해야 함을 알았다.

음부경을 지면상 전면 게재하기 어려우니 만법을 두루 통하고자 하는 공부인은 『대산종사법문 5집』 '여래장'에 수록된 음부경을 필히 숙독하기를 권한다. 여기에서는 음부경의 깊은 맛을 대산 종사의 법문으로 간단히 소개하고자 한다.

훈련교무 시절 출가 도반들과 대산 종사를 모시고(영모묘원)

삼산三山 김기천金幾千 종사가 나에게 음부경을 가르쳤는데, 문리를 얻어 통리通理하였던 것 같다. 도가에서 황제 음부경을 귀하게 여겼다. 그런데 서양에서는 『도덕경道德經』을 찾는다고 한다. 이런 경을 많이 읽으면 거기서 깊은 뜻이 생긴다.

『음부경』에 '관천지도觀天之道하고 집천지행執天之行이면 진의盡矣라' 즉 천지의 도를 관하고 본다는 것과 깨닫는 것이 도리이고, 배우는 것이 도리이고, 아는 것이 도리이니, 천지를 잡아 행하면 천지에 더할 것이 없다는 것이다. 다 결과를 이룬다는 것이다.

우리의 교법으로 말하면 대종사님께서는 천지의 지은보은과 천지팔도[天地八道, 『정전』 사은 중 '천지피은의 강령'에 밝혀진 천지의 여덟 가지 진리 작용]로 말씀하셨다. 그대로 관천지도하고 집천지행하면 되니 여기는 더 해석할 필요가 없다. 그대로 보아 버린 것이니까.

그러므로 '천유오적天有五賊하니 견지자창見之者昌이오' 즉 오적이 있으니 뺏어 오는 것은 오적이다. 천지를 그대로 놓아두는 것이 아니라 오행五行이 천지를 잡고 돌기 때문에 오적이라 하는 것이다. '견지자창이라', 이는 오적이 있는 것을 꿰뚫어 봐 버릴 것 같으면 창성한 성인이 된다는 것이다. 그러니까 그 오적을 봐서 자기의 오욕을 잡는다는 그 뜻이다. '오적五賊이 재심在心하니 시행어천施行於天이면' 하늘엔 오적이 있고 사람엔 마음이 있는데 그 마음이란 것이 곧 오욕五慾을 말한 것이다.

우주재호수宇宙在乎手하고 만화생호신萬化生乎身이니라

우주가 내 손바닥에 있어 천지를 내가 잡는다는 말이다. 그래서 만화가 생호신이라 일만 조화가 내 몸에서 나온다는 말이다. 천지조화를 얻는 방법이 여기 있다는 말이다. 우주가 내 손 안에 있고 온갖 조화가 내 몸으로부터 난다는 뜻은 수행인이 수신을 잘하여 선을 잘하면 여기에서 천지조화가 난다는 것이다.

수양을 너무 깊이 생각하지 말고 잠심潛心, 마음을 잠심한다는 것이다. 그런데 잠심은 좌선을 하든, 입선을 하든, 행선을 하든, 와선을 하든지 해야 한다. 나는 피부병이 있어 오래 앉아 있으면 피부병이 극성하고, 걸어도 성하여 그래서 앉지도 못하고 서지도 못하게 한다. 그리하여 옆으로 누우라고 하여 항상 시간만 있으면 눕는다. 우협으로 배를 깔고 오른팔을 뻗어 손바닥이 하늘로 향하고 왼팔을 가볍게 바닥에 대고, 다리는 약간 구부리고 왼 다리는 바닥을 향하게 하고 머리는 들고 엎어 누워있으면 그것이 잠심이다.

용은 물속에서 수백 수천 년을 잠심하고 있기 때문에 조화가 생기고 여의주를 얻어 천지를 조화한다.

자신의 일생 공부 표준으로 염불이 좋다든지, 주송呪頌이 좋다든지, 선禪이 좋다든지, 무엇이든 잠심하는데 좋은 방법 하나를 각자가 발견하여야 한다. 또한 자기가 무슨 방법으로 하면 잠심이 잘되는지 알아서 잠심 공부를 하라.

그리고 연심鍊心, 연구하는 연심 즉 자기 마음을 연마하는 것이 연심이다. 내가 25세 그 이전에 모두 이런 책을 가르치고 배우는데, 그때는 이런 책 하나 가지면 1년을 배웠다. 그때 정산 종법사께서 도덕경을 가르치는데 바로 노자님이시고, 주산 종

수계농원에서 대산 종사를 모시고

사는 바로 공자님이었다. 그런데 그것도 단번에 해석해 주시지 않았다. 공부에 참여한 대중들에게 서로 돌아가며 해석하게 하였다. 책을 보고 하거나 남에게 배워서 하든지 서로 문답하며 한 1년을 하니 도덕경이 주먹 안에 들어 버린다.

연심 공부는 평생을 연심해야 된다. 그전에 잠심, 연심밖에 없어서 나는 정심正心까지 하나 더 넣었다. 그래서 잠심, 연심, 정심 이취공부以就工夫 필득보주必得寶珠라. 잠심, 연심, 정심으로 공부하면 반드시 여의보주를 얻을 것이다. 옛글이나 지금 글이나 공부하는 데는 다 하나다. 그런데 잠심은 수양, 연심은 연구, 정심은 취사다. 이 삼학을 고루 연습하지 않고는 큰 도인이 될 수 없다.

재주가 있어 『통감』과 『사서』를 하루에 한 권씩 다 보는 이가 있다. 그런데 그것은 별것이 아니다. 진리를 모르니까 대강 쉽게 보는데 그게 아니다. 그러니 우리가 평생 잠심하는 공부, 연심하는 공부, 정심하는 공부를 하여 반드시 여의주를 얻어야 하겠다.

천성인야天性人也오 인심기야人心機也니
입천지도立天之道하여 이정인야以定人也라.
천발살기天發殺氣면 이성역수移星易宿하고
지발살기地發殺氣면 용사기륙龍蛇起陸하고
인발살기人發殺氣면 천지반복天地反覆하고
천인합발天人合發이면 만변정기萬變定基니라.
천성은 사람이고 사람의 마음은 기틀이니
하늘의 도를 세워서 사람에게 정하느니라.
하늘이 살기를 발하면 별과 별이 자리를 옮기고
땅이 살기를 발하면 용과 뱀이 육지에서 일어나고
사람이 살기를 발하면 천지가 뒤집히고
하늘과 사람이 합하여 발하면 온갖 변화로 터를 정하느니라.

　하늘이 살기를 발하면 별과 별이 자리를 옮기고, 땅이 살기를 발하면 용과 뱀이 육지에서 일어나고, 사람이 살기를 발하면 천지가 뒤집힌다. 다시 말하면 천지인 삼재三才가 살기를 발하면 우주가 변화되고, 땅이 살기를 발하면 지각 변동이 일어나고, 사람이 살기를 발하면 천지가 뒤집힌다. 그러나 삼재가 합하면 만조화가 일어난다.
　정말 무서운 말이다. 인간이 자연을 함부로 하고 생태계를 파괴하면 재앙이 발생한다는 경고이자, 우리의 마음 작용에 따라 우주가 변화되고 전개된다는 말일 것이다.

성유교졸性有巧拙하니 가이복장可以伏藏이오

　성품에는 기교와 졸렬이 있으니 누르고 감출 것 있음이오. 여기에 진짜 공부가 들었다. 성품은 잘하는 것도 있고 졸하는 것도 있다. 그런데 중생은 천에 천이면 다 사邪로 만드는 데 불보살들은 다 좋게 만들어 버린다. 여기에는 그 만드는 방법이 있다. 재호삼요在乎三要라 입, 눈, 귀를 손가락으로 가로지르면 중中 자가 된다. 이 세 가지를 해야 한다. 이것을 평생 하면 잠심, 연심, 정심이 된다. 교巧한 것은 좋은 것이고, 졸拙한 것은 못 쓰는 것인데 가이복장可以伏藏이다.

삼산 김기천 종사가 대 철인이다. 다른 사람은 복장해라 하면 해 버리는데, 그것이 아니고 '복伏은 때려 누르는 것이고, 잘 맞는 것은 오래도록 도가 있는 것이다.'라고 하였다. 통하지 않으면 그 말씀이 못 나온다. 그 어린 나이에도 나는 저

금평저수지 제방을 거니시는 대산 종사(수몰된 금산과원)

분이 통리通理했다는 생각이 들었다. 다른 사람이 해석을 그렇게 한 사람이 없었다. 성유교졸하니 성품 가운데에는 좋은 마음도 있고, 악한 마음도 있으니 가이복장이라. 때려 누를 것은 눌러야 하고, 갚아 둘 것은 오래 보관해 두어야 가치가 있다.

구규지사九竅之邪 재호삼요在乎三要하니 가이동정可以動靜이라

아홉 구멍이 삿됨 중에 세 가지 중요한 구멍이 있으니 동할 때 동하고 정할 때 정할지니라.

동할 때 동하고 정할 때 정하고, 그래서 동하고 정하고, 정하고 동하는 사이에 만능의 조화가 있다. 우주가 재호수在乎手하고 만화萬化가 생호신生乎身이 거기서 나오는 것이다. 우주가 내 손안에 있고, 온갖 조화가 내 몸으로부터 나온다.

수계농원에 계신
대산 종사를 방문하신
좌산 종법사와 함께

한번은 여청운品靑雲 사모님이 내가 송대에 있을 때 오셔서
"제가 가만히 보니 공부 길이 빠른데 그것을 모르고 그랍디다." 하여,
나는 그때 "아! 무엇이 빠릅니까?" 하니
"눈, 입, 귀 이것만 잘 조절하면 공부가 그 가운데 있는데, 책을 보고 야단입니다."라고 하였다.

그 양반 철인이다. 우리들은 육근을 통하여 보고 듣고 말하고 활동하면서 생활한다. 눈은 안 보아도 될 것을 보려고 하고, 입은 삼가야 할 말을 하려고 하고, 귀는 안 들어야 할 것을 들으려 한다. 이 세 가지를 중도로 하고, 동할 때 동하고 정할 때 정할 것 같으면 우주가 재호수한다. 우주가 손바닥에서 노닐 것이다. 큰일을 하려면 우주가 손바닥에 있어야 한다. 그때 일만 조화가 몸에서 나온다.

내가 한 20대 초반에 글을 연마하여 보니, 글 배운 사람들 별것 아닌 것 같았다. 또 어렸을 때, 우리 동네 글 가르치는 사람들을 보니 별것 아니라 생각하고 글 배울 필요를 느끼지 않았다. 그러나 남을 가르치고 교리 강습을 다니자니 글을 안 배울 수가 없어서 좀 배우니 곧 문리가 생겼다. 그래서 기왕 공부할 것 같으면 철저하게 하려고 마음먹었다. 하지만 대종사님께서 "너는 나보다 글이 나으니 더 배울 것 없다"라고 하셨다. 그 말씀 들은 후 그동안 노자, 장자, 묵자를 섭렵하던 중 책을 덮어 버렸다. 그때 내가 글에만 빠졌으면 소동파나 이태백처럼 글만 자랑하는 사람이 되었을 것이다.

하여튼 지금은 다른 사람을 가르쳐야 하니까 글을 안 볼 수는 없다. 그런데 너무 과히 말고 '구규지사 재호삼요하니 가이동정이라' 동하고 정하고, 정하고 동하고, '성유교졸하니 가이복장이라' 없앨 것은 없애고, 둘 것은 두면 공부 길이 잡힌다. 내가 『음부경』을 보니 황제黃帝 씨가 도통해서 심리학이 열려서 쓴 글이다. 근래 수천 년 내려오면서 음부경을 많이 외우면 좋다고 막 읽기만 한다.

그러니 공부를 잘하고 '평생에 잠심潛心 연심鍊心 정심正心 이취공부以就工夫로 필득보주必得寶珠라.' 이 글을 표준 하여 공부 길 잡고 나가면 반드시 여의보주를 얻을 것이다.

본교의 십대잠

　대산 종사의 수많은 법설 가운데 기록으로 남겨진 법문이 있고, 개인이 받들어 수록하여 보감으로 삼고 있는 법문도 있다. 대개 공식적인 법요 행사나 일반 행사 때의 법설은 기록되어 전해진다. 대산 종사가 33년 재위 기간 동안 설한 말씀을 시자들이 채록하여 옮겨 적거나 공식화하여 책으로 편집한 법문들이 주류를 이룬다. 그러나 대산 종사의 일거수일투족을 다 정리할 수 없어 사장된 법문들이 많다. 개인들에게 보감될 법문은 전하여지기는 하지만 공식화하지 않았기에 잊힐 가능성이 크다.

　대산 종사의 법어집도 공식기관에서 발행되어 만고의 법전이 될 것이다. 법어는 지면의 한정으로 선택될 수밖에 없지만, 교단 역사의 사료 가치상 미공개 되거나 사장되어서는 안 될 것이다.

　오늘 소개한 법문은 '본교의 십대잠十大箴'으로 좌산 종사가 대산 종사를 시봉할 때 기록한 법문이다. 가로 세로 18×26㎝ NOTE BOOK에 법설을 수록하여 놓았다. 이 노트에 기록된 법문은 대부분 공식화하여 소개되었지만, 그중 '본교의 십대잠'과 '가훈십칙'이 미공개 법문이다.

　잠箴이란 훈계함을 의미하고 경계한다는 뜻이다. 우리 교단이 발전하고 교화가 융성해지려면 교단의 재가 출가교도들이 보감 삼아야 할 잠언인 셈이다.

대산종사법어
편수위원들과 함께

본교의 십대잠

1. 우리는 사부께서 주신 혜명을 높이 받들어 전 인류가 보고 나아갈 밝은 등대가 되자.
2. 우리는 사부께서 주신 법음을 높이 외치고 세계를 불은화하고 전 인류를 선법화 시키자.
3. 우리는 법을 위하여 몸을 바치고 공을 위하여 사를 잊는 대보살도의 실천자가 되자.
4. 우리는 자타의 힘을 한데 뭉쳐서 대회상 창립의 금자탑을 쌓을 씩씩한 일꾼이 되자.
5. 우리는 사바세계를 미화시키고 정화시켜서 진선미의 불국세계를 만드는 데 노력하자.
6. 우리는 큰 도량을 가지고 인류가 가장 믿어주고 가장 의지할 만한 따뜻한 사우가 되자.
7. 우리는 끊임없는 신분의성으로써 대우주의 진리광을 파내서 일일시시로 진리 생활을 전개하는 개척자가 되자.
8. 우리의 정신은 일반 동지의 제일 앞에 서서 일을 하고 일반 동지의 제일 밑에 앉아서 일을 하자.
9. 우리는 삼계의 스승이 되고 사생의 자비스러운 어버이가 되도록 대서원을 세우고 나아가자.
10. 우리는 이 회상이 있고 내가 있으며, 이 회상이 살고 내가 산다는 대의에 살자.

가훈 십칙

1. 악의 말로는 험악하기 짝이 없으나 덕의 앞길은 넓기가 하늘같으니라.
2. 요행으로써 이익을 도모하는 자는 화근을 속히 오게 애쓰는 자이니라.
3. 남의 가슴을 아프게 하면 나의 가슴이 아플 날이 있을 것이니라.
4. 마음을 착하게 하고 입을 조심하여라. 마음과 입이 착하지 못하면 뭇 선신善神이 그 앞길을 고쳐주느니라.
5. 부모 형제 처자를 돈으로써 살 수 없나니 이곳으로써 천륜을 상하지 말지니라.
6. 분노가 일어날 때는 마음을 가라앉히고 한번만 참아라. 그러면 후일에 큰 근심을 더나니라.
7. 세상에 제일 불행한 것이 남의 생명을 끊는 직업이니라.
8. 성현의 법을 본받아서 힘써 실행하면 닥쳐오는 화근이라도 물리칠 수 있느니라.
9. 모든 일을 할 때 정성 되고 공경 되고 믿음이 있으면 천하에 못 이룰 일이 하나도 없느니라.
10. 남의 시비를 말하고 유희 잡기 하는 시간에 성서 한 구절이라도 읽어라. 그러면 정신의 양식이 되어 살아나가는 앞길에 밝은 거울이 되리라.

'가훈 십칙家訓十則'은 대산 종사의 미공개 법문이다. 좌산 상사가 대산 종사의 시자로 근무할 때 정리한 노트에 기록되어 있어 공개한다.

대산 종사 원기72년(1987) 7월 29일 선조합동제사 때 가훈에 대하여 말씀하셨다.

법무실 간사시절(원평교당, 필자 뒷열 좌측 첫번째)

이 가훈 십칙과 연관 지어 각 가정에 가훈을 갖도록 한 의미에서 소개하고자 한다.

　5대 조부는 국가의 외직外職과 내직內職을 겸하시면서 대인을 만날 대지를 정해야 겠다는 생각으로 서울에서 전라북도 진안군 성수면에 이거하였다. 오은悟隱 김봉배金鳳培 증조부는 유가의 학자이면서 벼슬을 사양하고 초당에서 반야심경과 소서 등으로 평생을 적공하였다. 김원성화金圓性華 증조모는 신불神佛과 스님들을 모셔다 일생에 불사를 많이 하였다. 호월湖月 김용성金龍聲 조부는 평생 문전에 오는 나그네를 부처님 대하듯이 공경히 대하였다. 사십 세 안에 유산 칠팔백 석을 자녀에게 전부 분배하고 평생을 기도에 전념하였다. 현타원賢陀圓 노덕송옥盧德頌玉 조모는 대종사님을 친견하신 이후로 새로 오신 주세불로 모시고, 자부 봉타원鳳陀圓 안경신安敬信을 비롯해 일가를 일원 가족으로 신봉하게 하고, 나와 전 가족을 대종사님 은자와 은녀로 맡겨 주셨다. 연산連山 김인오金仁悟 부친은 담대하여 천지가 무너져도 눈도 깜짝 않으신 대여유의 대수양을 하셨다. 봉타원 안경신 모친은 열반에 드실 때 '정치계에 나가면 상극이 많으니 가지 말고 상생이 많은 종교계로 가되 종교 가운데에도 일원의 대도 정법에 나가기를 나의 자손은 만대의 가훈으로 삼아라.'라고 하였다.

생사연마의 도

　인간의 생애를 90살을 1기로 한다면, 30년은 큰 도를 증득하기 위해서 노력해야 하고, 또 증득한 뒤의 30년은 일반에게 활용하는 데 노력해야 한다. 마지막 30년은 준비하는 기간으로 정하여 노력하고, 영생 영겁을 내다보고 다시 준비하면 앞길이 크게 열리게 될 것이다.
　그러므로 생사연마의 도 두 가지에 대하여 밝히고자 한다.

　첫째, 생사는 거래니 해탈하고 영생을 준비하자.
　생과 사는 중생계에서 말하는 것이지 불보살 세계에서는 가고 오는 것이요 거래로 안다. 누구든지 왔다 가는 것이니 미리미리 준비해야 한다.
　그 준비 공부로 일원상 진리의 큰 자리를 보고 무문관[無門觀 문이 없는 문을 보아 문을 자유로 출입자재하는 그 자리를 관함], 성리대전[性理大全 우리의 성품을 온전하게 보존함], 존야기[存夜氣 밤기운을 기른다는 뜻으로 우리의 성품을 보존함], 육근문개폐 규제자유[六根門開閉 規制 自由 육근문에 검문소를 설치하여 자유자재로 드나듦] 해서 보림함축[保任含蓄 자성의 안팎을 잘 지켜서 겉으로 드러내지 아니하고 속이 간직함], 묵언안식[黙言安息 말은 묵묵하게 하고 편안하게 쉼]하여 우리의 생활 자세를 긴찰곡도[緊紮穀道 곡식의 길을 오므려서 꽉 조임] 요골수립[腰骨竪立 허리를 반듯하게 세우고 똑바로 앉은 자세]으로 표준 잡으면 시일이 가면 갈수록 선禪이 저절로 되고 거기서 무한한 위력이 나타나게 되는 것이다.
　자세를 바르게 하지 않고 좌선을 하다가 졸면 선을 평생 해도 큰 힘을 얻기가 어렵다.

또한 식망현진息妄顯眞 수승화강水昇火降을 표준으로 선을 해야 한다. 우리가 다 오고 싶어 오고, 가고 싶어 가는 것도 아니니까 생사는 거래로 알아야 한다. 죽음은 죽고 싶어 죽는 것도 아니고, 가고 싶어 가는 것도 아니니, 대자연에 맡겨 버리고, 생사는 거래니 해탈하고 준비해야 한다. 그 준비 공부는 선이나 기도, 또는 독경으로 일생을 노력해야 한다.

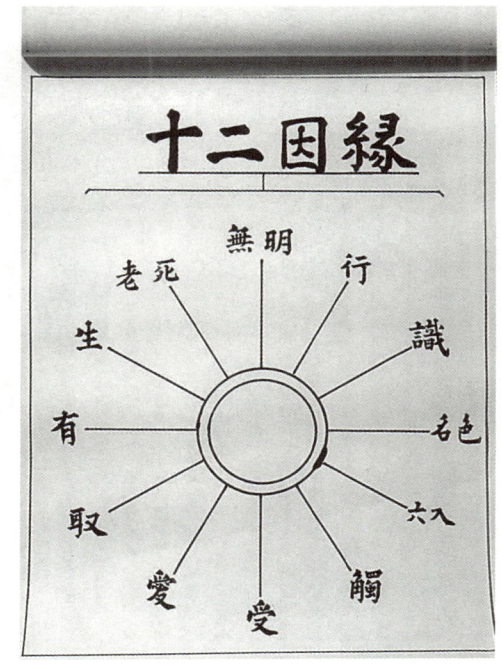

십이인연 괘도법문

대산 종사는 평소 선이나 기도는 장소를 가리지 않으셨다. 새벽 심고를 시작으로 대중들과 요가 후 심고나 오전 산책 중에 적당하게 트인 장소나 넓은 장소에서 심고를 모시었다. 때를 따라 심고와 기도를 모시는 것은 준비된 행동이었지 즉흥적인 요식행위는 아니었다. 늘 하루를 마감하는 심고는 선심 그대로였다. 말년 정양의 형태는 바뀌었어도 한 치의 빈틈없는 수행으로 생사연마에 해탈자재하는 심경으로 우리를 채찍질하였다. 아직도 대중들을 이끄시는 수행의 발걸음 먼발치에서 따라하고 싶은데 자력이 없으니 말이다. 가끔 그때 그 시절이 떠올라 따라 해보지만, 수행은 생사일여의 경지를 맛보아야지 저절로 되는 것이 아닌가 자문해보고 생사해탈의 영생 준비 법문을 새기어 본다.

둘째, 인과는 여수與受니 감수불보甘受不報하고 일체종은一切種恩하자.

인과는 주고받는 것이다. 내주면 반드시 받는 것이니 선을 주면 선을 받을 것이

대종경 전망품 2장 한시 공부(삼동원)

고, 악을 주면 악을 받을 것이다. 중생은 영리한 것 같지만 어리석다. 악을 주면서 선을 받기를 원하고, 선은 안 주고 아끼고 자기 위주로 산다. 주기는 나쁜 것 주면서 좋은 것 구하고 바란다. 그러한 진리는 없는 것이다.

자리이타[自利利他 남도 이롭게 하면서 자신도 이롭게 한다]로 해야 한다. 중생은 하다가 안 되면 자리타해[自利他害 남을 해치고 자신을 이롭게 한다]로 하게 된다. 남이야 어찌 되든지 나만 좋게 하려고 한다. 결국 패인 패가 패국 패세의 원인이 된다.

그러나 불보살은 오히려 손해와 고통을 내가 받고, 남에게 즐거움과 이익을 주는 자해이타[自害利他 남을 이롭게 하면서 자신은 해를 본다]로 표준으로 삼는다.

인과는 여수다. 어떠한 인과를 받는다고 할지라도 인과는 여수니 감수하고 불보무도[不報無道 도가 아니면 갚지 아니한다]한다. 오히려 다시 종은種恩하여 좋은 은혜의 종자를 심는다. 은혜를 심으면 저쪽에서 오는 것은 좋은 은혜만 오게 된다. 이것이 대

진리요 철학이요 불공이다.

　인과는 여수다. 그러니 감수불보[甘受不報 달게 받고 갚지 아니한다]하고 종은하라. 저쪽에서 아무리 악으로 오더라도 나는 은혜를 심어 주어야 한다.

인과송
원인이 결과가 되니
주는 자가 곧 받는 자로다
달게 받아 다시 갚지 말고
선업으로 인연을 맺으라.
금생에 업력에 끌려다니면
내생에 그 과보가 다시 돌아오고
금생에 업력을 굴리고 다니면
내생에 그 과보가 생기지 않도다.
原因結果 與者受者
甘受不報 善業結緣
今生業力轉 來生果還生
今生轉業力 來生果不生

＊ 영생을 원수 안 짓고 잘 사는 법

큰 산을 우러르며

9월의 그날
대산 종사 열반락에 드시던 날
모든 오열을 가슴에 품어 안을 수밖에 없어서
님의 언저리만 맴돌다 스러질망정
큰 산을 우러르며 까만 밤을 안고
전화, 전기, 조명, 호상소 설치를 밤새 해 놓고
무겁게 내려앉은 밤이슬을 털며 새벽 독경에 참여했다.
님의 열반 소식을 듣고 종법실에 마냥 앉아 있을 수 없어
무겁게 드리워진 정적의 밤을 그렇게 헤매고 다녔다.

    해마다 오는 9월 17일은 대산 종사 열반에 드신 날이다. 원기83년(1998) 8월 14일 이후 38℃ 전후로 고열이 계속되어 8월 24일 원광대학교 한방병원에 입원했다. 그 후 차도가 없어 8월 28일 정오 12시 55분 서울 삼성의료원에 헬기로 후송하여 입원했다. 병원 입원 기간 동안 의사들의 정성 어린 진료에도 불구하고 패혈증세가 악화하여 9월 13일 총부로 환가했다. 총부 종법실[구조실]에 나흘간 머물며 대중의 쾌차의 염원에도 불구하고 9월 17일 거연히 열반에 드셨다.
    필자는 대산 종사 열반하기 이태 전 상사원 시무실에서 총부 재정산업부 관리과로 이임하였다. 대산 종사가 위독하시어 삼성의료원에 입원할 때 선발대로 올라가

입원 절차 및 병실을 점검했다. 그 후 몇 차례 병원에 다녀왔고, 종법실로 모시어 최후 임종과정을 지켰다. 그때 나의 임무가 총부 도량관리 및 호상업무라 발인식까지 열흘간 밤낮으로 열반 과정을 생생하게 기록할 수 있었다.

며칠간 밤샘으로 지친 몸을 쉬고자 12시경 집에 와서 잠을 잤다. 잠깐 잠든 사이 꿈을 꾸었다. 정토회원이 아이를 출산하였다. 아이 머리가 매우 커 보였다. 아이를 안고 보니 머리 골속이 훤하게 보인다. 대산 종사의 두상과 같았는데 골수 모양이 훤히 드러나 보였다. 다른 사람들은 큰 걱정이었지만 나는 그래도 기뻤다. 아이의 얼굴이 오버랩 되면서 대산 종사의 성안이 나타났다. 아이를 낳았다는 기쁨도 잠시, 꿈을 깨면서 잠도 깨었다. 나중에 안 사실이지만 그 꿈은 대산 종사께서 열반하신다는 암시를 주신 것이다.

대산 종사 열반(좌측 두번째 필자)

그날 한숨도 못 자고 밤이슬을 맞아가며 총부 구내를 돌아다니며 호상소 주변에 시설물을 설치했다. 대산 종사 최후 임종을 못 보았다는 일종의 자책감으로 총부의 밤을 배회했다.

나는 지금도 대산 종사께서 돌아가셨다는 생각이 전혀 들지 않는다. 혹여 대산 종사를 시봉하던 그 시절의 꿈이라도 꾸는 날이면 온종일 기분이 상쾌하기 때문이다.

원기83년(1998) 9월 21일 대산 종사 발인식 날 오전에 비가 억수같이 쏟아졌다. 대중들은 걱정이 이만저만이 아니었다. 그러나 나는 마음속으로 '그동안 상사님께서 이적이나 기적을 부리지 않았으니 이번만은 기적을 부려 비를 그치게 하시고, 대중들의 염원으로 비를 멎게 해주십사.' 하고 심고를 올렸다. 12시 이후 서서히 비가 멎었다. 언제 비가 왔는지 모르게 비는 그쳤다. 발인식 내내 비는 오지 않았고, 구름이 엷게 끼어 그늘을 만들어 주었다. 발인식은 오후 2시에 시작되어 영모전 광장을 가득 채운 1만여 명의 교도와 내외 귀빈들이 참석한 가운데 엄숙하게 봉행하였다.

발인식 후 대산 상사님의 유해를 모시고 익산시립묘지 화장막에서 오후 4시 20분경 화장했다. 님의 마지막 가는 길에 운구했다. 화장 중 만감이 교차하는 심정을 느끼며 화장막 주변을 맴돌았다. 대중들은 대산 종사의 유해가 타오르는 화구를 들여다보며 한참 주변을 서성거렸다. 가신님의 마지막 자취라도 놓치지 않으려고 시뻘건 화구를 응시하며 말없이 지켜보았다.

화장이 끝나 성해를 모시고 주차장으로 나오니 하늘에 붉은 노을이 드리워져 있었다. 오전은 비가 내려 천지가 울고 있는 모양이었고, 오후에는 비가 그쳐 발인식 내내 하늘이 그늘을 만들어 주었고, 화장이 끝난 저녁 무렵 서쪽 하늘에 붉은 노을이 들어 마치 님의 가시는 길을 축하하는 듯하였다.

님을 그리며

원기82년(1997) 초 대산 종사를 5년 동안 모시고 살다 총부 재정산업부로 발령을 받았다. 상사원을 나온 후 가끔 꿈속에서 대산 종사를 뵈었다. 우리 고향에 봉불식을 하고 대산 종사는 옛 고향 집을 방문하였고, 수많은 교역자가 다녀가고 한마당 잔치를 벌였던 꿈을 꾸었다. 나는 꿈을 꾸고 나면 상사원에 전화를 걸어 대산 종사의 안부를 여쭈었다. 그럴 때마다 건강이 좋지 않다는 말씀과 며칠 후에 건강이 약화 되었다는 소식을 듣곤 하였다.

그 후 대산 종사 열반하시기 전 즈음 꿈속에서 성안에 미소를 띠시다 순간 좌산 종법사의 성안으로 바뀌었다. 이어 상사님의 성안은 안 나타나고 좌산 종법사만 나타나셨다. 내심 불안한 마음이 들었다. 나는 대산 종사의 열반 암시로 받아들이고 장산 황직평 종사에게 '저의 개인 생각으로는 이제 좌산 종법사께 신맥을 대고 살라는 암시인 것 같다.'라고 하니까 미소만 지으셨다.

대산 종사는 열반 3일 전 호흡이 심히 불안하고 동공 반응이 없어져서 심장 박동 주사와 응급 산소호흡을 하였다. 그런데도 병세는 여전히 호전될 기미가 보이지 않자 의사진들의 판단에 따라 산소호흡기를 떼자고 하자 대중들은 이제 임종밖에 남지 않았다는 불안감으로 한순간 울음바다를 만들었다.

좌산 종법사께서 비장한 결심을 하시고 임석하자 장산 종사가 상사님의 최후 게송 법문과 최근 법문을 대중들에게 설하고, 종법사께서 "이제는 제가 결단을 내리겠습니다. 제가 결단을, 결단을, 결단을 내리겠다."고 하시며 "생사는 가고 오는 것

대산 종사 열반 당일 불단에 장엄한 영정

이고 진리계에서 결정하신 어른이시라 제가 모든 책임을 지고 더 이상 이 어른에게 고통을 주지 말자."고 하였다. "유가족들도 결정을 못 하실 것이고, 더구나 의사들도 결정을 못 하니 제가 책임을 질 테니 산소호흡기를 떼라."고 하였다. 산소호흡기를 떼자 대산 종사가 다시 호흡하시고 잠시 멈추었던 심장과 맥박이 뛰기 시작하였다. 그 후 또 한 번 산소호흡기를 떼었지만, 상사님은 발을 움직이고 호흡을 스스로 하였다.

종법실에 모여 있던 대중들의 분위기가 한순간 희색이 돈다. 상사님께서 아직 하실 일이 있으신가? 재가출가 교도들의 마음의 준비 시간을 주고자 하였는가? 사흘 후 대산 종사는 거연히 열반에 드셨다.

대산 종사 열반 10주기를 맞이하며 열반 당일[원기83년 9월 17일] 새벽 대산 종사의 열반 비보를 접하며 기록하였던 감상을 소개한다.

진리는 하나!
우뚝하게 세우신 큰 산
세계도 하나!
우뚝하게 외치신 큰 산
인류는 한 가족!
우뚝하게 품으신 큰 산
하나의 세계 개척하자는
우뚝하신 염원 큰 산 되어 솟았네.

대산 종사의 유품

　대산 종사 열반 후 법문과 기록물, 유품 등을 정리하기 위해 김관현 교무와 류응주 교무가 그 업무를 위임받았다. 1년여의 대산 종사 유품 정리 과정을 마치고 총부 유관부서에 이관하였다. 완벽한 정리에 미치지 못하였지만, 대체적인 자료는 정리한 것으로 안다. 그러나 대산 종사가 열반하신 지 20여 년이 지난 지금에도 수많은 유품 등이 왕궁 영모묘원에 그대로 방치되어 있다. 아직 대산 종사의 숨결이 고스란히 창고 한쪽에 보관되어 있어 수택을 느낄 수 있어 반갑기 그지없다.
　하지만 대산 종사의 접견실을 개조해 유품전시실을 만들어 전시된 약간의 유품을 보노라면 창고에 보관된 유품과 궁색한 대비를 이루고 있어 아쉽기만 하다.
　대산 종사의 자취가 스며있는 생활관과 비닐하우스 접견실, 창고가 아직도 건재하다고 뽐내듯이 늠름하게 버티고 있다. 생활관 너머 언덕 위에 별관[草堂, 그때는 초당이라고 불렀다]은 숨은 듯 만 듯 우협으로 선정에 드신 대산 종사의 모습처럼 조용히 지켜보고 있다. 대산 종사의 자취가 내 몸에 아직 배어 있어 느끼는 감정인지 몰라도 꿈과 현실이 가늠키 어렵다. 대산 종사를 모시는 꿈에서 나는 여전히 시자로 늘 곁에 있을 뿐이다. 자주 찾을 수 없지만 한 번 몸을 옮기면 마음은 언제나 그 시절 나인 것이다.
　철없던 시자 시절은 그 무엇 하나 부러운 것이 없었다. 대산 종사가 계셨기에 내가 있었고, 내가 있어 대산 종사는 항상 함께할 줄 알았다. 지금은 내가 있음에도 대산 종사는 계시지 않는다. 내가 없음에 대산 종사는 가끔 꿈속에서 존재를 알렸

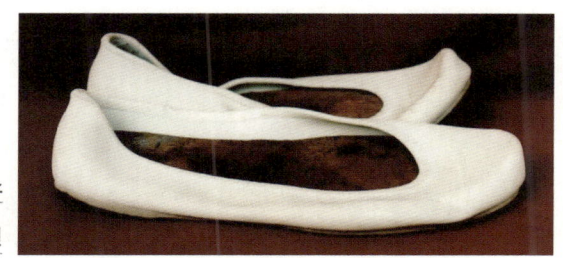

대산 종사가 평소 신으셨던 고무신

다. 대산 종사가 계시든지 말든지 님의 자취는 살아있는 한 몸이 되어야 하지만 아직도 철없던 그때 그 시절의 우매한 시자인 모양이다.

　대산 종사 열반 후 유품을 정리하면서 시자들에게 유품의 일부를 나눠 준 적이 있다. 옛 조사들의 의발로 법을 전한 신표로 삼은 일종의 의발 전수인 셈인가? 육대전의천하문六代傳衣天下聞이라, 육대로 옷 전한 일 천하에 소문났다. 단전單傳인 회상에서는 의발로 법을 전한 신표로 삼았다. 홍인弘忍 대사가 육조 혜능慧能에게 법을 전하면서 "의발 전수는 너까지만 하고 이후로는 마음과 마음으로 전하라."는 당부를 하였다는 유명한 일화가 있다. 대종사께서는 "우리 회상은 이제는 단전이 아닌 공전共傳으로 법을 전한다."라고 하였다. 법을 받을 사람은 인적 대상이 아니라 마음자리만 증득하면 모두 받을 수 있다는 뜻이다. 그래서 과거는 일여래 천보살이라면 이제는 천여래 만보살의 회상인 셈이다.

　나에게는 대산 종사의 유품으로 목욕 가운과 면바지가 전해졌다. 의복이 얼마나 큰지 어린아이가 어른의 옷을 입고 있는 우스꽝스러운 모습이었다. 큰 산의 품에 내 몸을 맞추려니 당치도 않은 모양이다. 지금은 대산 종사의 자취인 양 유품으로 받은 옷을 소중히 보관하고 있다. 대산 종사의 유품이 깨달음의 징표가 될 수 없듯이 허상에 사로잡히지 말고 실다움을 갖추는 매개체가 되었으면 한다.

　다행히 대산 종사의 유품이 원불교역사박물관 유물 보존실에 잘 보관되어 있어 후인들에게 님의 자취를 더듬는 소중한 사료가 될 수 있어 좋지만, 살아있는 생생한 유품이 우리 가까이서 늘 함께하기를 바란다.

대산 종사 추모시

우뚝 솟은 큰산

1. 만덕산의 어린 정기 삼세인연 기다려서
   대종사님 한걸음에 부자 인연이 되었어라
   스승님들 품 안에서 자라나고 큰 뜻 품으니
   그 이름 대거라 우뚝 솟은 큰산이어라.

2. 이 회상의 역사로 우뚝하신 대산종사
   대종사와 정산종사 기르신 제자 받드시고
   마음공부 훈련도량 조불불사 이루시어
   만고일월 만고신의 만고대의 이으셨네.

3. 새회상 만대역사 주세불의 법을 이어
   종교연합 깃발아래 일원상기 높이 들고
   하나의 세계 개척하자 외치시어
   우뚝하신 염원 큰산 되어 솟았어라.

   후렴 아~ 아 거룩하신 대산종사 뜻 받들어
   이 회상 무궁토록 길이길이 찬송하세

(원기98년 7월 21일 지음)

님의 경책

구름도 쉬어 가는 작은 고갯길

운형수제 도반들아
무엇이 그리도 바쁜가
쉬엄쉬엄 가다 보면 그 아니겠는가

나 홀로 가다 보면
그곳이 선禪 터요
내 놀 곳이라

한 생 이렁저렁 살다보면
참판 농판 그 속에 있어라

하지만 전생 꿈속은
홀로 꾼 단꿈이었지만
이제는 하늘 땅 새로 열려
개판改版 되었으니
어서들 바랑 벗어놓고
새 일터로 나오시게나

하 하 하 하 하!

지금도 그 무엇을 찾아
이 산하를 돌아다니느뇨?

껄 껄 껄 껄 껄!

이 몽둥이로 혼날지어다.

(원기84년 11월 초 지음)
꿈속에서

제2부

휘호로 뵙는 대산 종사

큰 산의 묵향에 젖어

범해 김범수 作 54×51㎝

자신성업봉찬 '대적공실'

법문은 낳는 것

대적공실 大積功室

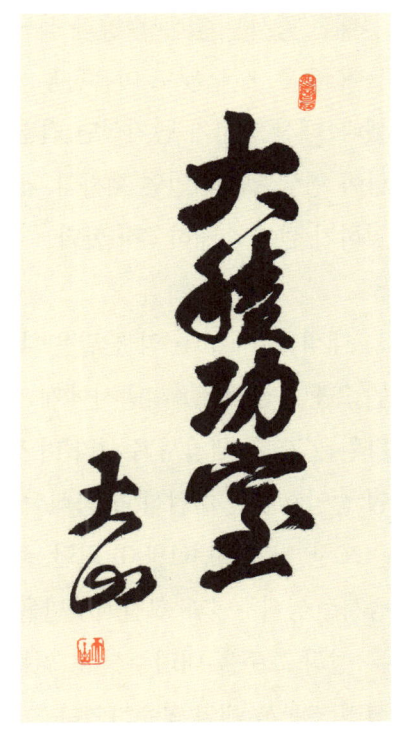

　대산 종사가 20대에 우연히 떠오르는 글을 붓글씨로 쓰면 대중들이 좋아하며 글씨 얻기를 원했다. 글씨를 쓰면 명필 못지않을 것 같았고, 글을 쓰면 명문장가가 될 것 같아 우쭐한 마음이 있었던 모양이다.

　그 기틀을 보신 소태산 대종사께서는 "너는 나보다 글이 길다. 이제부터는 기록하지 마라. 영력으로 솟아오를 때가 있을 것이다."라고 하여 그때부터 대산 종사는 '붓장난을 그만하리라'는 심경으로 한때 절필하였다.

　큰 스승 만나 큰 표준을 세우고 나가면 영생 길이 환하게 개척되는 것이다. 글씨를 쓸 때도 명필을 만나 체본體本을 잡고 나가면 바로 명필이 된다. 그런데 명필 아닌 글을 체본하여 글을 익히면 결국 그 집을 벗어나지 못하여 마침내 졸필을 면하지 못하는 법이다. 그리고 설사 큰 스승의 큰 표준을 얻었고 명필의 체본을 얻었다 할지라도 자기 주견으로 표준을 삼거나, 자신의 체본을 고집하면 졸필이 된다. 또한 남을 가르치면 저도 망치고 남도 망쳐 죄를 짓는다. 글씨나 그림이나 법문은 낳는 것이지 쓰거나 그리는 것이 아니다.

글씨에도 명필名筆과 능필能筆이 있다. 능필은 처음에는 산뜻하고 좋으나 볼수록 보기 싫어지고, 더는 보고 싶지 않다. 그러나 명필은 첫눈에는 가히 신통치 않고 어린애들의 글씨 같으나 볼수록 힘이 들어 있고, 보면 볼수록 법이 눈에 뜨이며 묘미가 있다. 오랫동안 공들인 것이 나타난다. 능필은 사람 눈을 어지럽게 할 수 있다. 하지만 명필은 졸한 듯하지만 살아있는 글이다.

대산 종사는 깊은 수양과 적공에서 나온 글이라야 대중을 인도할 수 있고, 붓을 들어 글을 쓰는 것도 마음공부가 깊을수록 만세에 길이 전할 글임을 누누이 강조했다. 대산 종사가 남기셨던 법훈적이고 수행에 보감된 글과 경책과 호념의 마음을 담아 영생도반과 인연 제자와 대중들에게 수기受記하였던 친필을 우리의 기억 속에 잊히기 전에 소개하고자 한다.

'대적공실大積功室'의 친필은 대산 종사가 30대에 새로 발심하여 적공할 때 공타원 조전권曺陀圓 曺專權 종사에게 '함께 적공하자'는 뜻에서 써 주신 글이다. 이에 공타원은 '영생 책임져 주시라'며 절을 올렸다고 한다. 그 후 원기59년(1974) 3월 31일 중앙훈련원 개원식 때 공식적으로 내리신 법문이다.

또한 원기75년(1990) 교단 총회를 마치고 인사차 온 중앙총부 간부들에게 "대종사탄생백주년과 교단백주년을 앞두고 대적공하자"며 친필을 나누어 주시고 의두 성리 표준을 내려주셨다. 원불교100년기념성업 기원문과 함께 여섯 가지 의두 성리 조목을 매일 암송하였다. 이는 원불교100년기념성업 봉찬을 맞이하여 자신성업봉찬으로 대정진 대적공하기를 염원하고 내리신 대산 종사의 유촉법문이 됐다.

무애송

무애자재함의 표준

유애중무애有礙中無礙
무애중유애無礙中有礙
무애무불애無礙無不礙
시즉진무애是卽眞無礙

걸림이 있는 가운데 걸림이 없고
걸림이 없는 가운데 걸림이 있으며
걸림이 없고 걸리지 않을 바 없으니
이것이 곧 참으로 걸림이 없느니라.

유애중무애니 일체자재一切自在해서 무애해탈無礙解脫하는데, 세상사에는 애착 탐착이 있는 것이다. 좋은 것도 있고 낮은 것도 있는 것이 현실인데 그 가운데 걸림이 없어야 한다.

무애중유애라. 설사 걸림이 없다고 할지라도 걸림 없는 가운데 반드시 종통에 맥을 대고, 진리에 맥을 대어 걸림 없는 가운데 대의와 법도가 있어야 한다. 그냥 무애로만 나가면 큰 도인이 못 된다.

무애무불애라. 걸릴 것도 없어야 하지만 또한 걸리지 않을 것도 없어야 하나니 이러한즉 시즉진무애라 이것이 참으로 여래 자재한 것이다. 도가에서 무애자재한다고 음주와 계문을 자행자지하여 무애로 떨어지면 나중에 악도로 떨어진다. 걸림

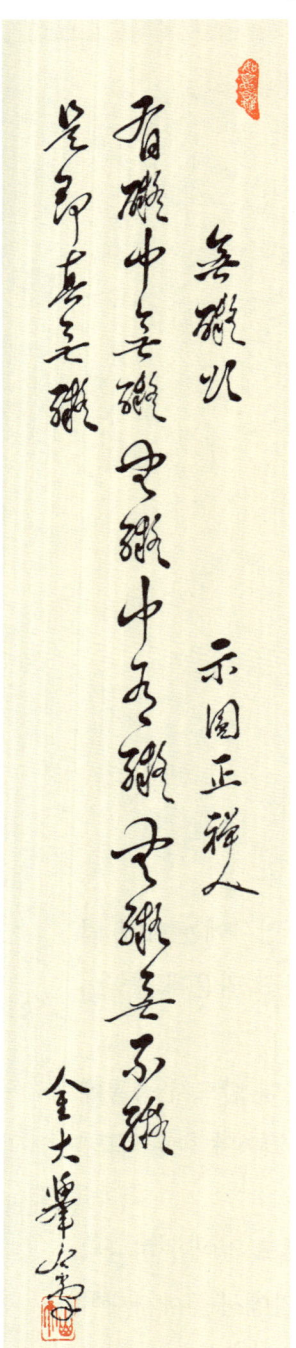

이 없는 자리도 보고, 걸림이 없는 가운데 능히 걸림이 있어 수행하는 데 걸림이 없어야 한다. 그래야 여의자재한 여래의 문에 들 수 있는 것이다. 자재한 경지를 얻었다 할지라도 끊을 때는 끊을 줄 알아야 한다.

원기40년(1955) 향타원香陀圓 박은국朴恩局 종사 서른세 살 무렵 운봉교당 교무로 재직할 때 대산 종사가 원정선인圓正禪人이라 호를 주며 '무애송無礙頌'을 내려주었다. 대종사께서 열반하시자 향타원 종사는 큰 슬픔에서 헤어나지 못했다. 그러던 어느 날 대산 종사가 이를 보고 "지금 그렇게 울고만 있을 때가 아니다. 대종사님의 유업을 받들어 더욱 계승 발전시켜야 한다."라고 했다.

이 말에 향타원 종사는 정신이 번쩍 들어 '저런 분이면 영생의 스승으로 모셔도 될 분이구나.'라는 생각을 하며 다시 새로운 결심을 했다. 그 후 향타원 종사는 신심·공부심을 채찍질하기 위해 조실을 향해 남모르게 계속 기도 정진했다.

이때 대산 종사는 그의 바른 공부 길을 세워주고자 "매를 하나 해서 놓고 들고 있어야겠다. 모든 일을 십일 분으로 과하게 하니 병이다. 앞으로는 모든 일을 부족하다 하게 7할 만하는 것으로 표준 하라. 그러나 하기로 하면 철두철미하게 하니 그것이 장점이다. 소양인의 성격이다."라고 하며 이 무애송을 주었음을 짐작할 수 있다.

향타원 종사는 이때부터 기도 생활을 수없이 하였고, 기도를 통해 큰 힘을 얻을 수 있었다. 그 후 대산 종사는 "향타원은 사람을 넘어서 법으로 대의가 섰다."라고 크게 인증하여 주었으니 참으로 무애자재함의 표준인 셈이다.

대지허공심소현

원100성업 대적공실 법문

대지허공심소현 大地虛空心所現
시방제불수중주 十方諸佛手中珠
두두물물개무애 頭頭物物皆無碍
법계모단자재유 法界毛端自在遊

대지 허공은 마음에 나타난 바요
시방제불은 손안에 구슬이로다.
이치와 사물에 다 걸림 없으니
법계를 터럭 끝에 놓고 자유로이
놀더라.

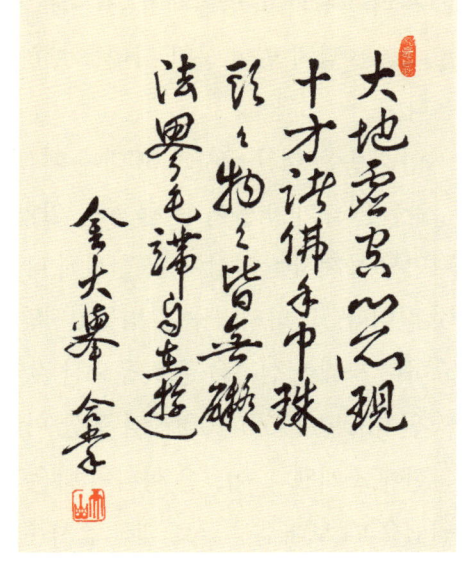

대산 종사는 이 법게를 자주 설하시고 대체로 대의를 밝혔으나 자세하게 풀이를 해주지 않았다. 평소 의두 성리는 함부로 말하지 않는다는 지론 때문인지 몰라도 원불교100년성업의 대적공실 법문의 의두게疑頭偈가 된 연유가 아닐까 싶다.

대지 허공은 마음에 나타난 바라. 대산 종사는 "'부처님은 일체유심조요, 대종사님은 용심법이요, 선 법사님은 마음을 여유 있게 쓰라' 하였으니 나는 내 마음부터 뜯어고쳐야겠다. 그러면 모든 부처님은 손안에 구슬일 것이다."라고 말씀하신 적이 있다. 두頭라는 것은 최고의 대자리다. 진리를 찰나로 쪼갤 것 같으면 대찰이 있는데 이것은 천지보다 클 것이다. 다 걸림이 없단 말이다. 법계라는 것은 큰 자리고 모단이라는 것은 작고 작아서 더 작을 수 없는 자리로 그것을 꿰어버리면 대소 유무에 통달한다.

『화엄경』에 일모단一毛端 현보광찰現寶光刹이라는 말이 있다. 한 찰이 현재 나타난 세계보다도 수억만 배 큰 것인데 그렇게 큰 세계를 이 터럭 위에다 놓고 궁굴리니 그 자유 자재한 심경이 어디 막히고 걸림이 있겠는가?

과거 수도인들이 최고의 진리를 주먹 안에 넣고 게송으로 나툰다. 우리도 알고는 있어야 하지만 또 거기에 끌려서도 안 된다. 관일체법공觀一切法空, 일체 법이 공한 자리를 관하고, 양일체법공養一切法空, 일체 법이 공한 자리를 길러서, 행일체법공行一切法空, 일체 법이 공한 자리를 행하면 거기에서 복족족 혜족족福足足 慧足足이 나온다.

이 게송은 대산 종사가 30대에 폐결핵으로 경기도 양주에서 정양 중일 때 "다른 사람들은 내가 병들어 곧 죽을 줄 알았지만, 망태 하나 짊어지고 대지 산천으로 다니면서 느껴지는 감상이 이 천지에 나 혼자 한가롭고 재미스러운 사람이 다시없는 것 같더라."고 하시며 몸은 병들었지만, 마음만은 대지허공 법계에 걸릴 것 없이 소요하며 자재한 심경을 글로 읊으신 것이다.

원기50년(1965) 10월 9일 응산 이완철 원정사 영전에 내리신 송頌으로 최초로 문헌에 소개됐다. 이즈음 향타원 박은국 종사가 젊은 시절 병환으로 동화병원에 입원했을 때 보내주신 글로 대산 종사는 정양 시절을 회상하며 제자에게 무애자재함을 표준화하라는 뜻으로 내린 법구이다.

향타원은 일생을 통해 건강이 좋지 않았다. 그러나 기도와 수행 적공은 누구 못지않게 열심이었다. 기도와 적공으로 병고와 싸워 가면서 큰 정신의 힘을 얻었다. 아마 스승님의 호념이 담긴 법구로 힘을 얻지 않았을까 싶다.

천지에 한 사람이 있으니

이심전심의 증표

천지유일인天地有一人
시방위일가十方爲一家
사생위일신四生爲一身
시영보국주是靈寶局主
천지에 한 사람 있으니
시방세계를 한 집안 삼고
사생을 한 몸 삼으니
이 영보도국의 주인이더라.

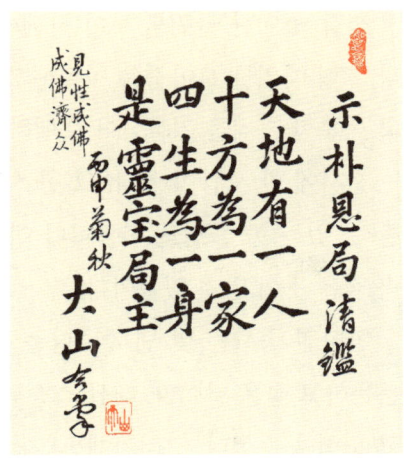

 이 글은 대산 종사가 병신년丙申年 국추菊秋, 원기41년(1956) 음력 9월 무렵 국화꽃이 만발한 가을에 견성성불하고 성불제중하기를 염원하며 향타원 박은국 종사에게 청감하라고 내린 글이다.
 향타원 종사는 30대 무렵 수행 정진하고 독공하는 데 재미를 붙이고 살았다.
 '우리님 대자대비 그 목소리, 솔바람 달빛 속에 메아리쳐 오네. 임께서 거니시던 마음의 고향, 찾아가리 찾아가리 총부를 찾아가리. 아침저녁 시방삼세 울려 퍼지는, 종소리 목탁소리 염불소리 노래소리. 만중생 업장녹는 마음의 고향, 찾아가리 찾아가리 총부를 찾아가리.'
 마음속으로 늘 이런 노래를 부르며, 대종사를 사모하고, 스승을 사모하고, 총부를 사모하고, 진리를 사모하며, 살을 저미고, 피를 토하며, 뼈를 깎는 수행 정진을 계속해 왔다. 이러한 독공 탓인지 한 번 하기로 하면 끝까지 하는 성격 때문인지 병이 나고 말았다.

대산 종사도 젊은 시절 생사를 오가는 절체절명의 시기를 수행 정진으로 넘기셨기에 제자의 아픔이 자신의 아픔으로 투영되었다. 중생이 아프면 보살도 병이런가? 아파 본 사람이 남의 아픔을 잘 알고, 정진 적공이 너무 깊어 몸을 상하여 본 수행자만이 알 수 있는 스승과 제자 간의 이심전심의 증표로 글을 내리며 청감하라는 부탁을 한다.

청감淸鑑이란 글귀를 보아 사제의 정이 짐작간다. 본디 청감은 남이 자신의 글이나 그림 따위를 보아줌을 이르는 말이지만, 제자를 아끼는 심정으로 천지에 유일하고 독로한 자리를 거울삼아 수행하라는 부탁이리라.

천지에 한 사람이 있다. 그 한 사람은 시방세계를 한 집안 삼고, 사생을 한 몸 삼을 수 있는 한 물건을 이름이니 이 자리를 깨쳐 부디 영보도국의 주인공이 돼라는 속 깊은 뜻이 담겨 있음이다.

향타원 종사는 몇 년 후 "나는 대산 스승님에게 무한한 보물을 얻은 듯 즐겁고 든든하고 좋은 날이다. 대산 스승님은 하잘것없는 나에게 법력을 베풀어 힘을 주시고 도력을 주셨다. 그러기에 '내가 도인이 다 된 양, 티끌 하나 없는 심량深量에 도달한 것 같다.'"라고 감상담을 말했다.

그는 누구보다도 대산 종사의 친필을 많이 받았다. 대부분 낙관이 없는 그 친필을 평생 간직하며 보감 삼고 지내다가 정년퇴임 후 비로소 대산 종사에게 낙관을 받았다.

대산 종사가 내리신 친필 법구를 표준 삼아 평생 수행 정진 독공의 결과로 마침내 화룡점정畵龍點睛으로 심인心印의 도장을 찍은 셈이다.

십법 게송

깨달음을 집약한 게송

  게송은 부처님의 공덕이나 가르침을 찬탄하는 노래로 외우기 쉽게 게구偈句로 짓는다. 또한 수행인이 평생 수행 정진한 결과로 깨달음을 집약하여 후학들에게 전해 주는 법문이다. 대산 종사도 수행 정진하며 체득한 심경을 수많은 시가詩歌로, 송頌으로, 게로 남기셨다.

  십법 게송은 대산 종사가 원기48년(1963) 2월 20일 신도안에서 향타원 박은국 교무에게 십진법의 순서에 따라 외우기 쉽고 운율에 맞고 표준 잡기 쉽도록 수행의 잣대로 내리신 것이다. 4행시나 5행시의 글짓기 형식과 같이 운을 떼면 서수序數에 따라 노래하듯 십법 게송을 설했다.

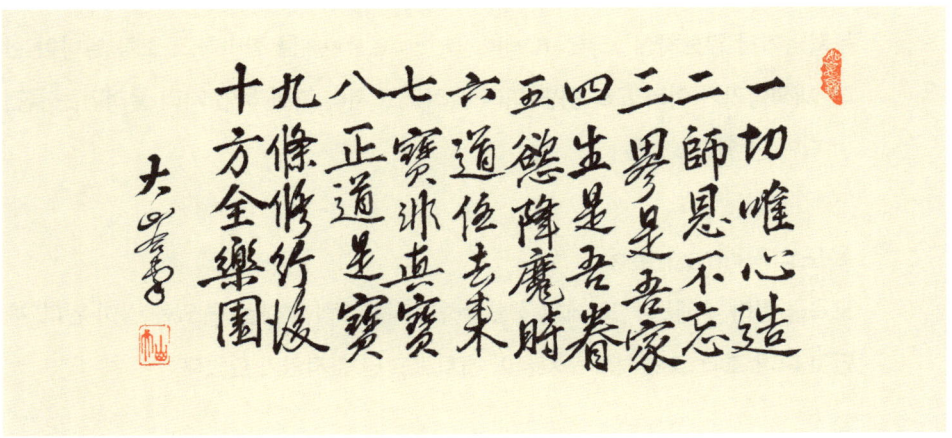

일체유심조一切唯心造
좋은 사람이 와서 나를 기쁘게 하는 것도 내가 지은 바이고, 나에게 고통을 주고 미운 짓 하는 것도 내가 지었던 바라. 이 이치만 알면 세계 조판肇判이 된다.

이사은불망二師恩不忘
두 스승의 은혜를 영겁다생에 잊을 수가 없다. 대종사는 심사부心師父 법사부法師父 은사부恩師父이시라면, 정산 종법사는 심사형 법사형 은사형으로 모신다.

삼계시오가三界是吾家
일원의 위력을 얻고 일원의 체성에 합하면 삼계가 다 오가의 소유가 되는 것이다. 그 소유를 잘 활용하면 삼계가 불국정토로 화하게 될 것이다.

사생시오권四生是吾眷
사생[胎·卵·濕·化]은 내 권속이다. 내가 뉘 집에 나든지 진급하면 사람으로 태어날 것이고, 강급하면 우마육축으로 갈 것이다. 그러니 이게 참 내 집안이고 내 권속이다.

오욕항마시五慾降魔時
부처님께서 말씀하신 오욕[재욕, 색욕, 식욕, 명예욕, 수면욕]을 항마하고 조복 받아야 한다. 재색명리가 이리 오라 하면 이리 끌려오고 저리 가라 하면 저리 끌려가는 물건이 되면 안 된다.

육도임거래六途任去來
오욕을 항마 후에는 육도 세계를 활발하고 자유스럽게 다닐 수 있는 길이 된다. 깨닫고 나니 그때 그 경지가 부처님이 깨치시고 난 경지인가 싶었다.

칠보비진보 七寶非眞寶

세상이 칠보[금, 은, 유리, 파리, 마노, 차거, 산호]로 모두 다 미치는데, 칠보는 보배라 할 것이 없다. 값없는 보배를 무진장 쓰니 수고롭지 않은 그 자리를 얻어야 할 것이다.

팔정도시보 八正道是寶

팔정도가 보배로다. 보배가 그 속에 들었다. 아파서 팔정도를 생각해 보니 어려운 것 아니다. 한 마음 찾으니 팔정도가 눈앞에 전개됐다.

구조수행후 九條修行後

일상수행의 요법 9조를 수행하면 부처가 된다.

시방전낙원 十方全樂園

시방이 정토 극락세계가 전개된다. 내가 양주 장포동에서 정양할 때, 아파서 그런가 황홀해서 그런가 기운이 정토 세계가 됐다.

높고 큰 안목

심법으로 일을 처리해야

높고 큰 안목眼目
영원永遠한 계획計劃
광대廣大한 그물

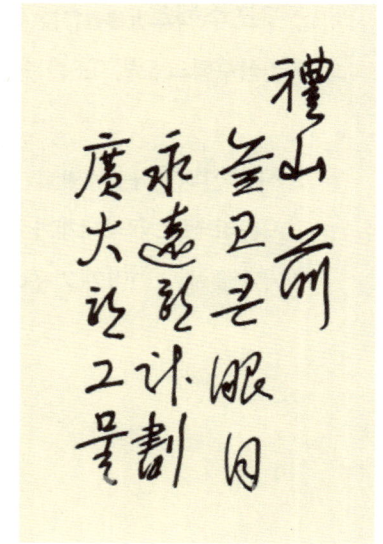

개교반백년기념사업은 제2의 교단 창립이었다. 원불교는 호남의 원불교에서 한국의 원불교로 발돋움하게 되었고, 세계종교로 발전하는 초석이 됐다.

원기55년(1970) 개교반백년대회와 함께 꿈에 부풀어 있던 서울회관 건립은 13층 설계의 건물이 5층의 골조 공사만 마친 채 중단되었고 서울회관 건립으로 은행에 담보로 잡힌 서울, 경남[현 부산] 교당이 회관 건립의 수포와 함께 위기에 봉착했다. 두 교당의 존폐는 재산 손실의 문제가 아니라 한국 사회에서 교단 위상에 치명적이었다.

대산 종사는 서울회관[일명 남한강사건] 일을 수습하러 가는 예산禮山 이철행李喆行 종사에게 "대인은 성공할 때와 실패할 때 그 지조를 아는 것이다. 실패할 때 도로써 하면 결국 천하사를 맡기는 법이다. 누가 맡기고 안 맡기는 것이 아니라 천하사가 스스로 돌아오는 것이다. 남한강 일도 우리가 실패하였으나 반드시 곡절이 있으니 우리가 법 있게만 수습하면 무엇인가 반드시 맡길 것이다. 앞으로는 모든 일을 심법으로 처리하여야지 일시적 외화나 일시적인 일의 성불성成不成을 시비하면 안 된다. 심법을 가져라."라고 하명했다.

예산 종사는 이리보화당과 전주보화당 사장으로 있으면서 서울회관 문제의 수습 실무 책임을 계속 겸임했다. 수습 1단계에서 교단 공의는 관계된 재산을 포기하는 쪽으로 집약되었으나 3년여 간의 수습 실무위원으로 이 어려운 매듭을 풀어 서울, 경남 두 교당의 재산권을 은행에 매각했다가 환매입했으며, 2단계로 4년간 서울회관 구제 실행업무 책임자로 서울회관을 완전히 교단의 재산으로 확보하기 위하여 노력을 계속했다. 이후 서울회관 건립 추진 집행위원장으로 재 기공식을 올리게 되었다. 그 후 서울회관이 완공되었고 원불교100년기념성업을 맞아 원불교의 랜드마크로 소태산기념관을 건립하였다.

대산 종사는 서울회관 건축공사 책임을 맡고 혈성을 다하는 예산에게 다음과 같은 친필을 내리셨다.

'높고 큰 안목으로 영원한 계획에 따라 광대한 그물로 이 일을 목숨을 걸고 수행하라'는 스승님의 부촉이었다.

이 친필은 편지지 크기의 종이에 사인펜으로 쓴 글이다. 붓글씨로 여유 있게 쓰고 낙관으로 멋을 낸 작품이 아니었다. 이 일은 긴장감을 가지고 분발하여 포기하지 말고 중단하지 말고 신속하게 처리하라는 스승님의 마음이 담긴 것이었다.

예산 종사는 그저 종이에 쓴 글로 여기지 않았다. 이 친필을 표구하여 벽에 걸어 소중하게 간직하고, 서울회관 건축공사 12년의 긴 세월을 통해 엄청난 시련을 겪으면서도 원만히 수습하여 오히려 전화위복의 계기로 만들었으며 교단의 명예와 경제를 지켜낸 주역으로 빛나는 공적을 쌓았다.

여래의 세 가지 원

무능한 것이 유능이다

무능無能
무지無智
무덕無德

예산 이철행李喆行 종사는 자선기관인 이리보육원에서 10년, 산업기관인 보화당에서 28년을 봉직하면서도 공부심을 놓지 않는 수도인의 모습으로 귀감이 됐다. 산업기관의 책임자로 있으면서 '일하며 공부하고 공부하며 일하자'는 신념으로 대종사의 영육쌍전 이사병행 이념을 실현하기 위해 사훈도 '늘 정진하자 늘 쇄신하자 늘 봉사하자'로 정하고 기관을 운영했다. 공부하는 수도인의 자세가 흐트러지지 않도록 새벽 좌선과 교전 공부, 법회 참석, 후진 육성 등 사업기관에서 지속해서 영육쌍전의 표본이 되기도 했다.

후천개벽의 새 회상 창립 초기에 사업계의 큰 주역이자 고매한 인품을 겸전하여 후진들의 사표가 되고 사 없는 생애를 바쳐 공심의 대표적 선진이었던 부친 도산道山 이동안李東安 대봉도의 뜻을 이어 실천했다. 예산 종사는 그의 부친이 열반하자 대종사께서는 '도산이 살 수 있다면 교단 재산의 반을 떼어서 바꾸기라도 하겠다'는 섭섭한 눈물을 흘리신 것을 직접 친견했다. 훗날 선친이 창설한 보화당을 크게 중흥 발전시키며 사업계의 큰 도인이 된 연유가 아닐까 싶다.

예산은 사업계뿐만 아니라 말년에는 교정원장[원기74~76년], 감찰원장[원기77~79년]

을 역임하고 퇴임했다. 전무출신 전 생애를 바쳐 사업기관을 운영하고, 교단 경제를 책임지는 막중한 임무와 교단의 온갖 어려움을 몸소 겪고 난관을 극복하였던 그였기에 말년의 중책이 무슨 두려움이 있을 것인가?

그러나 대산 종사는 예산에게 "무능한 것이 유능이다. 교정원장할 때는 유능하게 했지만 감찰원장할 때는 약간 무능한 것같이 용서하면서 해라. 열 번 용서해주면 열한 번은 참 사람이 될 것이다."라고 하시며 친필로 '무능 무지 무덕'을 내리신 것이다.

여래의 세 가지 큰 원은 만능萬能·만지萬智·만덕萬德을 갖추는 것이다. 이를 위해서는 무능·무지·무덕이 되어야 하고 전능全能·전지全智·전덕全德이 되어야 한다. 만능을 갖추려면 무능으로써 능한 것을 온전히 하여 전능이 되고 만능이 되는 것이며, 만지를 갖추는 것도 무지로써 전지가 되고 만지가 되며, 만덕을 갖추는 것도 무덕으로 덕을 온전하게 하여 전덕이 되고 만덕이 된다.

예산 종사는 말년에 교단의 요직을 거치면서 퇴임하여 있는 듯 없는 듯 정양하며 스승님의 '여래의 세 가지 원'을 서원 삼아 여생을 보냈다.

능함은 능치 않음보다 좋다고 하지만 능하기만 하고 능히 능치 아니하지 못하면 참으로 능하지 못함만 같지 못하고, 지혜로움은 어리석음보다 좋다고 하지만 지혜롭기만 하고 능히 어리석지 못하면 참으로 지혜롭지 못함만 같지 못하고, 덕이 있음은 덕 없음보다 좋다고 하지만 덕이 있기만 하고 능히 덕이 없지 못하면 참으로 덕스럽지 못함만 같지 못하다.

삼공 법문

세 가지 공한 법문

관공觀空
양공養空
행공行空

원기62년(1977) 9월 1일 원타원 송원철宋圓徹 대봉도가 열반을 앞두고 병석에서 투병 중일 때 대산 종사 문병 목적으로 가시어 관공觀空 양공養空 행공行空의 친필을 직접 내리시며 "생래生來에 생불래生不來요 사거死去에 사불거死不去로다. 불생不生이라 불멸不滅하고 불멸不滅이라 불생不生이로다."라고 생사 법문을 했다.

이 법문을 '삼공三空 법문'이라 부른다. 삼공 친필은 다양하다. 세로로 내려쓰기도 하고, 호가 없이 쓴 글을 위에 원상을 그리고 관공 양공 행공을 세로로 차례로 써서 인쇄하여 대중에게 전하기도 했다.

대산 종사는 해외 교화의 선구자적 개척자인 균산均山 정자선丁慈善 교무가 투병 중일 때 "관공으로 생사와 거래가 없는 그 자리를 비추어 보고, 양공으로 절대의 그 자리를 기르고, 행공으로 대무상행大無相行을 행하라"고 하였고, '삼공의 힘을 얻어야 생사 거래에 자유하는 길'이라며 열반 생사 법문으로도 자주 소개됐다.

또한 성리 자리를 관하는 법문으로 관일체법공觀一切法空, 일체 법이 공한 자리를 내가 꿰뚫어 본다. 일체 법이 유도 무도 과거도 현재도 미래도 너도 나도 없는 그 일체 법이 공한 자리를 꿰뚫어 관한다. 그것이 견성에 토가 떨어진 것이고 또 그 견성에만 토가 떨어져서 좋으냐? 양일체법공養一切法空, 일체 법이 공한 자리를 그 진성 자리를 길러내야 내가 힘이 나기 때문에 그것을 길러야 하고 또 그것만 길러서 좋으냐? 행일체법공行一切法空이라, 일체 법이 공한 자리를 길러서 그것을 나투는 것이다.

원타원 송원철 대봉도는 서울수도원 불하와 서울회관 사건 사태의 수습, 총부 사업과 행정 분야에 큰 역할을 하면서도 수행자의 자세에 흐트러짐이 없었다. 출가 수행자이면서도 인간적인 매력과 향기가 넘쳤고, 행정가로서 역량이 무르익은 선진이었다.

대산 종사는 "내가 30여 년 전 양주에서 중병으로 치료할 때 최후를 다짐하는 표준으로 관공, 양공, 행공을 써 놓고 안심하며 그때 큰 힘을 얻었다. 가려면 가고 오려면 오라. 이제 영겁을 보았으니 걱정할 것 없다. 거래는 진리에서 알아서 하라. 내가 산다, 안 간다, 구구한 마음은 내가 안 갖는다. 오직 자연에 맡길 뿐이다."라고 하시며 "알뜰한 동지들에게는 결정적인 대 해탈을 얻도록 말해

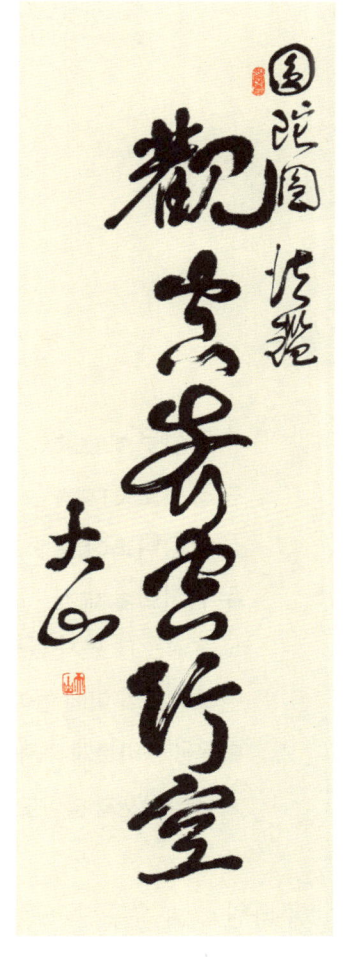

주고 있다. 그러니 대 해탈, 무애지경無碍之境만 봐 버리면 그것 가고 오는 것이 대단한 것인가? 아무것도 아니지. 낳아서 오지만 나온 바가 없는 것이다. 이것 하나 알아 버리면 거래 자유하고 무애해 버리는 것이다."라고 하시자 원타원 대봉도는 "공을 체로 삼아 대 서원을 세우고 무심으로 대합니다."라고 자신의 심경을 밝혔다.

대산 종사는 삼공법문을 소개할 때 '관~일체법공, 양~일체법공, 행~일체법공'이라 말하였다. '관~, 양~, 행~'의 첫소리를 길게 내고 음미하듯 천천히 소리 내어 관조하며 일체 법공을 하라 했다.

도를 닦는 데 먼저 힘쓰라

심인心印으로 건네받아

수도선무修道先務
천하귀도天下歸道
정심합덕正心合德
무위이화無爲而化

도를 닦는 데 먼저 힘쓰면
천하의 도가 이에 돌아오고
마음을 올바르게 가져 덕에 합하면
저절로 힘쓰지 않아도 이루어진다.

주타원主陀圓 윤주현尹周現 종사는 원기39년(1954) 원불교학과 2학년 겨울방학 때 정산 종사의 권유로 교무선에 참석하게 됐다.

아직 정식교역자가 아닌 예비교역자로 교무훈련을 함께 동참하는 영광을 누리게 됐다. 그 당시 양주에서 정양 중이던 대산 종사가 삼학 강의를 했다. 주타원 종사는 출가전 남원 용성초등학교 교사로 6년을 근무하다 우연히 들려온 종소리에 이끌려 찾아간 곳이 남원교당이었다. 양도신 교무의 '대공심大空心 대공심大公心' 법문을 듣고 빌 공空자 공심空心에 의심이 걸려 늦깎이로 출가하여 공부 길을 찾고 있었다.

주타원은 대산 종사의 '삼학병진하는 공부 길' 강의를 3일간 열심히 들었다. 그는 비로소 그 참 의미를 발견하고 삼학수행의 공부 표준을 세우게 됐다. 정산 종사께서 대산 스승에게 인연을 맺어 주고자 주타원을 교무선에 참석하도록 한 깊은 뜻을 알았고, 대산 스승을 위대한 어른으로 모시게 되는 기연이 됐다.

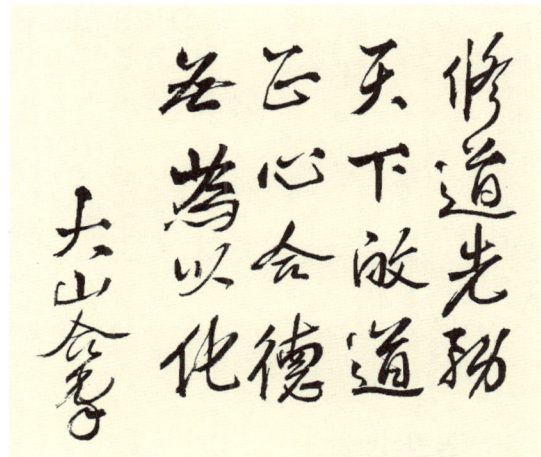

이 글은 대산 종사께 받은 친필이지만 낙관이 없다. 대산 종사께서 종법사위에 오르기 전 친필은 낙관을 찍지 않았다. 한때 붓을 놓으라 하신 대종사님의 하명이 있기도 했고, 낙관의 겉치레 따위는 오히려 글이 글일 뿐이었다. 글의 참뜻은 글에 있지 않음도 있었고, 겸양의 의미도 있었음을 헤아릴 수 있지 않을까? 주타원이 받은 수많은 친필도 낙관이 없는 채로 심인心印으로 건네받았을 것이다.

원기40년(1955) 주타원은 부산진교당 교무로 첫 발령을 받았다. 당시 총부는 콩깻묵으로 죽을 쒀먹을 만큼 가난한 때였다. 그런데 교당은 교도들이 산해진미를 차려주는 것을 보고 총부 생각이 나서 목이 메어 왔고 빚진다는 생각이 들어 정산 종사께 상서를 올렸다. 정산 종사는 그 편지를 보시고 '수도선무 천하귀도修道先務 天下歸道'라는 답서를 보내셨다. 자신이 먼저 수도하면 천하가 저절로 돌아온다는 말씀이었다.

대산 종사는 정산 종사의 글에 '정심합덕 무위이화正心合德 無爲而化'라는 글을 더하여 주타원에게 전한다. 자신이 먼저 수도에 힘쓰면 천하를 얻을 수 있다 함은 원칙이자 철칙이다. 이에 수도의 결과 얻어지는 것이 덕이요, 만사를 작용할 때 나타나는 것이 덕화德化이다. 이 덕이 나타나 무위이화로 얻어지는 것이다. 천만 가지 도를 따라 천만 가지 덕이 화함을 구체적으로 말씀하여 주신 글이었다.

주타원 종사는 일생 두 스승님의 이 법문을 표준 삼아 정진 적공에 힘을 쏟았다.

공원정과 성경신

전성 후성이 전하는 심법

공원정空圓正
성경신誠敬信

대종사께서는 "일원의 진리를 요약하여 말하자면 곧 공空과 원圓과 정正"이라고 『대종경』 교의품 7장에 밝혔다. 정산 종사는 성경신에 대하여 말씀하시기를 "성이란 계교 사량을 떠나서 순일한 마음으로 하는 것이요, 경이란 성이 체가 되어 매사를 소홀히 아니하고 공경히 해가는 것이요, 신이란 성과 경을 바탕하여 끝까지 믿어가는 것이니, 성경신은 나누면 셋이요 합하면 하나며 성이 가장 근본이니라."고 『정산종사법어』 경의편 6장에 밝히고 있다. 대산 종사는 "예수교는 신망애信望愛, 천도교는 인내천人乃天이니 성경신誠敬信, 불교는 계정혜戒定慧, 원불교는 공원정空圓正, 유교는 삼강오륜三綱五倫이라 할까. 강령 없는 종교는 원만하지 못하고 조각이다. 무엇이든 강령을 드러내야 한다."라고 법문했다. 그러한 까닭인지 공·원·정 법문을 누누이 밝혔고, 성·경·신도 여러 차례 밝힌 적이 있다. 공·원·정은 일원상 진리의 근본인 체 자리를 밝힘이요, 성·경·신은 천도교의 근본 사상을 말함이지만 원불교에서는 처처불상 사사불공을 이른다고 할 수 있다.

공원정 친필이나 성경신 친필을 따로따로 붓글씨로 써서 공부 표준으로 대중들에게 두루 전했다. 그러나 주타원 윤주현 교무에게 내린 붓글씨는 공원정과 함께 나란히 성경신을 쓴 것이 특이하다.

원기57년(1972) 10월 1일 천도교 최덕신 교령이 원불교 중앙총부를 방문했다. 이에 대한 답방으로 대산 종사가 원기59년 (1974) 8월 14일 천도교를 방문해 "오늘을 기념하여 수운 대신사의 가르침인 성·경·신 법문을 다시 한번 배우기 위해 그 뜻을 새기니, 성은 전 인류가 늘 한결같이 정성하고 거짓 없는 마음으로 살자는 것이요, 경은 늘 한결같이 공경하고 조심하는 마음으로 살자는 것이며, 신은 늘 한결같이 법 받아 배우고 가르치는 마음으로 살자는 것이다."라며 "그러므로 우리는 이러한 선성의 가르침을 받들고 깨닫고 실행하여 세계 모든 인류가 성현의 가르 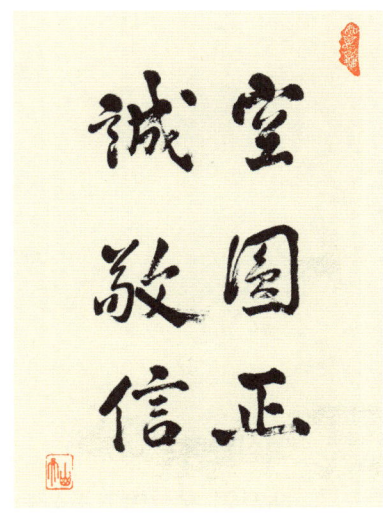 침에 돌아오도록 하며, 이를 위해 우리 두 교단부터 지친의 형제로서 융화하고, 나아가 세계 종교와 전체 인류의 평화가 이룩되도록 다 같이 노력해야 한다."라고 역설했다.

주타원 윤주현 교무가 소장하고 있는 또 다른 친필 성·경·신 법문이 있다. 대산 종사의 친필을 복사하여 좌측 여백에 성·경·신 법문의 요지를 새기어 수행 표준으로 삼았으니 과연 적공의 깊이를 짐작할 수 있어 여기에 실어본다.

지성무식至誠無息 무시선無時禪

무불경無不敬 사사불공事事佛供

심심상련心心相連 처처불상處處佛像

성이니 늘 한결같이 정성하고 거짓 없는 마음이요

경이니 늘 한결같이 공경하고 조심하는 마음이요

신이니 늘 한결같이 법 받아서 배우고 가르치는 마음이니라.

이상 성경신의 공부는 전성 후성이 서로 이어 전하시는 심법이라 오래 계속하면 자연 무량한 복록과 수명, 큰 지혜와 능력, 보은이 이에 따라 이루어지리라.

일심합력

대사업 대공부 표준

일심합력一心合力
대사업 천신만고중성大事業 千辛萬苦中盛
대공부 천인만내리숙大工夫 千忍萬耐裏熟
큰 사업은 온갖 어려운 고비를 다 겪으며 심한 고난 중에 커나가고
큰 공부는 온갖 어려움을 참고 견디는 가운데 익어간다.

일심합력 하면 가장 먼저 떠오르는 것이 창립 정신일 것이다. 또한 공부 사업 간에 큰 고난이나 마장이 있을 때 일심합력은 그 진가를 발휘한다. 초기 교단 시절 구인선진은 간난하고 어려운 경계 속에 이소성대로 근검절약하고 사무여한으로 일심합력해 방언 공사로 농경지를 만들고, 법인기도로 이 회상의 만대를 개척했다.

교단은 반백년기념사업으로 교세가 성장하고 교운이 무량하게 발전하리라는 꿈에 부풀어 있을 때 서울회관 사태가 발생했다. 13층 설계의 건물은 5층의 골조 공사만 마친 채 중단됐고, 서울회관 건립공사에 담보로 잡힌 서울, 부산 교당이 은행에 넘어갈 문제에 봉착했다. 전 교단적으로 재가출가 교도가 일심합력해 이 위기를 극복하고자 성금을 모으고 진리 전에 기원했다.

대산 종사 이즈음 서울회관 현장 감독이 인사차 오니 '대사업 천인만고중성 대공부 천인만내리숙'이라 써 주시고, "이순신 장군도 천만번의 쓰리고 고통스러운 일을 이겨냈고, 대종사님과 부처님과 예수님께서는 천만번 참고 견디셨다. 큰일을

하려면 대내외적으로 어려운 고비가 많고 또 억지소리, 아닌 소리도 듣는 법이다." 라고 하며 격려했다.

주타원 윤주현 교무는 원기37년(1952) 출가하여 수학 3년, 부산진교당 교화 18년, 영산성지에서 후진들 교육 18년, 수도원 정양 20년, 기타 1년을 근무하여 법랍 60년을 전무출신했다. 주타원이 원기58년(1973) 영산선원으로 발령받고 18년간 근무하며 초기 선원체제에서 영산선학대학으로 정식 4년제 대학으로 인가를 받고 원기76년(1991) 그해 퇴임했다.

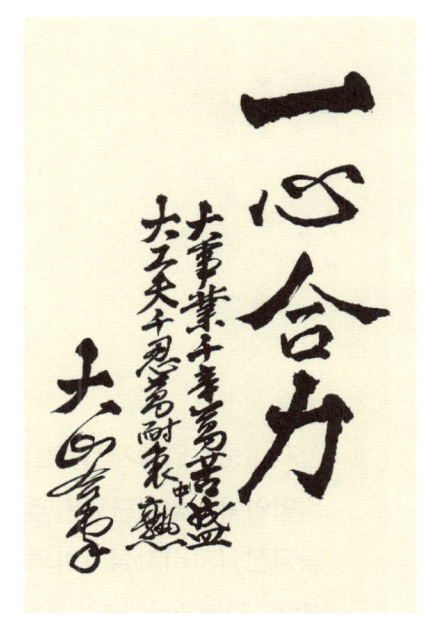

대산 종사는 일심합력 친필과 함께 부제로 쓴 대사업과 대공부 표준은 서울회관 사건보다 더 어렵고 힘든 일이 많을 것임을 전제하며 난관을 극복하라고 주타원에게 주었을 것이다.

원창학원에서 교육 사업으로 거의 일생을 보낸 헌타원 정성숙丁盛熟 교무의 '성盛'과 '숙熟' 법명을 운韻으로 대사업과 대공부 표준의 법문을 내려 주었고, 일심합력의 글은 김양수, 설윤환 교무에게도 주었지만 주타원에게 부제로 쓴 대사업과 대공부 표준을 함께 써준 것이 특이하다. A4용지보다 약간 작은 크기로 낙관을 찍지 않고 주었으니 그 긴장감과 비장함이 물씬 풍긴다.

주타원은 부산진교당과 영산성지에서 교화와 교육 분야에 각각 절반씩 근무한 게 두드러진 점이다. 대산 종사는 주타원을 대봉도위 대상자 특상 가산 내용으로 교단 초기 교화, 영산선원 수성 발전, 인재 육성 배출, 고등공민학교와 성지고등학교 설립, 영산선학대학 추진, 삼동원 발전 대합력 등을 들어 그의 공로를 치하했다.

성인의 마음

공정·진실·자비

성지심중무일호지사사聖之心中無一毫之私邪
원망악독지심이단유일념怨妄惡毒之心而但有一念
공정진실자비지심야이의公正眞實慈悲之心也已矣
성인의 마음 가운데는 일호의 사사와
원망하고 악독한 마음이 없으나 다만 한 생각이 있으니
공정과 진실과 자비의 마음뿐이니라.

이 같은 내용으로 원기52년(1967)경 영산성지에서 향타원 박은국 교무가 대산 종사의 법문을 수필하여 놓았다.

대산 종사의 법문은 공식적으로 소개되기도 하지만 개인에게 직접 법문을 전하는 경우가 있어 개인이 공개하지 않으면 잊히게 된다. 대산 종사의 법문을 수집하고 정리하다 보면 공개되지 않은 법문이 종종 나타난다. 다행히 박은국 교무의 수필과 주타원 윤주현 교무의 친필이 있어 이 법문을 처음으로 대중에게 공개한다.

성인지심聖人之心엔 무일호無一毫 사사私邪 허명虛明 원망怨望 해독지심이害毒之心而
단유일념但有一念 공정公正 진실眞實 감사感謝 자비지심야이의慈悲之心也已矣니라.

성인의 마음에 '허명'이 없음과 다만 '감사'의 한 생각뿐이라는 글이 없을 뿐 같은 내용을 친필로 써서 주타원에게 친히 내린 글임을 알 수 있다. 주타원에게 어떠한 경로로 친필을 주었는지 그 내력은 알 수 없다. 다만 향타원이 법문을 수필한 즈음으로 짐작하여도 무리는 없을 것 같다.

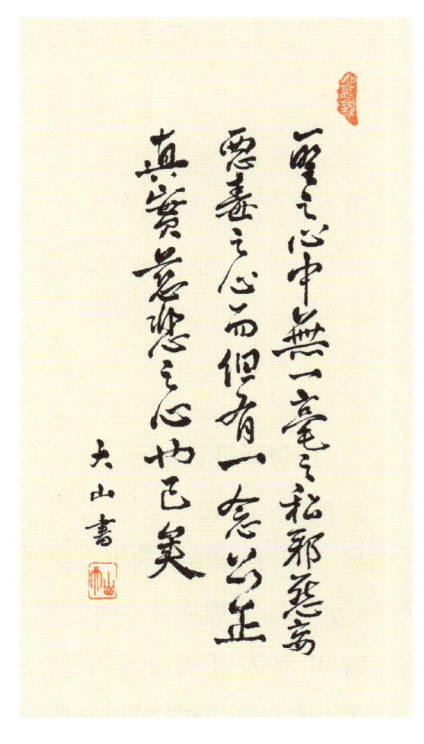

대산 종사는 주타원을 "보통 남자 국局보다 튀었다. 국이 큰 사람이다. 또한 경제에 결백하다."고 평했다. 그는 부산진교당에서 천일기도를 통해 이북교화단을 활성화하여 삼동원 기지를 확보하는 데 경제적으로 협력하는 역할을 했고, 인재 양성으로 장학 사업을 펼쳤다. 다시 영산에서 교육 사업으로 영산원불교대학으로 승격하는 데 심혈을 기울였다. 그는 교화와 교육 양대 사업을 전개하는 데 없어서는 안 될 재화를 이끌어 내고 희사자를 발굴하는 데 천부적인 사업 역량을 가졌다.

주타원은 평소 '교육이 잘돼야 교화가 잘 된다'는 확신과 '최선을 다하고 결과는 하늘에 맡긴다'는 좌우명과 스승님이 주신 '대사업과 대공부' 표준으로 일호의 사사심 없이 원망하고 해독심이 없는 성인의 마음과 다만 공정하고 진실하고 자비심으로서 공도에 헌신한 출가 생활뿐이었다.

주타원은 영산선학대학의 인가를 끝으로 공직에서 물러나 수도원에서 정양하고 있었다. 대산 종사 열반하기 두 달 전, 주타원에게 "중생을 부처 만드는 데는 훈련밖에 없다."라고 하시며 지리산국제훈련원을 서둘러 마무리 지으라고 부촉했다.

대산 종사는 훈련원의 터잡이를 주타원에게 명하셨고, 미완인 채 열반했으나 주타원은 그곳에 스승의 유지를 받들어 우뚝하게 지리산국제훈련원을 세웠다. 아직도 미완성이지만, 스승님은 오래 걸릴 것이라고 말했다.

도를 밝히고 덕으로 화하라

김준 명예대호법 영전에

도명덕화 道明德化

김준 전 새마을운동중앙회장이 원기98년(2013) 3월 13일 타계했다. 교단은 일찍이 농산農山의 법호를 수여했고, 7일에는 명예대호법을 서훈했다.

고인은 1972년 초대 새마을지도자연수원장과 제1, 2, 6대 새마을운동중앙회장을 역임했다. 이 시대 새마을운동의 상징적 인물이다. 격변기 새마을운동의 계승 발전을 위해 노력해 대한민국의 근대화에 혁혁한 공을 세운 농민운동가이자 계몽가라 할 수 있다.

그는 농민운동 시절, 대산 종사와 연을 맺어 스승이자 아버지로 삼으시고 정신적 지도를 받았다. 새마을지도자양성 교육 프로그램에도 원불교 교법을 접목했고, 연수원 강사들을 삼동원에 보내 원불교 훈련법에 의한 훈련을 받게 했다. 새마을운동이 시국의 격동 속에서 어려움을 겪자 대산 종사를 찾아 자문을 구했고, 새마을운동과 새마음운동을 접목시키기도 했다. 그 후 교단에서 '새삶운동'이 시작되자 그는 초대 새삶회 회장을 맡기도 했다.

농산은 평생 사람 농사를 짓는 인재양성에 매진했고, 그 힘의 근원은 원불교 교법이라 해도 과언이 아닐 것이다. 그는 기독교 모태신앙으로 정신세계의 중심에는 기독교가 자리하였지만, 실생활에서는 원불교 교법이라야 세상을 교화할 수 있다고 했다. 그래서인지 새마음운동 구호인 '새 마음 새 몸 새 생활로 새 나라 새 세계

새 회상 이룩하자'의 끝부분 '새 회상'만 빼고 새마을연수원 구호로 삼아 우렁차게 외치게 했다.

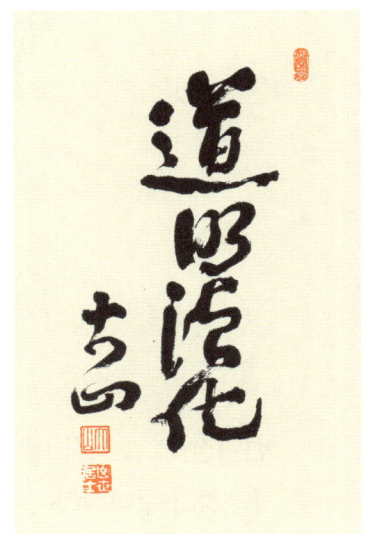

대산 종사는 농산을 '한국의 간디'로 만들고 싶다고 늘 염원했다. 농산도 늘 영적인 스승에게 영력靈力을 받고자 그 바쁜 일정에도 불구하고 해마다 찾아뵙고 머물다 가기도 했다. 이때 내리신 휘호가 도명덕화道明德化이다. 도를 밝히고 덕으로 화하라. 정도正道는 도명덕화하고 제생의세하는 것이요, 사도邪道는 혹세무민하고 기인취재欺人取財하는 것이다. 정도를 밝히면 천지는 자리 잡아 바로 선다고 했다.

농산은 새마을운동중앙회 회장을 그만두자 본격적으로 정신세계를 편력하기 시작한다. 대산 종사는 원기71년(1986) 가을, 원평 구릿골로 정진 차 찾아온 농산에게 "진리는 억양반복의 기회를 주니 새로운 준비를 하자"고 하니 농산이 '승대괴소요혜 천도호탕乘大塊逍遙兮天道浩蕩 운소거길거혜 인사총망運小車拮倨兮人事悤忙'이라는 글귀를 소개한다. 번역하면 '우주 대자연을 타고 자유롭게 노니니 천도는 넓고 넓어 끝이 없도다. 작은 몸을 운전하고 쉴 새 없이 일을 하니 인사는 매우 급하고 바쁘도다.'라는 뜻이다. 누구 글인지 알 수 없지만, 농산은 늘 표준으로 삼고 있는 글귀라고 했다. 농산은 말을 맺으며 영어囹圄, 즉 감옥 같은 생활을 벗어나야 하겠으니 대산 종사께 가르침을 달라고 청했다.

나는 어린 간사시절 스승과 제자의 법의문답을 직접 옆에서 받들었다. 스승님은 좋은 글귀라 하시고, 평생 대산 종사를 운전으로 모신 거산車山 서경범徐敬範에게 붓글씨로 써서 걸라고 했다. 농산 김준 명예대호법 영전에 삼가 조의를 표하며 도명덕화와 이 글귀를 바친다.

세 가지 되는 진리

기도생활의 원천

전이창全二昌 법감法鑑
구求하라 주나니라
원願하라 이뤄지나니라
힘쓰라 되나니라.

예타원睿陀圓 전이창 종사는 서울교당 교무로 근무할 무렵 건강이 좋지 않아 정定할 곳 없이 쉬려고 총부에 내려왔다.

그 무렵 동전주교당에 병 치료를 받고 있던 여타원 김지원행을 문병 갔다. 그때 마침 임실군 관촌면 신전리에 휴양차 가시던 길에 동전주교당에 들르신 대산 종사를 뵙게 되었다.

그 인연으로 신전리로 가서 1주일간을 모시고 살았다. 그 후 순교무로 봉직하며 한 번 더 신전에서 보름간을 지냈다.

예타원은 대산 종사를 가까이 모시며 범인에게 느낄 수 없는 기운을 느꼈고, '시비와 친소에 묶이지 않는 국 밖의 어른이시다'고 하는 마음이 들어 절로 공경심이 나서 희열심으로 모시게 되었다.

그때 친필을 원했더니 '세 가지 되는 진리'를 써 주었다. 이 제목은 나중에 붙여진 것으로, 원기42년(1957) 겨울에 이 법문의 최초 원조법문을 받은 셈이다.

대산 종사는 "법문은 그냥 나오는 것이 아니라 늘 연마하고 단련하여 나온다. 1년

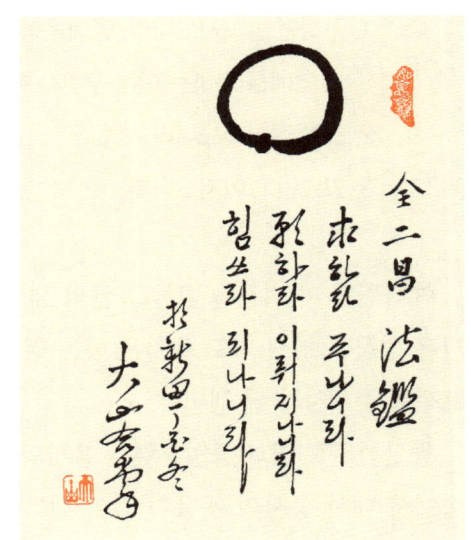

다듬을 법문이 있고, 10년 공들일 법문이 있고, 평생 적공하고 연마하여 보림하는 가운데 나오는 법문도 있다."라고 했다.

그래서 '칠일입정七日入定 칠일설법七日說法'이라고 하였는가 보다.

이 친필법문이 원조라면 '세 가지 되는 진리'는 다음과 같다.

1. 끝까지 구하라 얻어지느니라.
2. 진심으로 원하라 이루어지느니라.
3. 정성껏 힘쓰라 되느니라.

이같이 밝힌 법문이 완결법문이라고 할 수 있다.

'세 가지 되는 진리'에 대비하여 반대로 '세 가지 안 되는 진리'를 다음과 같이 말씀하셨다.

1. 구하면 멀어지느니라. 명예욕이 떨어진 분은 떨어질수록 큰 명예가 오는 것이로되 명예를 구하는 이는 구할수록 멀어지고 오지 않는 것이다.
2. 크면 작아지느니라.
3. 있으면 없어지느니라.

예타원은 이 법문을 받들고 삶의 새로운 계기를 마련하게 되었다. 스승으로부터 받은 법문은 평생 기도 생활을 하는 원천이 되었고, 마침내 기도로 법력을 얻은 대표적인 수행자가 된 셈이다.

동산선원 건립과 중앙훈련원 불사와 서울회관 문제로 어려운 교단의 경제 사정 속에서 대산 종사의 뜻을 받들어 신축에 정성을 다했다. 신도안에 있던 삼동원이 도곡으로 옮겨 다시 시작하는 어려움 속에서도 기도 생활을 놓지 않았다.

예타원은 개인의 지병으로 인해 병고와 싸우면서 섭생을 하고 기도로 일관하여 마음에 힘을 얻었고, 교단의 근무지마다 백일기도, 천일기도 등으로 난관을 극복하며 불사를 했다. 그 힘은 바로 대산 종사께 받은 친필 '구하라! 원하라! 힘쓰라!' 하신 스승님의 원력을 거울삼았기 때문이리라.

대원주

천지만물의 참 주인공

대원주大圓呪
함양대원기涵養大圓氣
보보초삼계步步超三界
함양대원기涵養大圓氣
염념도중생念念度衆生
큰 일원의 기운을 함양하여
걸음 걸음 삼계를 뛰어넘고
큰 일원의 기운을 함양하여
생각 생각 중생을 제도하리라.

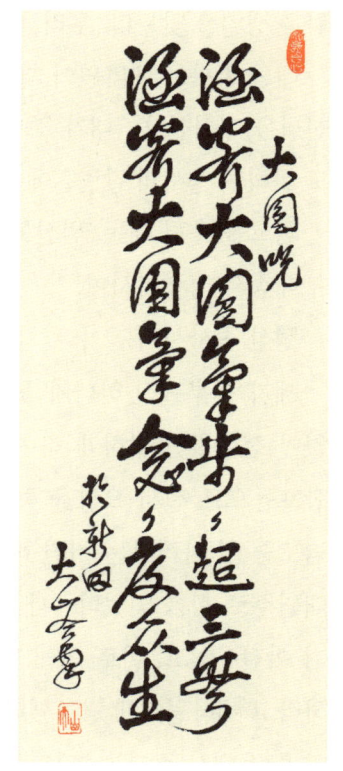

대산 종사는 원기40년(1955) 이후, 그 후 몇 년 간 임실 신전마을을 한겨울만 되면 찾아 정양했다. 30대 이후 발병한 지병으로 인해 정양할 요량으로 임실군 관촌 읍내에서 시오리 정도 떨어진 산골 마을을 찾았다. 심신의 피병을 위해 찾아왔지만 실은 피정이자 동안거를 하기 위함이었다. 대산 종사는 산골의 외딴 마을로 인적을 피해 들어왔지만, 오히려 그를 찾아오는 재가출가의 동지들로 인해 선방이 되었고, 정기 훈련 도량이 됐다. 예타원睿陀圓 전이창全二昌 종사도 건강이 좋지 않아 이곳 신전리로 찾아들게 되어 선객이 되었고 그 후 몇 차례 겨울에는 대산 종사와 함께 지냈다.

눈 내린 산중은 적막하기도 하였지만, 앞뒤 좌우로 포근하게 감싸 안은 산은 스승님의 품만 같았다. 가끔 한 겨울 고요를 깨는 포수들의 총소리와 몰이꾼들의 외치는 소리만 없다면 그야말로 한가한 가운데 마음이 커가는 곳이었다. 그때 스승님은 산중 짐승들을 마구잡이식으로 잡아먹는 마을 사람들을 보고 "천지에 주인이 있어야 한다."라고 하시며 "짐승들을 자기네 것처럼 마음대로 살생을 자행하는데 사람은 동물과 달리 만물을 살려주는 점이 다르니 방생 일을 정하고 서로 참회하며 인류와 일체 생령의 안전을 기원하도록 하자. 천지 만물의 주인이 나오는 날 만생령은 생일을 맞는다. 우리들의 책임과 사명이 막중하다."라고 덧붙였다.

대산 종사는 예타원의 지병을 염려하며 서원 기도를 올리라는 뜻으로 '대원주'의 친필을 내리신다. "내가 30대 무렵 서울에서 몹시 아파 눕지도 못하고 앉지도 서지도 못하여 생사의 갈림길에 있을 때, 최대의 원력을 세우고 심고와 기도로 생활했다.

심고를 올릴 때는 '법신불 사은이시여!

대종사 성령이시여!

정산 종사시여!

제가 전무출신 하다가 못하고 가게 되옵나니 기위 갈 바에는 내생에 이런 지장 없이 전무출신 잘하게 하여주시옵소서.'라고 했다"라며 "그때[원기31년 1월 9일] 양주 장포동으로 전지 요양을 하러가서 우연히 '함양대원기 보보초삼계 함양대원기 염념도중생' 하리라는 서원 하나가 세워졌다. 그 후부터는 생명을 자연에 맡기고 이 대원주로 힘을 얻었다." 대원주가 우연히 솟아오를 당시 정산 종사의 영주가 나오기 이전이었고, 이로 인해 힘을 얻었으니 지병은 진리에 맡기고 기도 생활로 적공하라고 예타원에게 당부했다.

훗날 대산 종사는 "나도 정식 출가는 16세에 했는데, 예타원도 16세에 출가하여 자기의 성태를 장양했다. 남모르게 적공하여 하나를 쌓기 때문에 선망의 대상이 된 것이다."라고 하였으니 과연 대원주의 원력은 천지 만물의 참 주인공이 되고도 남음이 있다.

활불

좌우명 삼아 인술 펼쳐

활불活佛

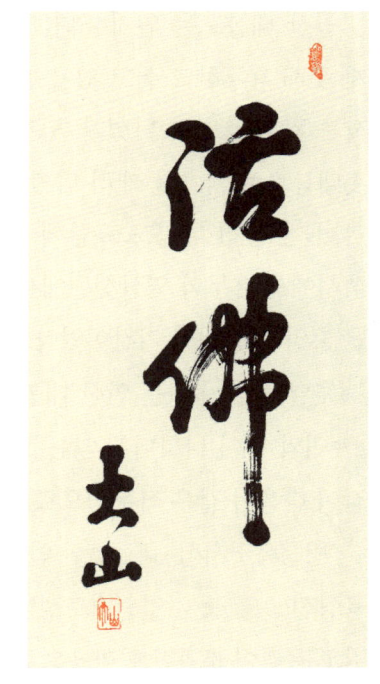

활불, 생불生佛의 다른 말로 일반적으로 살아 있는 부처라는 뜻이지만, 덕행이 높은 승려를 이르는 말이다. 생불과 활불은 크게 다를 바 없지만, 활불은 동적動的인 의미가 더 강조됐다. 대종사는 『대종경』 교의품 2장에서 며느리가 '산 부처'라 하였고, 성리품 29장에서는 농구를 맨 산업부원 일동을 '우리 집 부처'라고 했다. 앞으로의 부처는 생불로만 대우받고 공양받는 부처가 아니라 두루 빠짐없이 살리는 부처, 곳곳에서 활동하는 부처를 활불이라 말할 수 있다.

부처 불佛 자, 한 자를 다양한 서체로 쓰고, 부적으로도 그리고, 각종 상품에도 새겨 널리 보급하다 보니 불자의 집이라면 '佛'을 한 점씩 모시고 있을 것이다. 대산 종사는 '불' 자 한 자 보다는 '활活' 자를 더하여 활불의 친필을 즐겨 쓰시고 대중에게 보급했다. 대산 종사의 활불 친필 휘호는 단지 부적으로 모시기보다는 집마다 활불을 염원하는 의미가 더 있음을 모를 리 없을 것이다.

대산 종사께 활불의 친필을 직접 받은 수많은 제자 중 유독 안산安山 장인중張仁中 대봉도大奉道는 활불 친필 두 점을 소장하고 있었다. 활불 한 점은 해서체이고, 현재 소개하는 한 점은 행서체라 할 수 있다. 어떠한 연유로 활불 친필을 받았는지 알 수는 없다. 안산 대봉도는 정산 종사의 주치의에 이어 대산 종사의 한방 주치의로 평생 의료계에서 보냈다.

정산 종사로부터 "교화계에 있으나 의료계에 있으나 동등한 일이고, 제생의세 사업을 하는 데 부족함이 없는 일로 인술仁術이 바로 활인지업活人之業이다."라는 격려와 부촉을 받들어 오직 의료계의 외길을 걸었다.

안산 대봉도는 원기45년(1960) 이리보화당에서 근무하다 혈압으로 건강이 좋지 못해 휴무하고 쉬고 있을 때, 대산 종사로부터 영산에 함께 가서 쉬면서 공부하자는 말씀에 따라 나섰다. 당시 대산 종사는 밥만 드시면 망태를 들고 중앙봉으로 촛대봉으로 약초를 캐러 다녔다. 약초만 캐는 것이 아니라 바위에 앉아 선을 하였다. 물론 안산 대봉도도 함께 하였고 공부 길 잡는 데 도움이 됐다. 이때 잠시 영산성지에서 휴무와 영산선원에서의 1년 남짓의 교사 생활이 그에게는 의료계를 벗어난 휴양과 충전의 기간이었다.

훗날 대산 종사는 안산 대봉도의 신의일관하는 심법을 치하하였고, 솔성은 풍간豊干이와 같이 나타나지 않는 도인이라 하였다. 그는 일생 숨어 사는 도인 풍간이와 같이 다음과 같은 좌우명으로 일관하였다.

'빙청옥결지심氷淸玉潔之心 인술활인지사仁術活人之事 대원제생의세大願濟生醫世 능이영육쌍전能以靈肉雙全 일원대도정법一圓大道正法 세세생생활불世世生生活佛.' 이는 '얼음같이 맑고 옥같이 조촐한 한마음으로 인술로써 인간을 살리는 일에 제생의세의 큰 원을 세워 능히 영육쌍전 공부로 일원대도 정법으로 세세생생 활불이 되리라'는 다짐이었다.

대산 종사께 받은 친필 활불을 그의 좌우명으로 삼았기에 시불侍佛로 자나 깨나 진리와 부처님과 스승님을 모시고 일생뿐 아니라 영생을 닮아가고자 했다. 생불로 인술을 펼쳐 나타나지 않으면서 걸림 없이 일하였고, 세세생생 크게 살리는 활불의 터전을 이루고 가신 것이다.

모악산 채약송

한 뿌리를 캐도 한 망태

모악산母岳山 **채약송**採藥頌
청산청靑山靑 **유수류**流水流
명월명明月明 **청풍청**淸風淸
생불생生不生 **사불사**死不死
거즉거去則去 **내즉래**來則來
푸른 산은 늘 푸르고 흐르는 물은 쉼 없이 흐르나니
밝은 달은 밝고 밝아 부드럽고 맑은 바람이 일어 더욱더 맑도다.
나되 나지도 죽지도 않으며 죽되 죽지도 나지도 아니하니
가매 감이요 오매 옴이니라.

원기34년(1949) 4월 대산 종사(36세)는 총부 서울출장소장으로 근무하다 폐결핵이 재발하자 정산 종사의 명으로 원평교당으로 옮겨 요양한다. 폐결핵으로 인한 후유증은 여전히 생사를 넘나드는 위경이었지만 적공만은 쉬지 않고 깊어갔다. 보통 사람이 보기에는 하릴없이 노니는 목석이었다. 늘 초라한 옷차림에 약 망태를 짊어지고 모악산 일대의 구성산, 제비산, 금산사, 귀신사, 학선암, 청련암 등지를 소요하고 다녔다. 한 뿌리를 캐도 한 망태 못 캐어도 한 망태, 약 망태를 큼지막하게 벌리고 다녔다.

이때 혜안이 열려 쏟아져 나온 글이 원상대의, 정진문, 연작 선시 등 수 많은 시

가와 오도송이었다. 대종경 초안도 이 시기에 정리했고, 약초를 캐는 심경을 담은 채약송 두 편을 지었다. 채약송 한 편은 공개돼 대중들이 알고 있고, 또 한 편은 균타원均陀圓 신제근辛濟根 종사에게 전하여 비공개로 남게 됐다.

오늘 비로소 '모악산 채약송'이라는 제하로 대중에게 공개한다. 대산 종사는 절체절명의 순간에 함축한 성리의 한 소식을 한 폭의 동양화를 보듯 그려내고 있다. 적막한 산하에 시냇물은 졸졸졸 흐르고 고요한 달밤에 산들바람 부니 마음만은 청량하기 그지없다는 심경을 토하고 있다. 대장부 일대사 인연, 생사 거래에 걸림 없고 해탈 자재함을 읊조리고 있음을 엿볼 수 있다.

대중에게 공개돼 익히 알려진 채약송 선시禪詩를 풀이하여 소개하니 두 편의 채약송을 대조하며 공부 삼기를 바란다. 두 편의 채약송 모두 약초를 캐는 과정이나 약초를 복용하여 효용을 보았다는 내용은 눈을 씻고 찾아보아도 없다. 이 무슨 일일까? 약초 뿌리 하나 찾아볼 수 없으니 연구해 볼 일이지 않을까?

채약송

사람이 와서 모악산 중의 일을 묻거늘 이 사이 소식을 묻고 찾지 마라.

낮에는 천산 만수 가운데 놀고 밤 꿈은 삼매 대적광의 경지로다.

늙은 솔은 굽고 굽어 홀로 푸름을 지키고

괴이한 돌은 우뚝우뚝 서서 물소리를 듣는 도다.

또 이르기를 때 있으면 허공 법계의 바른 기운을 머금어 기르고

산하대지의 정령을 삼켜서 늙어 감을 알지 못하니

나한의 신통한 눈으로도 엿보아 알지 못하나

그러나 나와 너만 서로 알고 사람들은 알지 못하더라.

가소롭고 가소롭도다.

한마음

공심에 만인이 감동

대산 종사, 균타원均陀圓 신제근辛濟根 종사에게 부산교구장을 임명하며 "대의가 일관하신 분"이라고 했다. 원기64년(1979) 11월 13일 항타원 이경순 부산교구장이 부산교구청 건립 추진 중 갑작스럽게 열반하자 그 후임으로 초량교당 교무인 균타원을 임명한다. 대의가 일관한 '한마음'의 휘호가 이를 두고 이른 것 같다.

대산 종사의 휘호 중 흔치 않은 한글 작품이다. 두세 편 발견되기도 하지만 어쩌다 한글 토씨를 달 때 쓸 뿐이었다. 아주 귀중한 작품이라 소장하면 할수록 그 진가가 드러나리라 본다. 가로 32㎝ 세로 66㎝ 한지에 세로로 큼지막하게 내려쓴 한글 서체이다.

균타원은 영광에서 초등학교를 졸업하고 어린 나이에 출가했고, 네 차례나 집에서 데리러 왔으나 요지부동했다. 그 후 관촌교당에서 근무를 하다 대산 종사를 자주 뵙게 되어 기연이 됐다. 대산 종사가 원평에서 정양할 때 가까운 신태인교당에 근무하게 된다. 정산 종사가 대산 종사를 마음의 스승 삼으라

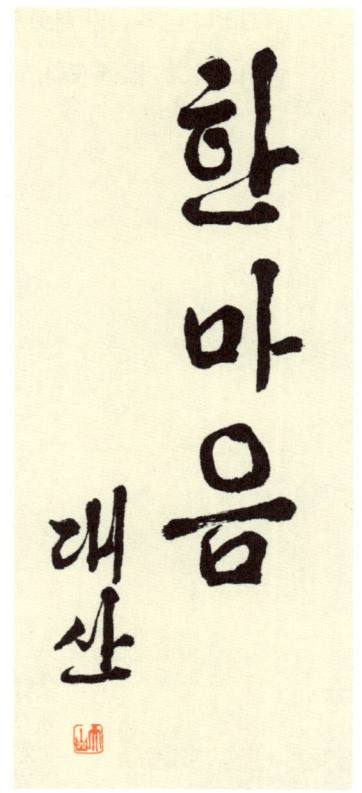

는 하 명도 있어 한 달이 멀다고 원평으로 갔다. 그런데 원평에 가도 뵙지를 못했다. 아침만 잡수시고 산으로 가버리니 그냥 잠깐 뵙고 오곤 했다. 그저 한마음뿐이었다.

세월이 흘러 여러 교당을 거치며 지방 교화를 할 때 대산 종사는 균타원에게 "교화 선상에서 남을 교화 제도하는 사람은 교도들을 상대할 때 모르는 듯 속아 둘리고, 알 듯 속아 둘리고, 멍청한 듯 속아 둘려야 한다."라고 했다.

균타원은 부산교구청을 건립하고 6년을 교구장으로 지내다 일선 교화 현장에서 원기70년(1985) 12월 사업계인 영모묘원 원장으로 부임한다. 영모묘원 5만 평은 이미 개간하였으나 자갈밭, 쑥대밭인 자리가 비만 오면 잔디가 흘러내리고 흙이 무너져 내려 어떻게 손을 대야 할지 막막한 상황이었다. 이때 달려간 곳이 원평 교당에 계신 대산 종사의 품이었다. 영모묘원을 떠날 때는 피하고 싶은 심정이었지만 스승님을 뵈면 용기가 나 한마음으로 공사에 임했다. 날마다 호미를 들고 자갈을 골라내며 쑥 뿌리와 잡초 제거에 시간 가는 줄을 몰랐다. 3년 만에 잔디가 파랗게 어우러져 비로소 선진 제위를 모신 영모묘원으로서 모습을 갖추게 되었다.

대산 종사는 원기71년(1986) 12월 균타원이 부임한 지 1년 만에 영모묘원을 찾아 참배하며 "한 사람의 하늘을 찌르는 공심이 만인을 탄복시켰다. 균타원 원장이 여자의 몸으로 그 큰일을 금년에 맡아서 밤낮을 가리지 않고 생명을 다하여 영모묘원 사업을 추진하더니 이곳을 다녀간 모든 상객 조문객들이 한결같이 '자기네들의 조상을 모시고자 한다'고 말했다 한다. 아주 작은 체구에 회갑이 넘은 노인으로서 사무여한의 그 한뜻이 이렇게 크고 장한 일을 했다."라고 격려했다.

후일 대산 종사는 말년 정양지로 영모묘원을 찾았고, 열반하시기까지 대종사를 비롯한 선진 제위 존영들께 시묘살이의 심경으로 지냈다.

대산 종사는 "영모묘원을 처음 시작할 때, 이렇게 성공하리라 생각이나 했는가? 균타원이 아무 불평 없이 헌신적으로 했기 때문에 이루어진 것이다. 아마 균타원 같은 머슴을 두면 그 주인은 금방 부자가 될 것이다."라고 하시며 균타원의 영모묘원 발전 공적을 치하하며 종사 서훈을 내리신 공적 중 하나라고 했다. 오직 한마음 대의로 일관하신 신성 때문이지 않을까?

나무아미타불

'산 돌이 돼라' 당부

나무아미타불 南無阿彌陀佛

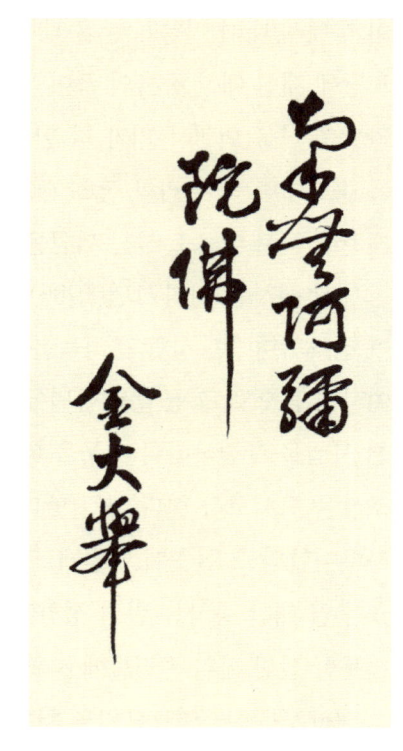

염불의 문구인 나무아미타불을 세로로 내려쓰지 않고 '나무아미'를 첫 열에 쓰고 '타불'을 다음 열에 쓴 글이 이채롭다. 가로 21㎝ 세로 28㎝ A4용지 크기 한지라 한 줄로 내려쓰기에 공간이 부족한 듯하다. 아마 공간을 두어 여백미를 살리고, 타불의 불佛자字 끝 획을 길게 내려서 염불하듯 이미지를 형상화하여 쓴 작품 같다.

이 나무아미타불 휘호는 대산 종사가 부산 동래교당에 가시어 숭타원崇陀圓 박성경朴性敬 대봉도에게 주신 글이다. 대산 종사 교정원장 시절, 종법사 위에 오르기 직전 해인 원기46년(1961) 동래교당에 머물다가 동래온천에 다녀와 심신을 재계하고 무량수각에 귀의하는 심경으로 쓰신 글이다.

숭타원은 대산 종사 추모담에 다음과 같이 말하고 있다.

"어느 해인가 대산 종사께서는 내게 성불제중의 염원을 말씀하시면서 무거운 '돌' 하나를 친히 안겨주셨다. 그리고 '산 돌이 돼라. 꼭 산 돌이 돼라.'고 당부하셨다. 그 돌은 지금도 내 책상 위에 있다. 하루도 빠짐없이 나는 그 돌을 지켜보며 대산 종사의 법문을 새기곤 한다. 그리고 이생은 물론 내생까지 '산 돌이 돼라'는 화두를 절대 놓지 않을 생각이다."

대산 종사가 양주에서 투병하실 때 하루도 빠짐없이 도시락을 싸서 망태를 걸머지고 산에 약초를 캐러 가시던 모습이다. 아침에 올라가시면 저녁에나 내려오셨는데, 망태 안에는 약초를 캔 흔적이 별로 없었던 것 같다. 지금 생각하니 아마도 그때 보림의 진경에서 자성의 근원을 찾으시던 때가 아니었나 싶다. 그 모습이 지금까지 생생하게 남아 있는 것은 그 어른의 걸림 없이 자유롭고 순진무구한 모습이 마치 우주를 내 품에 안은 것 같은 느낌을 주었기 때문이다.

때때로 마음이 요란할 때면 망태를 짊어지고 환한 웃음을 지으시던 대산 종사를 떠올리곤 한다. 순간 힘든 마음이 눈 녹듯이 녹아나는 것을 본다. 과연 스승은 이런 분인가 보다.

원기65년(1980) 9월 3일 대산 종사, 숭타원과 승타원 송영봉宋靈鳳 교무에게 다음과 같은 글을 주신다.

   심오미타현心悟彌陀現
   심미미타은心未彌陀隱
   범성유하별凡聖有何別
   일념미오연一念未悟然
   마음을 깨치면 아미타불이 나타나고
   마음이 미하면 아미타불이 숨는다.
   범인과 성인이 어찌 구별이 있으리오.
   한 생각 아직 깨치지 못하였기에 그러하나이다.

여기에 염불십송念佛十頌을 함께 주었는데 원문이 길어 싣지 못한다.[78쪽 참조]

대산 종사는 염불에 대한 예화로 "예전에 만덕산 미륵사에 있던 객승이 나무아미타불을 못 해 '남, 남, 남' 하는데 천지 기운이 그분한테 다 모이더라. 그래서 전주에서까지 제사를 지내러 오는데 읽지도 못하는 그 스님한테만 법문해 달라고 했다. 나무아미타불을 잘못하더라도 '남' 속에 가서 전체 조화가 들었기 때문이다."라고 말씀하셨다.

염불은 주문 여하에 있는 것이 아니라 일심으로 산 돌처럼 하는 것임을 모를 리 없다. 스승님은 허명虛名만 부르며 명상名狀을 좇을 것을 저어하며 자비심으로 휘호를 내리셨으리라.

부처님의 법력을 빌려

나의 진면목을 찾으라

차불법력借佛法力**하야**
도생사고해度生死苦海**하고**
광도중생廣度衆生**하소서**
부처님의 법력을 의지하여
생사고해를 제도하고
널리 중생을 제도하소서.

대산 종사, 어느 해인지는 모르나 삼복더위가 한창인 8월 10일 경상남도 김해에서 대의 선사에게 이와 같은 내용으로 편지를 보냈다. 직접 법명을 적은 것으로 보아 종법사 위에 오르시기 전이라 추측된다.

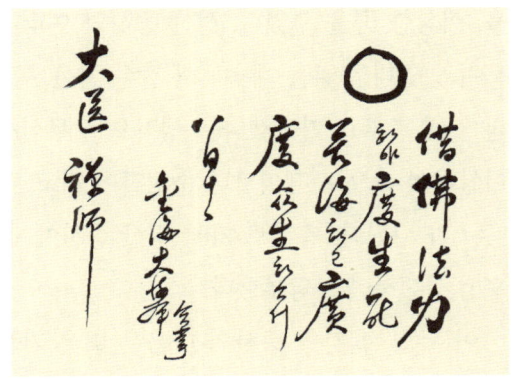

대의 선사는 중국 선종禪宗의 제4대 조사로서 '동산법문東山法門'을 열어 중국 선종의 교단을 형성한 도신 대사道信大師의 시호諡號이다. 도신이 열반하자 당 대종代宗이 그의 공덕을 칭송하여 붙인 이름이다.

대종사께서 양도신梁道信이 출가하자 "옛날의 사조 도신 대사처럼 큰 도인이 되어, 동정 간에 삼학공부를 놓지 않아 대중에게 항상 유익 주는 사람이 되어라. 삼학공부는 유·무식 남녀노소 빈부귀천에도 아무런 상관이 없다. 서원이 지극하고 신심이 철저하면 날을 기약하고 성불할 것이다."라고 했다. 대산 종사도 훈타원薰陀圓 양도신의 전생 인연이 대의 선사 즉 도신 대사임을 상기하여 그의 수행 공부심을 진작시키고자 심우心友로서 보낸 서신이라 할 수 있다.

과거 현재 미래의 3겁을 통하여 차례대로 출세하게 되는 부처님들을 삼천불三千佛이라고 부른다. 대산 종사는 평소 삼천불 명호를 걸어 놓고 "자기의 호나 법명에 같은 자字 하나라도 있으면 자기의 부처로 삼고 큰 적공하라."라고 당부했다. 훈타원의 법명이 도신이므로 우연한 것이 아니라 과거 전생의 4조 도신 대사의 후신이지 않은가? 참으로 가슴 벅찬 일이 아닐 수 없다. 영생 도반이 나를 인정하고 수행심만을 일깨우기 위한 방편으로 보낸 글이 아니라, 나의 진면목을 찾으라는 깊은 뜻이 담긴 채근의 말씀임을 훈타원은 모를 리 없었다.

원기41년(1956) 봄, 훈타원 종사는 입정삼매에 들었다. 정신과 육신이 분리되기도 하고 우주와 하나가 되는 경지를 체험하기도 했다. 이상한 일이었다. 이듬해 가을, 이상한 꿈을 꾸었다. 정산 종사와 여러 어른이 법의法衣를 입었고 많은 대중이 모여 있었다. 3일을 계속해서 같은 꿈을 꾸고 나니 너무도 이상한 생각이 들어 아침 일찍 총부로 가야겠다는 생각으로 무심히 거울 앞에 섰다. 왼쪽 아래 어금니가 이상하여 손으로 빼어보니 수정같이 맑고 투명한 조그마한 구슬이 나왔다. 생사리生舍利가 나왔다. 총부로 가서 정산 종사에게 말씀드렸더니 영주靈珠라 하면서 더욱 수행 정진하라고 당부했다.

이 무렵, 훈타원 종사의 마음은 맑은 가을하늘 그대로였다. 무어라 표현하기는 어려우나 혼자서 느낄 수 있는 깨달음의 경지였다. 훈타원은 교도들의 축하 속에 치아 '생사리 축하 법회'를 열었다. 아직 모든 게 부족하고 스승님들에게 송구한 마음뿐이었다. 하지만 '부처님의 법력에 의지하여 생사고해를 넘어서고 널리 중생을 제도하는 일에 매진해야 하리라'는 굳은 결심만은 더욱더 깊어만 갔다.

사은보은송

만 성인을 모시는 집을 지어라

```
사은보은송四恩報恩頌
사은보은四恩報恩    덕화만방德化萬方
세세생생世世生生    혜전무량惠田無量
사바세계娑婆世界    원관자재圓寬自在
삼천대천三千大天    무량세계無量世界
시방정토十方淨土    불국세계佛國世界
육도사생六途四生    인과윤회세계因果輪廻世界
```

　원기70년(1985) 3월 4일 원평 구릿골 원심원에서 대산 종사, 덕산 이덕화李德化, 장타원 김혜전金惠田, 이원관李圓寬 가족에게 '사은보은송' 친필을 내리셨다.
　필자는 그때 상황이 잘 기억나지 않지만 야외나 마당에서 합판이나 목판에 쓴 법문을 들고 무던히 서 있었던 것 같다. 법문이 끝나자 '사은보은송'을 즉석에서 주셨다. 깨끗한 한지에 쓴 글도 아니요, 얇은 합판에 붓펜으로 쓴 낙관도 찍지 않고 촌로가 격식도 없이 건넨 것이다.
　대산 종사는 길을 가시다 합판 조각이나 판자를 보면 주워 깨끗하게 손질하라 하여 모아놓고 틈틈이 법문을 쓰셨다. 형식과 격식 따위의 겉치레에 구애하지 않으시고 폐물을 활용하시는 도가 있으셨다.
　비록 합판에 쓴 글이었지만 일원가족인 덕화와 혜전과 원관의 법명에 염원을 담

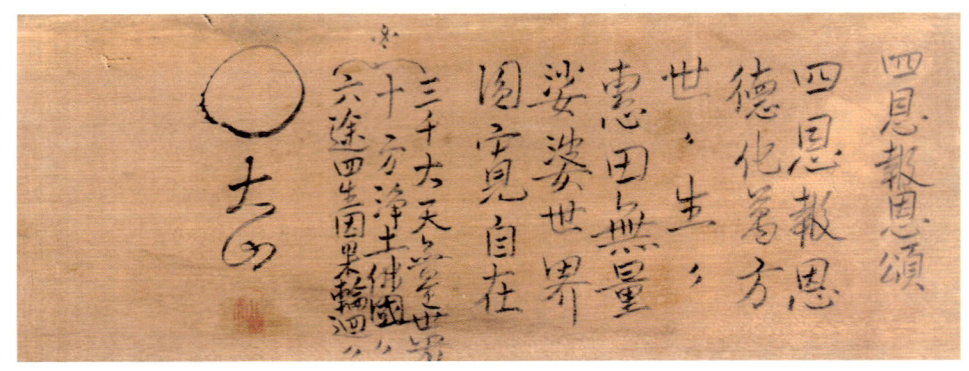

아 사은에 보은하라는 스승님의 노래였다. 합판은 이제 더는 합판 조각이 아니었다. 덕화가 만방하고 세세생생에 은혜가 미치고 사바세계에 원만과 너그러움이 자재하고, 그뿐만 아니라 삼천대천 무량세계 시방정토 불국세계 육도사생 인과윤회 세계에까지 미치라는 스승님의 염원이 담겨 있는 산 법문이었다.

　대산 종사는 이 가족들을 위해 법문을 미리 준비해 놓고 연마하고 기원했다. 한지에 정성껏 써서 주시는 것이 도리임에도 불구하고 귀한 손님에게 합판에 쓴 글을 주시는 깊은 뜻이 있으리라.

　덕산과 장타원 교도 부부는 이날 대산 종사의 깊은 뜻을 헤아려 몇 해가 되지 않아 두 내외가 교단의 대호법으로 보은의 약속을 지켰다.

　대산 종사를 뵈온 덕산 대호법은 성현이 어떤 분인가를 알 듯했다. 평범하면서도 쉬이 범접할 수 없으며 인자하심이 어머님 같으시나 세계를 경륜하시는 너른 품은 가히 짐작할 수가 없었다.

　청장년 시절 대산 종사로부터 "덕화는 새 회상의 큰 공덕주다. 앞으로 새 회상 원불교에 큰 기둥 역할을 할 것이다. 앞으로 만성전萬聖殿은 덕화가 지어라." 하시는 스승님의 염원을 받들었다.

　이들 내외는 오직 "덕화가 모든 성현을 모시는 사당을 지으라."라는 스승님의 말씀을 새기며 장차 힘이 미치면 어른의 말씀을 땅에 떨어뜨리지 않겠다는 다짐만 남았다.

일원문화

대예술은 낳는 것이다

일원문화—圓文化

대산 종사, 소태산대종사탄생100주년 기념 특집으로 발간한 원미圓美에 '일원문화'의 휘호를 내리시며 규산規山 권도원權道圓 대봉도에게 말했다.
"지금 이 시대는 후천개벽의 새로운 대문명 세계가 도래하고 있다. 이 새로운 시대를 열어갈 문화가 바로 일원문화이다. 이는 활짝 열어가는 시대의 문화로 모든 울을 넘어 하나의 정의가 무르익어가는 문화이며, 도학병진, 영육쌍전, 동정일여하여 은혜와 평등과 진화의 세계를 열어가는 문화이다. 이러한 천지도수에 부응하는 문화라야 미래세계에 존립할 수 있을 뿐 아니라 새 세상 건설에 크게 공헌할 수 있다.
그러므로 일원문화를 개척하고 창조하고 가꾸기 위해서는 먼저 일원철학을 소유한 문화예술인들이 되어야 시대를 앞서갈 수 있다. 우리의 법신불 일원상은 불멸 불후의 예술이요, 문화상징의 극치라, 이 자리를 깨달아 밝히신 대종사와 삼세 제불제성의 성전聖典 또한 불후의 창작품이다. 그러기에 이를 거룩하다고 찬송하나니 이 거룩함을 말과 글로, 노래와 춤으로, 그림과 극으로 꽃피워 일원문화를 크게 발전시키기를 바란다."

원불교미술인협회와 군부대 은혜의 책 보내기 운동하면 떠오르는 대표적인 인물이 권도원 대봉도이다. 원기66년(1981) 원광대학교 교사 한편에서 소리 없이 시작한 원미술연구회가 원불교미술인협회로 정식 창립총회를 열었다.

대산 종사는 원미회 창립 축하 휘호로 '대예술은 낳는 것이다'를 내리시며 "진리의 표현이나 최대 최고의 생명 있는 예술은 그리거나 조작하는 것이 아니라 바로 어린아이를 낳듯 그대로 낳아야 한다."라고 했다.

규산 대봉도가 생각하는 가장 보람 있고 인상 깊은 전시회는 '100인 초대 원상징 예술혼전', '대전엑스포 기념 100인 초대 우주혼 일원상전', '광복 50주년 기념 100인 초대 하나의 예술혼전', '정산종사탄백기념 10대 보은전' 등이다. 그는 국내뿐만 아니라 해외전시회로 일원문화의 지평을 넓혀갔다. 규산의 원불교 문화의 작은 외침이 자라나 일원문화 창달과 저변 확대의 선구적 역할을 한 셈이다.

대산 종사는 "대전 엑스포 행사 기간 '일원상 전展'이 열린다니 세계의 많은 사람이 원불교를 바로 아는 계기가 되었으면 좋겠다. 이번 전시회를 준비한 원미회의 권도원 교무가 열과 성의를 다한다니 정말 고맙고 다행한 일이다."며 자랑스러워했다. 그는 원기86년(2001)부터 군부대에 책 보내기 운동을 10년 넘게 전개하였다. 교단의 군 교화가 국가로부터 정식 승인을 받기 4년 전의 일이었다. 당시 교단은 군종 참여를 목표로 움직이고 있었다. 권 교무의 책 보내기 운동이 군종 참여의 당위성을 제공하게 되었고, 군 병영문화를 바꿨다는 평가를 받았다.

규산 대봉도는 원미회와 더불어 은혜의 책 보내기 운동도 일원문화 창달의 또 다른 방법임을 익히 알고 소리 없이 문화의 물꼬를 튼 것이다. 그는 교역의 일생 중 맡은 바 직무에 충실하며 대학교당에서 매년 1천 명 입교 운동을 전개하여 캠퍼스 교화에 활력을 불어넣었다. 또한 그곳에서 일원문화의 불모지를 개척하며 꽃 피우는 천지행을 실천하였기에 대봉도의 법훈을 서훈받게 된 기연이 됐다.

달마도

수행의 흔적

대산 종사가 원기70년(1985)경 그린 달마도 한 점이다. 희귀한 작품이라 문외한으로서 감히 평을 할 수는 없으니 소개만이라도 한다. 그렇다고 딱히 소개할 자료도 변변치 않다. 대산 종사가 평소 붓글씨 쓰는 것은 많이 접했어도 달마도를 그리는 것은 직접 보지 못했다. 그래서인지 가까이 모셨던 시자들도 대산 종사가 직접 그린 것인지 의아해한다.

삭발하고 시원스레 넓은 이마와 수행자의 부릅뜬 눈과 주먹 같은 뭉툭한 코와 두툼하고 복스러운 귀에 입은 굳게 다물고 짙은 턱수염 등 이방인의 모습을 표현했다. 상반신은 우측 옆면으로 비끼면서 눈은 정면을 바라보게 하며 가사 장삼은 거침없이 휘날리는 붓 길로 간략하게 생략하고 몸통으로 대신했다. 좌측 위에 그려진 원광은 진리를 깨닫고자 하는 수행자의 정신세계를 그려내고 있다.

문인이라면 문인묵화文人墨畵의 소재로 사군자를 그린다. 서예의 기법을 적용해 그릴 수 있다는 점과 사군자의 상징성 때문에 문인들에게는 가장 적절한 소재였다. 수행자라면 달마도 한 점 그리는 것이 사군자를 그려내는 것과 동일시한 까닭이다. 달마도는 선종화禪宗畵라고 했다. 고도로 응결된 내면적 정신세계를 거칠고 활달한 필치로 그린다.

수행자가 문인화를 그린다면 왠지 어색한 느낌이다. 사군자를 그리려면 한가한 시간이 필요하다. 수행자에게 그만한 여유 시간이 있다면 선이나 화두를 들기에도

바쁠 것이다. 그래서인지 달마도 그리는 것도 사치일까? 붓글씨를 어느 정도 쓰면 문인화를 그리듯 수행자도 달마도를 그리는 것이 과정이었으리라. 문인화가 군자의 심중의 인품을 표현한다면 달마도는 수행자의 깨달음의 세계를 단적으로 표현했다.

그렇다면 대산 종사의 필력이라면 충분히 달마도를 그리고도 남음이다. 하지만 달마도를 그리는 모습은 공개된 이 작품뿐이고, 그것도 고희를 넘긴 연세에 그린 것이다. 기교를 떠나 선력禪力으로 낳은 작품이라 할 수 있다.

대산 종사 원평에서 정양 중, 금산사 낙신 스님이 "원불교는 사업승이지 공부하는 사람은 없는 것 같더라" 하기에 "어떤 것이 공부냐"고 물었더니 "글도 많이 짓고 해야 하지 않겠습니까?" 하기에 "그러면 적어 보라" 해서 글을 지었는데 정진문, 채약송, 원상대의 등이었다. 낙신 스님은 글을 보고 큰절을 하며 "명문입니다. 조사들도 평생에 하나만 내면 된다."고 하면서 한 3일을 따라다녔다. 그 후 37년이 흐른 후 낙신 스님이 소공簫筇 이명우[李明雨, 1923~2005] 거사로 나타났다. 한국전쟁 중 속가로 피신 갔다가 인연이 되어 환속했다. 소공은 선화와 불화, 달마도에 있어 정평이 난 대화백이 됐다.

대산 종사가 소공을 만난 시기가 원기72년(1987) 새해 초였다. 몇 해 전부터 소공과의 인연을 거론하며 그의 소식을 듣고 있었던 것 같다. 대산 종사는 소공에게 "40여 년간 정성을 다하고 정력을 쏟으니 저런 훌륭한 달마상을 그리는 대화백이 됐다."라고 칭찬하시며 "위대한 작품은 그린 것이 아니다. 어린아이를 낳듯이 낳는 것이다."라고 했다.

여기에 소개한 대산 종사가 그린 달마도는 이 시기에 그린 것으로 보아 일생 수행한 흔적을 나타내 보이신 것이라 할 수 있다.

원심을 기르자

유아교육 지침

천심天心 **불심**佛心 **성심**聖心 **도심**道心 **○심**圓心

대산 종사는 원기69년(1984) 5월 6일 서울 천주교대사관에서 한국을 방문한 교황 요한 바오로 2세를 위한

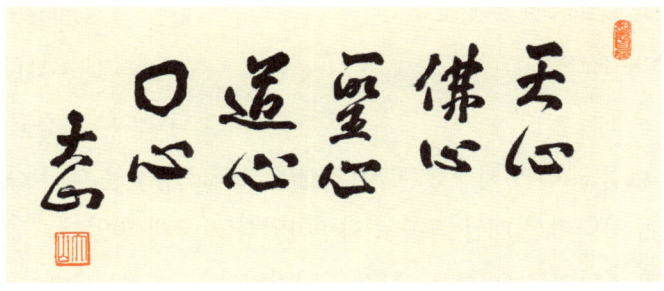

환영사에서 한국 종교대표로 "기독교나 천주교는 천심을 길러 천국을 만들자는 것이고, 불교는 자비스러운 불심을 길러 불국을 만들자는 것이고, 도교는 자연스러운 도심을 길러 도국을 만들자는 것이고, 유교는 성스러운 성심을 길러 성세를 만들자는 것이고, 우리 원불교는 두렷한 원심을 길러 원만평등하고 지공무사한 대낙원, 대선경, 일원의 세계, 보은의 세계, 균등의 세계를 만들자는 것이다."라고 했다. 그다음 해 신년법문에 "유아교육으로 원심을 기르자"며 천심 불심 성심 도심을 거듭 강조했다. 이 친필은 하와이 교도회장을 지낸 혜산 조혜천趙惠天 교도에게 주셨다.

그는 미국에 이민 가서 갖은 고생을 하다 하와이로 옮겼다. 부푼 꿈을 안고 건너간 곳은 더는 그에게 유토피아가 아니었다. 그후로는 파란만장한 삶 그 자체였다. 마지막으로 정착한 하와이도 그를 달갑게 받아들이지 않았다. 해결해야 할 삶의

그림 하와이교당 조혜천 교도

화제 대산 종사

빚이 있었다. 그 빚을 해결하고자 아등바등하면서 고단하게 살았지만, 그의 삶을 지켜준 유일한 빛은 원불교와 만남이었다. 때때로 대산 종사를 찾아 신도안으로, 원평으로, 완도로 스승님이 계신 곳이면 어디든 다녀가곤 했다.

그런데 스승님이 이곳 하와이로 직접 오신다는 소식을 들었다. 원기80년(1995) 6월 9일 하와이 국제훈련원 봉불식을 참석하기 위해서 말이다. 스승님의 건강으로는 도저히 불가능한 일이라 여겼다.

그는 대종사님, 정산 종사님, 대산 종사님 세 분 스승님의 성안을 염원하며 선화禪畫를 그리기 시작했다. 자나 깨나 오직 스승님은 대산 종사이었지만 세 분 스승님이 하나이신 대산 종사로 화현하였다고 굳게 믿었다. 그 하나이신 임이 수륙 수만 리 하와이로 오신다니 꿈같은 일이었다.

그는 천심 불심 성심 도심의 마음을 담아 원심으로 대산 종사의 선화를 그렸다. 하지만 아직은 부끄러워 불단에 모셔놓고 아침저녁으로 모시다 대산 종사가 하와이에 오시자 용기를 내어 올렸다. 임의 얼굴 윤곽만 그린 체 이목구비는 그리지 않았다. 대산 종사는 그 그림에 '대천세계大天世界'라 화제畫題를 쓰고 낙관을 찍었다. 임은 점안點眼하지 않고 대천세계라는 화제로 대신한 것이다.

대산 종사 열반하던 해, 혜산이 발심이 나서 삭발한 것을 보시고 "아주 두상이 큰 스님 상이다. 좋게 생겼다. 보통 사람들 같으면 일생 기르고 있던 머리를 깎으라고 하면 토를 달며 안 깎겠다고 할 텐데 내 말을 믿고 기쁘게 머리를 깎으니 그 신성이 장하다"고 하셨다. 혜산은 이 일이 있고 난 뒤 대산 종사의 열반을 맞이한다. 반겨주실 스승님이 하와이에 오셨듯이 이제 대천세계에 다시 모실 기연을 염원해 본다.

일원불

하나의 세계

일원불—圓佛

1984년 한국천주교 200주년 기념식 때 가톨릭 제264대 교황[재위 1978~2005] 요한바오로 2세가 내한하여 103위 복자福者에 대한 시성식諡聖式을 집례했다.

대산 종사는 한국 종교대표로 교황에게 환영사를 했다. 그 자리에서 대산 종사는 '세계평화의 삼대제언'과 '진리는 하나 세계도 하나 인류는 한 가족 세상은 한 일터 개척하자 하나의 세계'를 주창했다.

1. 심전계발의 훈련
우리 모든 인류가 묵어 있는 마음 밭을 계발하고 훈련해서 진리의 태양이 솟아 마음을 서로 크게 넓히고 밝히고 잘 쓰는 슬기로운 새 나라 새 세계를 만들자.

2. 공동시장 개척
우리 모든 인류가 나라와 사상의 울을 넘어서서 생존경쟁보다 서로 공생·공영할 수 있는 새로운 길을 개척하자.

3. 종교연합기구 창설
우리 모든 종교인은 합심 합력해서 정치 UN에 대등한 종교 UR(united religion)을

창설시켜서 인류에 대한 영과 육의 빈곤 질병 무지를 퇴치할 수 있는 의무와 책임을 갖자.

서울 천주교 대사관에서 원불교 종법사에게 환영사를 부탁한 일은 우리 교단을 인정한 일이었다. 교단은 1970년 일본에서 열린 세계종교자평화회의에 옵서버 참가를 계기로 각종 세계종교 대회마다 '세계평화의 삼대제언'을 누누이 외쳤다. 주한 교황 대사관을 통해 우리의 주장을 알렸고, 루이지 도세나 대주교도 긍정적으로 받아들였다. 이러한 일로 인해 교황 내한 환영사는 대산 종사의 국제종교연합기구 창설 주장에 대한 화답이었던 셈이다.

대산 종사의 환영사 통역으로는 원래 유창한 영어 실력을 지닌 장익 신부가 맡기로 하였는데, 아타원 전팔근 교무에게 맡겼다. 교황 환영 행사는 오직 신부뿐이고, 수녀는 한 사람도 참석할 수 없었다. "내가 교황 만나러 갈 때 통역만 시키려고 데리고 간 것이 아니라 남녀평등의 뜻을 알리기 위함이었다."라고 대산 종사는 훗날 술회했다.

대산 종사는 교황이 동양의 문화를 좋아한다고 하여 '일원불' 친필 휘호를 큼지막하게 써서 선사한다. 그리고 『원불교전서』와 영어 『교전』과 교황에게 보내는 서한과 UR창설 제안문을 준비하여 전달했다. 일원불 친필을 전달하기 전에 복사하여 사본을 인쇄하여 조실을 방문한 손님들에게 기념선물로 주었다.

교황은 1989년 세계성체대회 때도 한국을 방문했

다. 교단에서도 이 대회에 참석하니, 천주교 측에서 '점잖은 교단, 합력 잘하는 교단으로 찬양한다.'는 보고를 들으시고 대산 종사는 "세계적인 대종단에서 우리 종단을 인증하고 찬양해 주니 우연한 일이 아니다. 교황청 집무실에 내 사진이 걸려 있다는 것은 일원상 법락을 두른 모습을 수많은 사람이 보게 될 터이니 참으로 반가운 일이다. 교황청에서 간접적으로 우리 교단을 알리는 큰일을 하고 있으니 감사한 일이다."라고 말했다.

교황에게 선사한 친필 외에 또 다른 '○ 일원불' 친필은 예산 이철행, 장산 황직평, 세산 서성범 교무 등이 소장하고 있다. 거의 같은 모양, 같은 글씨체지만 낙관이 찍힌 것도 있고, 없는 것도 있다. 혹시 또 다른 일원불 친필을 소중하게 보관하고 있다면 진본인지 아니면 사본인지 확인해 보는 것도 좋다. 그렇다고 참 일원불을 모시는 데는 진짜 가짜가 어디 있으랴. 소장하는 자신의 마음가짐에 일원불이 깊어져 있음이 더욱 중요하니 말해서 무엇 하랴.

두 가지 평상심

공부의 표준

주심지부동主心之不動
여외외태산如巍巍泰山
천고이여여불변千古而如如不變
양성지한한養性之閑閑
여양양대해如洋洋大海
만고이활활자재萬古而活活自在

근본 마음을 움직이지 아니함은
높고 높은 태산과 같아서
한량없는 세월 한결같이 변치 아니하고
성품을 기르는 한가함은
넓고 넓은 큰 바다와 같이하여
만고에 활활 자재하여야 하리라.

법타원法陀圓 김이현金理現 종사는 원기44년(1959) 영산 제2방언공사 경리 담당으로 영산출장소에 발령을 받는다. 당시 대산 종사는 중앙선원장에 발령받았으나 영산에서 정관평 재방언 사업의 고문으로 참여하게 된다. 이때 법타원은 대산 종사를 3년 동안 모시고 구전심수로 직접 받든 『정전』 공부를 통해 '몸을 내놓고 오롯이 힘쓴다'는 전무출신의 길과 출가의 의미를 깨닫게 되었고 비로소 출가한 지 7년

만에 진정으로 심신 출가를 하게 됐다.

그는 경리사무를 보며 틈틈이 스승님으로부터 교리 공부를 직접 받들었다. 정산 종사가 강령 잡은 대종사 십상에 기초하여 스승님이 구술하면 정서하여 소태산 대종사 '십상대의'를 완성하는데 도움을 주었고, 때로는 법문을 정리하기도 했다. 그 후 하섬에서 스승님을 모시고 몇몇 인연과 함께 『정전대의』와 『교리실천도해』, 고경 등을 공부하는 영광을 누리게 된다.

대산 종사는 법타원에 대해 "교리에 능하고 실력을 갖추어 힘을 얻었다."라고 하시며 그에게 앞으로 큰일 하라는 의미로 친필 휘호를 내리신다. '지유즉지강至柔則至剛'이라는 제하의 한문 문장으로 그 원문을 풀이하면 다음과 같다.

천하에 지극히 부드러운 것도 물이요 지극히 강한 것도 물이라. 고로 물은 높고 낮음과 귀하고 천함에 자재로 왕래치 아니함이 없고 또한 이루지 아니함이 없느니라. 그러므로 배우는 사람은 이 마음을 얻고, 이 마음을 연마하며 이 마음을 쓰면 다한 것이다. 간절히 뜻을 두고 간절히 뜻을 둘지어다.

그 문장 말미에 두 가지 평상심으로 결론을 맺고, 이것이 여래의 최고 능력이니 적공하라고 하시며 그에게 적공의 표준으로 핵심 골자만 친필로 써 주신 것이다.

　세월은 흘러 법타원은 종로교당 교무를 거쳐 동산선원 교감으로 후학들을 지도하고 있었다. 원기61년(1976) 9월 대산 종사는 동산선원을 방문하여 그에게 17년 전 써 준 글을 민산 이중정에게 설명토록 하신 후 말씀하시기를 "불변으로 응만변應萬變하라. 불변의 마음을 갖는 동시에 응만변의 길이 있어야 한다. 불변만 한다면 항마 이하로 떨어져 버린다. 그 이상은 못 간다. 불변하는 마음으로써 만 번 변하는 데 응할 것 같으면 큰 공부를 한다. 그러면 누구든지 항마도 출가도 여래도 될 수 있다."라고 하시며 다시 한번 여래의 두 가지 평상심을 일깨워주었다.

　훗날 "공부 표준이 무엇입니까?" 하는 후진의 물음에 법타원은 "양성한한養性閑閑하고 운심자재運心自在라, 일속에 있으면서도 마음은 언제나 한가하고 한가롭고 마음을 운전하는 것은 자유롭고 또한 자재롭다."라고 했다.

은생지 법생지

나의 참 고향은?

영산대성지 靈山大聖地
법생지 은생지 法生地 恩生地

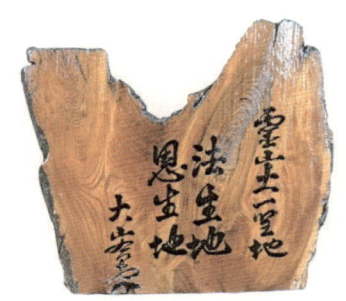

영산은 근원성지로 새 세상의 주세불이신 소태산 대종사의 색신여래와 법신여래가 탄생한 곳이요, 법인성사로 법계인증을 얻고 방언공사로 영육쌍전의 터전을 닦아 새 회상을 크게 열어주신 만고일월의 대성지이다. 영산은 소태산 대종사의 법신여래가 나투신 곳이므로 법생지이고, 또 색신여래가 탄생한 곳이니 은생지라는 말이다. '법생지 은생지'를 목판에 쓴 휘호다. 한지에 쓴 친필은 발견되지 않고 있다. 목판에 쓴 글이라면 한지에 직접 쓴 친필도 있으리라 본다. 누군가 소장하고 있다면 공개하여 공인을 받는 영광을 누리시길 바란다.

목판에 쓴 휘호는 두 편이다. 오늘 소개한 한 편은 옛 왕궁 상사원에 보관 중이다. 고목을 세로로 잘라 켜고 붉은빛이 감도는 바탕에 두 갈래로 뻗은 나뭇가지의 나이테 무늬가 선명함이 자연스러움을 더한다. 목판에 직접 글을 쓰고 자연 그대로 놓아둔 상태라 먹물 흔적이 고스란히 배어 있다.

또 하나의 작품은 부산교구청에 걸려 있다. '법생지 은생지'를 가로체로 쓰고 글씨 테두리를 얇게 파서 돋을새김 모양으로 그 위에 광칠했다. 가로 모양으로 켠 나무 중앙에 좀 먹어 패인 무늬가 법생지 은생지 두 글씨를 갈라놓고 '지'와 '은' 밑에

획을 그은 모양이 'ㄴ'를 닮아 이채롭다. 자연스럽게 좀먹어 패인 문양이 있어 흠같이 보이지만 그 밑에 '대산'의 호를 써서 오히려 살려 쓰셨다.

　대산 종사가 하와이국제훈련원 봉불식에 참석하고자 준비할 무렵 목판에 글씨 쓰기를 즐기셨다. 한지에 일원상을 온 방 가득히 그려 놓고 기원을 올리셨다. 때마침 문양이 좋은 목판이 있어 올리니 일원상을 그리시곤 흐뭇해했다. 그리하여 지리산 자락 둘레길을 돌고 돌아 귀목과 괴목을 모양 그대로 켜서 샌드페이퍼로 문지르고 갈아 매끈하게 다듬어 올려드렸다. 목판에 흠이 없고 매끈한 나무보다는 볼품없는 모양을 좋아했다. 붓글씨를 쓰기에 옹색하지만 좀먹은 나무도 쾌의치 않고 법문을 쓰시면, 그런 목판들이 오히려 빛이 났다.

　하와이훈련원을 방문할 때 옷가지나 일상 생활 물품보다는 목판에 새긴 원상이 도리어 많았다. 이 많은 원상을 비행기로 싣고 갈 걱정이 앞섰지만 요긴한 선물이 되어 미주 전역과 남미 여러 나라로 퍼졌다. 이 원상 목판은 일원대도를 세계에 전하고자 하는 염원을 담은 선물이었다.

　정산 종사가 하루는 영산을 가시다 원평에서 정양 중인 대산에게 문병을 와 "서울이 자네의 은생지라면 원평은 법생지일세."라고 했다. 법생지라 함은 대종사께서 남기고 간 법문이 나오기 시작한 곳이란 의미 같았다. 평소 원평을 마음의 고향으로 여기고 있었던 터라 어른이 말씀하심에 이곳이 법생지 은생지라는 마음을 더욱 확고히 했다.

　사람마다 자기가 태어나서 자란 곳이 있고, 조상 대대로 살아온 곳이 있다. 대개 그곳을 고향이라고 한다. 대산 종사는 진안 성수면 좌포가 고향이다. 그 고향에서 대종사를 만나 이 회상에 입문한 기연이 된 땅이다. 익산 총부로 출가하여 제2의 고향이 됐고, 서울과 양주 등에서 병고로 정양하다 생명을 얻은 땅이라 고향이 됐다. 원평에서 정양하다 마음의 고향을 찾았다 하여 법생지라 했다. 이곳뿐 아니라 신도안, 완도, 하섬, 대구 등 모두가 고향이라고 했다.

　대산 종사는 훗날 "영산성지뿐 아니라 모든 성지와 내가 머물던 곳과 더 나아가 대종사님이 다녀가신 우리나라가 법생지 은생지이다."라고 했다. 나의 참 고향은 법생지이고 은생지임을 알려 주시고자 함이 아니었을까.

만정 만각 만행

넉넉한 심정으로 세계 사업하라

만정 만각 만행萬定 萬覺 萬行

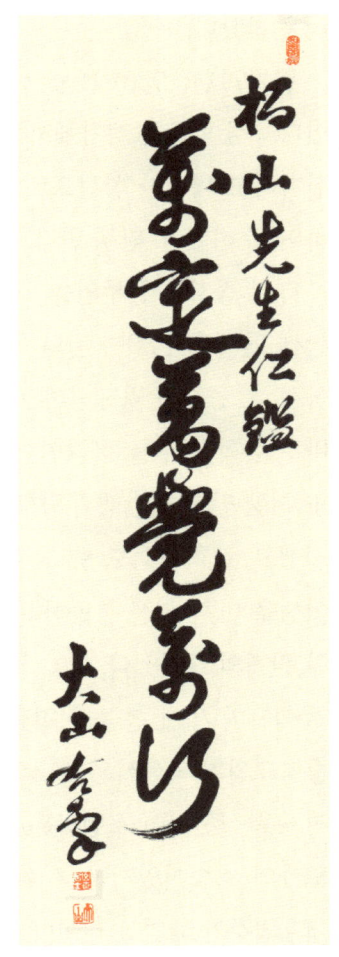

　원기70년(1985) 11월 백산 정도진鄭道振 대호법이 중앙교의회 의장으로 피선되자 대산 종사가 그 기념으로 '만정 만각 만행'의 휘호를 내리셨다. 백산의 속명은 정해영으로 부산지역 대표적 기업인이자 7선 의원으로 국회부의장을 지냈다. 교단적으로도 6년간 중앙교의회 의장직을 수행했으며, 대산 종사 앞에서 무릎을 꿇고 겸손으로 법주를 높이 모셨다. 백산은 1980년 전두환 군사정권이 들어서며 '정치 풍토 쇄신을 위한 특별조치법'의 구실로 정치 활동을 금지하자 정계 은퇴를 선언한다. 그 해 대산 종사는 백산에게 "이젠 정치 일선에서 물러나 교단 일할 때가 되었으니 앞으로 봉공회 사업에 여생을 활동하고 이제부터 참 주인공을 찾는 공부에 정진하라."고 당부하며 그동안 명분으로 맡고 있던 세계봉공회 회장 일을 더욱 적극적으로 하라고 명한다. 그 후 백산은 정치 활동 규제대상에서 해제되어 정치를 할 수 있는 기회가 되었으나 아들인 정재문을 자신의 뒤를 이어 국회 활동을 하도록 하는 한편, 그는 정치적 사건을 숙세의 밀린 업으로 돌리며 경전을 쓰며 대수양의 기간을 보냈다.

　백산은 정치적 위기를 당하거나 어려운 경계가 있을 때는 물론이고, 신년인사를 거르지 않고 스승을 찾아 지도를 받곤 했다. 교단 사업에도 아내인 양타원 송경심 종사와 함께 소리 없이 이곳저곳에 복의 씨앗을 뿌렸고, 국가적 차원에서 교단의 어려운 문제들을 해결해 주는 역할을 했다. 세월이 약이런가? 백산은 정계 은퇴 후 스승의 하명과 본인의 마음 추스르는 무서운 정신력으로 위기를 극복하고 마음의 안정을 찾았다.

　원기71년(1986) 12월, 백산은 중앙교의회 의장에 선임 된 후 대산 종사를 배알한다. "정 의장은 정가에서 국가를 위해 헌신 봉공하였으니, 이제는 모든 것을 놓고 한가하고 넉넉한 심정으로 수양에 적공도 하고 세계 사업을 하라."고 스승은 당부하며, 준비했던 '만정 만각 만행'의 휘호를 내리신다.

　대산 종사는 공부인을 위해 삼학을 도해圖解로 기1~기4까지 만들었고, 대중들과 함께 연마하며 30여 년의 독공 기간을 거쳐 삼학 공부로 완결했다. 이에 앞서 그해 삼심三心 공부를 발표하며 '만정 만각 만행'에 대해 말씀했다. 백산에게 내린 휘호가 바로 삼학 공부를 하려면 천정 만정 억만정 무량정, 또 천각 만각 억만각 무량각, 또 천행 만행 억만행 무량행을 해야 불과를 얻는다는 뜻이다. 세상의 경제계에서도 일했고, 장학사업도 했다. 정치계에서도 한 생 놀아보았으니 이제 도가 사업에도 여생을 바쳐 헌신 봉공하고 이 표준으로 대적공하고 대정진하라는 스승님의 간절한 원력의 글이었다.

　백산의 세계 봉공회 회장직은 어려운 정치 시기에 교단을 이어주는 끈이었고, 중앙교의회 의장직은 교단의 결의기관으로 재가출가의 민의를 모으는 역할로 그의 경륜을 실천하며 호법하는 계기가 됐다. 그에게는 대산 종사가 평생 정치적 스승과 도가의 스승이었지만, 사실은 그의 아내인 양타원 종사를 심사心師로 모시었기에 대호법주가 되었을 것이다.

시방일가 사생일신

진정한 출가위 심법 보여

시방일가 사생일신 十方一家 四生一身

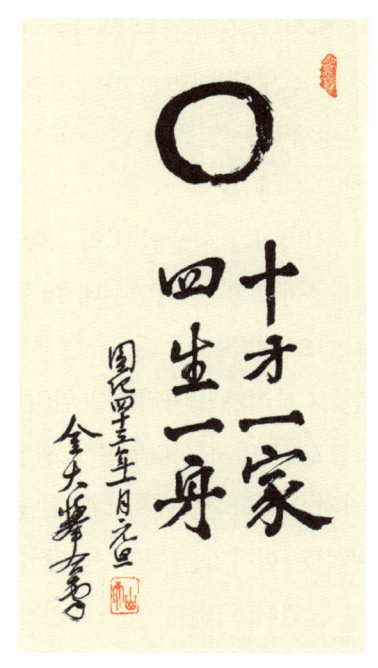

대산 종사, 교단의 중책을 맡은 교정원장 시절 원기43년(1958) 새해 원단을 맞아 정산 종사의 공양을 담당하던 시타원 이혜선李惠善 교무에게 '시방일가 사생일신'이라는 친필 휘호를 주신다. 시타원은 원기36년(1951)부터 마령교당 공양원으로 근무하다 공비생으로 추천받아 원기42년(1957) 중앙선원에 입선하게 됐다. 그러나 정산 종사를 모시겠다는 간절한 원력으로 수학을 늦춘 채 장수에서 요양 중인 정산 종사를 시탕하였다.

원기43년(1958) 4월, 대산 종사가 건강상의 이유로 교정원장직 사의를 표명하자 직무대행으로 응산 이완철이 임명된다. 그 다음 해 중앙선원장에 선임됐지만, 영산재방언 공사 고문으로 참여하게 된다. 이때 시타원은 비로소 중앙선원에 입선하게 된다. 대산 종사와 시타원은 스승과 선원생으로 만나게 됐고, 2년의 수학 기간이 흘러 졸업하자 정식으로 출가서원식을 한다. 시타원은 정산 종사를 다시 모시지만 1년 후 정산 종사께서 열반하신다.

시타원은 정산 종사의 9년 치병治病 동안, 5년여간 시탕과 공양원의 경험을 살려 다시 대산 종사를 시봉하게 된다. '시방일가 사생일신'으로 표준 삼고 전무출신 하라고 내리신 스승님의 법문을 다시 새길 기회가 온 것이다.

대산 종사도 정산 종사와 마찬가지로 병마와 낙고삼매樂苦三昧하시는 어른이었다. 신도안의 정양에도 온갖 정성을 다하여 시봉하였지만 대구로 전지 요양하실 때도 그 한마음으로 일관했다. 세월이 흘러 대산 종사 익산 금강리에서 정양하실 때 교단은 반백주년 행사 준비로 온 힘을 기울이고 있었다. 총부를 가까이 두고 있었지만, 반백년기념관, 구교정원 사무실, 신조실 등 건축공사가 한창이라 어수선하기도 하고 숙소 문제도 해결되지 않아 금강리에서 머물렀다. 이때 대산 종사는 반백주년 주제인 '진리는 하나 세계도 하나 인류는 한 가족 세상은 한 일터 개척하자 일원세계'라는 염원을 연마하고 있었다. 어느 날 정성을 모아, 한글로 쓰고 시타원에게 주신다.

'시방일가 사생일신'의 공부 표준을 받은 지 10여 년이 다 됐지만, 아직 더위잡지 못하고 있던 터였는데 어렴풋하나마 모두가 하나임을 알았다. 이제 사생이 내 몸이요 시방을 내 집, 내 일, 내 살림으로 알고 어느 곳에 살더라도 이 마음으로 살면 그 자리가 꽃자리임을 알았다.

그래서인지 시타원은 스승님을 9년 모신 후 삼성교당, 대마교당, 이리수양원을 거쳐 이리자선원에서 17년간 근무했다. 대산 종사는 필자가 간사 때 종종 시타원과 관련된 이야기를 했다. 특별하게 드러난 인물은 아니지만, 서원과 공심으로 산 분으로 느꼈다. 그러다 어느 때인가 이리자선원에 근무하는 시타원을 뵙고 나니 온몸으로 서원, 공심뿐 아니라 신성으로 체화된 강렬한 기를 품고 있는 숨은 도인 같았다.

대산 종사는 시자들에게 "혜선이가 정산 종사와 나를 지금까지 지극한 효로 모시고 있으니 내 자식 같이 챙겨야 한다."라고 했다. 일생 진자리 마른자리 가리지 않고 두 스승님께 '시봉의 도'를 다 했고, 시방일가 사생일신으로 체화된 시타원, 그는 진정한 출가위 심법을 보여주고[示] 베풀고[施] 믿게[恃] 한 우리들의 참스승이었다.

소태산 여래불

산 여래 새 불타로 모심

**소태산 대종사님은
주세불이시요
여래불이시니라.**

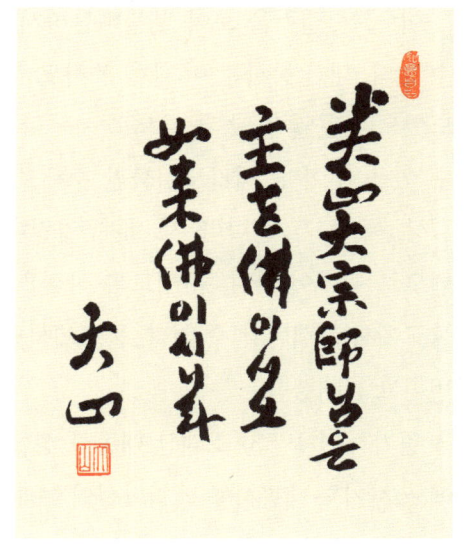

원기83년(1998) 6월 22일 왕궁 상사원에서 대산 종사는 시자에게 "종이와 붓을 가져오라." 하시고 '소태산 대종사님은 주세불이시요, 산 여래이시요, 새 불타이시니라.'라고 쓰셨다. 다시 '여래불'이라고 고쳐 쓰신 후 "소태산 여래불이라고 하면 더 좋겠다. 대종사님을 산 여래로, 새 불타로 모시고 나니 마음이 편안하고 평생 보은 못 한 것, 보은한 것 같다."라고 하시며 여러 번 말씀했다.

대산 종사는 이즈음 수계농원을 내왕하시며 틈틈이 붓글씨를 쓰며 소요하신다. 예전에 비해 다소 필력이 미치지 않아 작품에 우열을 가리는 마음이 일어날 정도였다. 이때까지만 해도 탁구도 치시고, 붓글씨를 쓰시고, 산책도 하여 열반 길을 떠나실 줄 몰랐다. 조금은 기력이 부치기도 하였지만, 종법사직에서 물러나고 도방한 모습에 마음을 놓고 우리들 곁에 계실 줄만 알았다. 대산 종사께서 붓글씨로 소일하시는 것을 보고 마냥 철없이 좋아했으니 필자도 여간 무던 중생이었는가 보다.

대산 종사는 한 작품 쓰시는 데 온 힘을 모아 정력을 기울이고 기원을 담아 쓰셨다. 그러기에 한 작품 한 작품을 보고 다 좋다고 하셨다. 그러나 나의 눈에는 여전히 반듯한 글씨가 눈에 띄었다.

이때 작품으로 '일원세계', '성경신', '일원대도', '대도일원', '일도대도', '사은실', '대은실', '○상' 등이었다. '일원세계'가 주를 이뤘지만, 오늘 소개한 '소태산 대종사님은 주세불이요 여래불이시니라'는 최고의 작품일 것이다. 물론 그 뒤에 몇 작품 쓰셨지만, 최후 유작 중 정수라고 할 수 있다.

이 글은 필력을 보아 삐틀삐틀하지만 대산 종사의 정력이 뭉친 대작품이 아닐 수 없다. 대산 종사는 이 글을 쓰시고 "대종사님을 새 주세불로 산 여래불도 받들어 드렸으니 큰일 끝났다. 앞으로 누구나 공부하여 법력을 얻으면 여래요, 불타가 될 수 있을 것이다. 석가모니불만 주세불이고 여래이실 수 없다. 대종사님께서는 새 회상, 새 종교, 새 나라, 새 세계, 일원대도에 바탕을 두어 중도정치를 하고 대도 정법으로 이끌어 나갈 수 있도록 하셨으니, 새 주세불이시고 산 여래불이 아니시냐. 불교에서도 시비할 수 없다. 불교에서도 못 되란 법 없으니 말이다."라고 하시며 몇 번이고 기뻐했다.

원기38년(1953) 소태산 대종사 성탑을 조성하고 정산 종사 '소태산대종사 비명'에 쓰시기를 대종사를 백억화신의 여래시요 집군성이대성이라 했다. 이에 불교계에서 대종사를 '여래'라고 호칭한 것을 두고 김태흡 스님이 불교계 대표로 항의차 교단을 방문했다. 대산 종사는 "화화초초개시여래花花草草皆是如來라 하였는데, 묻는 그대가 여래가 되지 말라는 법이 있는가?"라고 했더니 물러갔다는 유명한 일화가 있다.

교단에서는 소태산 대종사를 칭하는 여러 호칭이 있다. '원각성존 소태산 대종사', '대종사 소태산여래', '소태산 대종사' 등을 부르고 있지만, 일반적인 대명사로 '대종사'라 호칭하고 있다. 대종사라는 호칭은 여래보다 낮은 호칭으로 조사급이라 할 수 있다. 이제 원불교 100년을 맞아 대종사의 호칭을 격에 맞게 부르는 것이 도리라고 할 수 있다. 대산 종사의 '소태산 여래불' 칭호도 그 한 가지 대안이 될 수 있을 것이다.

인화

천하의 제일가는 기술

인화人和
서북 위무는西北威武는
화평和平의 도가 못된지라
가히 한 사람도 다스리지 못할 것이니
족히 쓸 것이 못되고
오직 동남인화東南人和의 도라야
가정 사회 국가 세계를
고루 화평하게 만들 것이니
이 도라야 천하 사람이 다 쓸 것이니라.
정미丁未 1967년 국추菊秋

좌타원 김복환 종사가 45년간 색이 바래도록 고이 간직한 대산 종사의 친필 '인화'이다. 가로 33㎝ 세로 57㎝의 크기인 한지 중앙에 인화라고 크게 쓰고 좌측면에 부연으로 서북풍과 동남풍에 비유하여 고루 화평하게 동남 인화의 도를 천하 사람에게 실천하라고 재차 새겨주셨다.

좌타원은 출가하여 원광여자중·고등학교 서무행정을 4년간 어렵게 수행하고, 교정원 육영부에서 1년간 근무한 후 법무실에서 4년간 근무했다. 이때 좌타원이 건강에 이상이 생기자 대산 종사는 "생사는 거래와 같고 또 권리가 나에게 있는 것

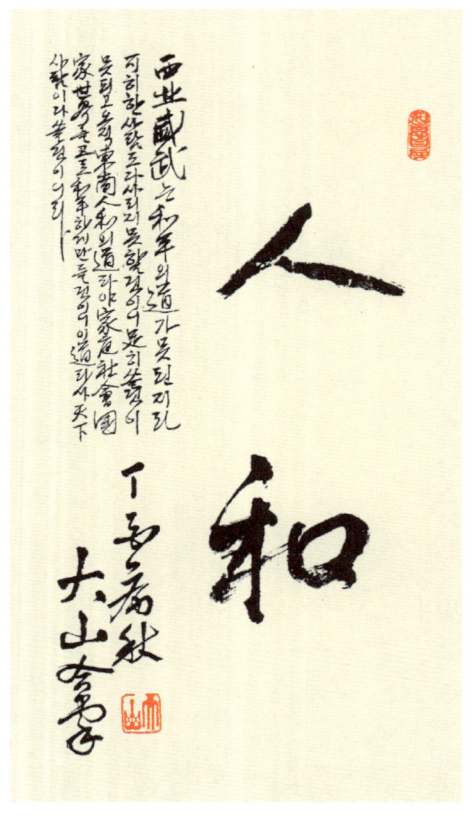

이 아니니 진리에 맡기고 오직 정성을 다할 뿐이다. 자기에게 권리가 없는 일은 간섭지 말고 진리에 맡기고 오직 정성만 다하라."고 당부했다.

우연 자연, 이 시기에 좌타원은 대산 종사를 스승으로 모시는 영광을 누린다. 육신과 정신의 생명을 주신 부모를 법연의 스승님으로 모시게 된 셈이다. 과거 전통 불가에서는 할애割愛 출가로 세속의 인정을 끊고 출가하는 것을 수행자의 기본으로 삼았지만, 우리 교단에서는 '혈연과 법연이 다 소중하나 영생을 놓고 볼 때 혈연보다 법연이 더 소중하다'고 했다. 혈연과 법연을 같이 하였으니 말해 무엇 하겠는가?

대산 종사는 원기52년(1967) 새해를 맞이하여 인화의 도를 실천하자는 법문을 내리신다. 대종사께서 '천하의 제일가는 기술은 인화의 기술이요, 교단의 큰 자본은 화합단결이라' 하셨다.

우리는 인화의 도로써 참다운 평화와 건전한 발전의 역군이 되어야 하겠다.

1. 크게 잘못하는 사람이 있거든 열 번만 관대히 용서해주면 열한 번째는 잘할 것이요,
2. 무엇보다 먼저 정의情誼가 건네야 할 것이요,
3. 남의 뜻을 맞추기에 노력할 것이요,
4. 몸소 더 배우고 더 실천할 것이요,

5. 남의 부족을 말하기보다 장점을 말해 주기에 노력할 것이요,

6. 선은 상을 주고 악은 벌을 주되 벌은 조금 적게 줄 것이요,

7. 항상 남의 인격을 존중하고 주권을 세워 줄 것이요,

8. 미움과 사랑에 끌리지 말고 항상 원만할 것이니라.

인화를 이루는 길이 이상의 몇 가지에 한정하리오마는 우선 그 대강을 밝혔으니, 오직 순실한 마음으로 어떤 처지와 경우를 당하여도 그 도와 법을 잘 알아서 실행에 정성을 다해야 무위이화로 심화心和 기화氣和 인화人和가 되어 반드시 무궁한 덕이 쌓이는 동시에 교단은 영원히 건전한 발전을 보게 될 것이요, 가정 사회 국가 세계는 자연히 평화가 이루어지리라.

대산 종사는 그해 가을 익산 금강리에 주석 중 좌타원에게 인화의 친필을 손수 내리셨다. "대중과 인화하기에 앞서 먼저 자신부터 심화 기화하면 인화는 저절로 되리라"는 부모의 정을 담고, 영겁 사제로서 법연의 증표로 내리신 글이라 할 수 있다.

일원의 가정

일원가정 천만년 가꿔 가리

일원—圓의 가정家庭

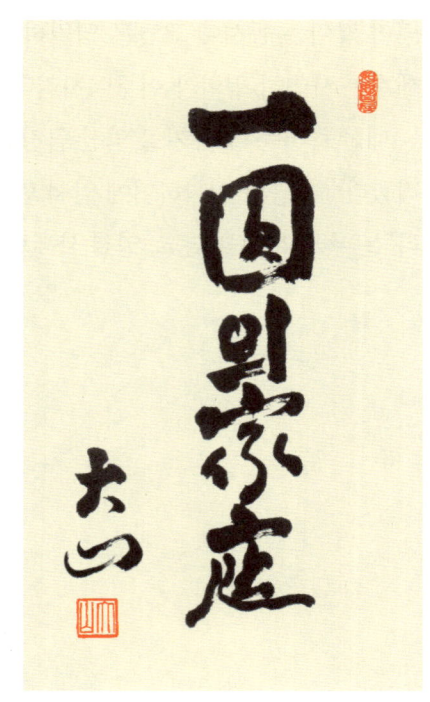

대산 종사 뜻한 바 있어 한때 붓을 놓았다가 종법사위에 올라 다시 붓을 잡았다. 대산 종사는 이에 대해 "누구나 공부할 때는 어느 한 방면에 능한 바를 다 쏟아 버리지 말고 감추어 둘 줄 알아야 한다. 내가 원평에서 채약採藥을 하며 기도할 때 신령스러운 문구가 솟아나 글을 써 보니 과거의 대문장가보다 못할 바가 없고, 총부에서 붓글씨를 써 보니 옛 명필보다 못할 것 없다는 생각이 들어 그때부터 글문을 닫고 붓을 던져 글을 쓰지 않았다. 그때 내가 잘하는 데 치우치지 아니하고 함축하였기에 뒷날 대종경 초안을 정리할 힘이 솟았다."라고 했다.

대산 종사는 종법사 재임 시절 보감 되는 글을 써서 교도나 각계각층 인사들에게 나눠주었다. 필자가 모시던 시절에는 붓을 잡은 모습을 거의 보지 못했다. 연례적인 행사로 신년을 맞아 신년 휘호를 쓰거나 유명 인사들이 방문할 때 기념선물로 주기 위해 가끔 붓을 들었다. 사전에 습자 한번 없이 붓을 들어 내리쓰면 끝나버렸다. 대산 종사 종법사위를 퇴임하고 상사로 계실 때 붓을 다시 들었다. 이제 붓을 잡은 손이 한결 가벼워 보였지만 한번 쓰고 나면 힘에 부치셨던지 예전 같지 않다는 느낌을 받았다. 그래서인지 친필 휘호를 받고자 하는 마음만은 간절하였지만 차마 말씀 못 드리고 7년간을 모시다 총부 재정산업부로 이동하게 됐다.

그즈음 필자가 결혼하게 되자 용기를 내어 대산 종사께 "제가 결혼하게 되었으니 저에게 보감될 말씀[家訓]이나 친필을 받고 싶습니다." 하고 아뢰니 '일원의 가정'을 쓰시고 "결혼식을 마치고 오면 그때 주겠다."라고 했다.

대산 종사는 결혼식 날 법복을 입고 친필을 준비하여 신랑 신부를 기다리고 계셨다. 시자가 "오늘 결혼식 후 제주도로 신혼여행을 가고 며칠 후에 인사드리러 오니 그때 주시고 편히 쉬시라."고 하였으나 "오고 안 오고는 본인이 알아서 할 테고 기다리는 것은 내가 기다리니 가만히 있으라."고 했다. 그 말씀을 전해 듣곤 스승님의 크신 은혜를 느끼며 눈물이 핑 돌았던 기억이 난다.

'일원의 가정', 이 친필을 받고선 참 당황했다. 가훈을 부탁했는데 교역자 가정으로선 당연한 정언명령을 말씀하시기에 밋밋하고 두루뭉술한 목적 같았다. 누구에게 내보이려고 걸어놓을 가훈은 아니지만, 이념에 치우치고 현실적이지 않다는 생각으로 10여 년을 받아만 두었다. 최근 아이들이 학교에서 가훈을 적어오라는 숙제를 받아 왔다. 오래도록 가슴 한편에 묻어두고 내놓지 못한 대산 종사의 휘호를 펼쳐놓고 고민을 했다. '일원의 가정'을 대전제로 그 아래 '천년을 하루같이, 하루를 천년같이'라고 가훈을 정했다. 아이들은 시적인 표현이라고 말하지만, 어른의 말씀을 살리고 보태어 천년을 살더라도 하루같이 열심히 살고, 단 하루를 살더라도 최선을 다하여 천년을 사는 것같이 살아가자고 말했다.

실은 "한 가정은 나라의 바탕이요 복의 터전인바, 가정이 모여 국가와 세계가 이루어진다. 그러므로 가정 가정을 불은화佛恩化 일원화하여 일체 동포가 한 울안 한 가족 한 일터의 큰 가정을 이루어 안락하고 행복하고 진화하는 삶이 되어야 한다."라고 하신 대산 종사의 말씀을 새기며 일원의 가정을 천년만년 가꾸어 가리라 다짐한다.

국력배양

국론통일과 국운융창 염원

　대산 종사 원기60년(1975) 5월 4일 전주 일대 교당 순시와 진안 좌포교당, 산제당 참배 차 대중 100여 명과 같이 8시 30분경 총부를 출발한다. 도중 전주지역 합동법회에서 영생의 잘사는 표준으로 자리이타의 도와 국태민안國泰民安 안민보국安民輔國에 대해 법문을 했다.

　고등종교는 내 가정뿐 아니라 나라나 세계도 좋게 만드는 것이다. 우리는 국민으로서 나라를 키우는 데 여야를 가릴 것 없고, 종교를 가릴 것 없이 단합해야 한다. 또한, 정부나 나라는 국민을 편안하게 만드는 것이 요강이다. 안민보국이라, 백성을 편안하고 부하게만 만들면 자연히 보국이 될 것이다. 그러므로 나라의 요강은 안민으로부터 보국이 되고, 국민은 국태로부터 민안이 되는 것이다.

　합동법회를 마치고 오후에 관촌교당을 경유하여 좌포에 도착 일박하고, 그다음 날 만덕산훈련원과 산제당을 들러 참배하고 총부로 돌아온다.

　그해 온 나라는 긴급조치로 인해 유신정권 이래 가장 큰 경색국면을 맞이한다. 긴급조치는 1972년 개헌된 대한민국의 유신헌법에 규정되어 있던, 대통령의 권한으로 취할 수 있었던 특별조치를 말한다. 당시 대한민국의 대통령이었던 박정희는 이 조치를 발동함으로써 '헌법상 국민의 자유와 권리를 잠정적으로 정지'할 수 있는 권한을 가졌다. 이는 역대 대한민국 헌법 가운데 대통령에게 가장 강력한 권한을 위임했던 긴급권으로, 박정희는 이를 총 9차례 공포했다. 1979년 10·26 사건으로 박정희 대통령이 사망하고, 신군부의 주도로 1980년 10월 27일 헌법이 개정되면서

폐지됐다. 1975년 5월 13일 긴급조치 9호가 발동한다. 유언비어의 날조 유포나 교내 집회 시위는 물론 긴급조치 그 자체를 비방하는 행위도 처벌토록 했다.

국력배양이라는 친필 휘호는 긴급조치 9호가 발동되기 하루 전 총부에서 쓴 것이다. 가로 34.2㎝ 세로 123.1㎝ 작품으로 몇 안 되는 한글로 쓴 휘호다. 이 휘호는, 이 시기 유신정권 하의 상황과 무관하지 않다. 육영수 여사 저격 사건과 땅굴 발견, 베트남전 종식, 남북한 대치 아래 한미 방위협정 이행 확약 등과 관련하여 전국 방방곡곡에서 안보 궐기대회가 열리고 있었다. 긴급조치로 인한 고려대학교의 휴교가 있은 지 한 달이 채 되지 않아 긴급조치 9호가 발동한 어수선한 정국이었다.

대산 종사는 정교동심의 입장에서 "국가가 국론 통일이 안 돼 흔들리면 안 된다. 국운이 바르게 나가도록 전 교도가 기원하자"고 했다. 이 마음을 담아 휘호를

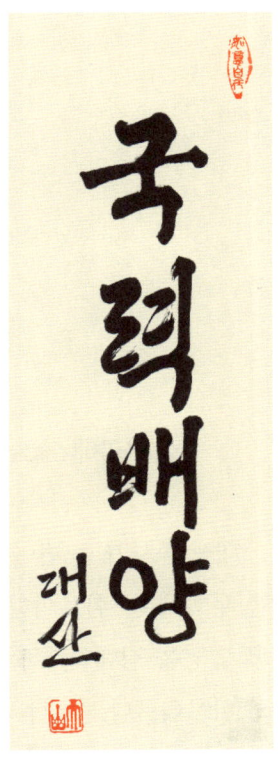

쓰고 국론통일과 국운융창을 위해 국력배양이라고 쓴 것이다. 세월이 흐른 지금에서야 교단의 유신정권 하의 대처 방식에 왈가왈부 시비를 논할 수 있겠으나 한 가지 확실한 것은 정교동심의 입장만은 변함이 없었다.

원기65년(1980) 2월 23일 대전 유성호텔에서 공화당 총재인 김종필 선생을 만나 '국력배양'의 친서를 전달했다. 이번에 소개한 것은 친필인지 사본인지는 확실하지 않다. 정교동심의 지도자가 되기 위해서는 원불교 교리를 알아야 하니 전서와 함께 조국대흥과 세계평화의 길이란 법문을 내리셨다. 대산 종사는 정교동심의 입장에서 정부를 상대하고 여야 정치인을 가리지 않고 만났다. 일찍이 해방 후 서울 출장소장으로 있을 때 이승만, 김구, 조봉암, 김성수 등 정치인과 교류했고, 박정희 대통령을 비롯하여 역대 대통령을 면담하고 일구월심 국력과 교력의 신장으로 인류를 구제하자고 했다.

마음에 걸림이 없다

걸리고 두려움이 없는 행

심무과애 心無罣礙

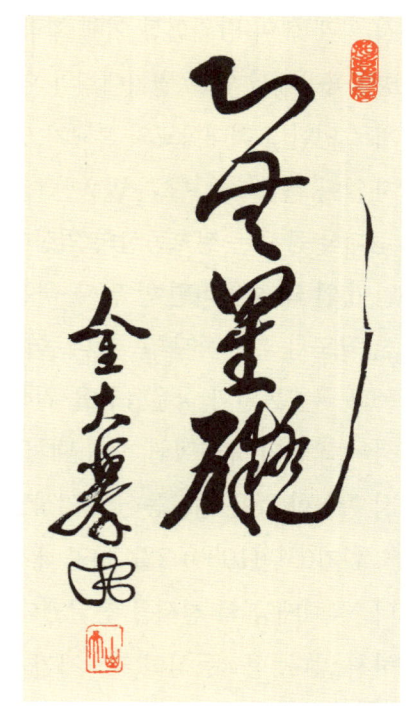

대산 종사가 쓴 반야심경 내용 중 하나인 '심무과애'의 휘호이다. 이를 행서체로 쓰고 법명을 김대거라고 쓴 후 그 아래 수결로 마무리했다. 수결手決이란 예전에 관직에 있는 사람이나 양반들이 사용하는 자신만의 표기·기호로 자기의 성명 또는 직함 아래에 도장 대신 자필로 썼다. 지금으로 말하면 사인이라고 할 수 있다. 부처 불佛 자를 형상화하여[] 낙관을 대신하여 수결했다. 낙관을 수결 밑에 찍어야 하는데 수결 옆에 비스듬히 찍고 오른쪽 상단에는 '여의자재如意自在'의 두인頭印을 더 했다. 이 작품은 A4 사이즈 한지에 거의 여백이 남지 않는 것으로 보아 수결로 끝맺음을 했다.

심무과애의 글씨는 첫 자의 심心부터 걸림이 없이 써 내려가다 애礙 자에서 꼬리를 날렵하게 위로 치켜세우며 긴 호흡으로 붓을 맺었다. 필력이 힘차면서 또렷함이 무엇에라도 걸리고 두려움이 없음을 감추지 않았다. 마음을 형상화하여서 한 꼬리라도 삿

된 마음을 감추지 않겠다는 속내를 드러내고 있다. 그런데 이 작품의 한 가지 흠이라면 낙관을 잘못 찍었다는 것이다. 수결로 끝냈으면 좋았을 텐데 굳이 낙관을 찍었다.

대산 종사 작품의 특징 중 하나는 법명이나 출세거사出世居士의 아호를 쓴 것은 대개 종법사위에 오르기 전 글이라 할 수 있다. 그 후 대산의 법호를 쓰고 낙관을 찍었다. 한마디로 대산 종사가 종법사위에 오르자 그 작품이 유명세를 탄 것이다. 낙관을 찍는 것을 고려하지 않고 쓴 친필을 받은 사람들이 그 작품을 고이 간직하다가 나중에 낙관을 받은 셈이다. 그러다 보니 작품에 찍은 낙관으로 인하여 오히려 작품의 예술미를 손상하게 됐다. 화면에는 일정한 낙관의 공간이 있으나 그 장소를 잘못 잡으면 화면의 균형이 손상된다. 이 작품도 대산 법호 낙관을 '심무괘애' 밑에 찍었으면 금상첨화라 할 수 있다.

대산 종사의 작품에는 거의 '대산' 낙관과 함께 반드시 여의자재 음각 낙관을 쌍관으로 찍었다. 이를 보아 여의자재는 마음가짐과 닮고자 하는 성어聖語나 경구警句인 셈이다. 작품의 품격에 따라 도장을 거기에 어울리게 선택해야 한다. 그래서인지 복사본 심무괘애는 낙관이 수결 밑에 나란히 찍혀 제법 작품의 구색을 갖추어 풍부한 예술미를 주고 있다.

대산 종사가 쓴 글이 마르기를 기다려 시자들이 낙관을 찍었다. 작품에 있어 도장은 점안인 셈인데 이를 시자들이 잘못 찍다 보니 그 작품의 격조를 떨어지게 했다. 필자도 낙관의 중요성을 모르고 찍었던 터라 작품의 품격을 낮추는 데 일조했음을 인정한다. 그러나 대산 종사는 작품을 쓰고 나면 언제나 좋다고 했다. 필자가 보아 필력이 없어 보이는 작품도, 낙관을 어울리지 않게 찍은 작품도 어느 한 점 버리지 말게 했다. 예술을 하는 사람은 더 좋은 작품을 낳기 위해 마음에 들지 않은 작품은 과감히 찢거나 부수거나 뭉개버리는 것으로 알고 있었는데 여기에서 생각을 달리하게 됐다.

대산 종사가 원기38년(1953) 새해 겨울 서른 살에 세필로 쓴 '반야심경'이 있다. 정자체로 쓴 '반야심경'을 보노라면 수행인의 서슬 퍼런 기개가 담겨있다. 심무괘애의 '괘애罣碍'를, 이렇게 적고 있는 것으로 보아 글자 자체는 별다른 뜻이 없는 것 같다. 마음 가운데 한 점 걸림이 없는 무애도인처럼 말이다.

여섯 가지 부처 만드는 법

조불불사의 대역사

육대조불불사六大造佛佛事
활생活生 **활선**活禪 **활불**活佛 **활동**活動 **활법**活法 **활세**活世

대종사는 일원회상의 주세성자主世聖者요, 정산 종사는 법모성자法母聖者요, 대산 종사는 조불성자造佛聖者라고 말한다. 좌산 종사는 "대종사, 정산 종사, 대산 종사를 천지인 삼재三才의 성현이라 칭한다면, 새 회상 천지대공사의 인도수人度數 역할을 담당한 대산 종사는 조불불사의 대역사를 이룩했다."라고 밝혔다.

대산 종사는 "대종사께서 일원대도를 정기훈련법과 상시훈련법으로 마련하여 놓으신 조불의 계획은 단생 계획이 아니라 무량세에 계획하신 원력이요, 방법이다."라고 했다. 종법사 재위 33년간 이를 실천하고자 중앙훈련원 불사를 시작으로 전국 각지에 훈련원을 마련케 했다.

또한, 세계 사람이 이 법으로 훈련받아야 하니 국제훈련원을 국내외 여러 군데 마련케 하고, 노구에도 불구하고 하와이 국제훈련원 봉불식까지 다녀왔다. 최후 염원으로 지리산국제훈련원 개발을 재촉하며 조불불사의 대미를 장식했다.

육대 조불불사는 원기72년(1987) 10월 부산과 대전교당 교도들에게 처음 소개했고, 그해 11월 수위단회에서 이 주제로 법문을 했다. 이 휘호는 원기72년경 붓펜으로 쓴 것으로 다음해 교도들에게 신년 선물로 주신 것이다. 그 해 8월 21일 영산에서 청년회원들이 법인기도를 올릴 때 성문화하여 내리신 법문이다.

대산 종사는 "선천에는 앉아서 수도하고 조용히 사는 시대라면 후천 갑자 이후부터는 대종사께서 '활생 활선 활불 활법 활동을 하여 활세하여야 한다.'라고 하시며 영육쌍전, 동정일여 법을 내주셨다."라고 그 의의를 밝혔다.

원청 법인기도의 결의는 구인선진의 정신을 다시 흥기하려는 거룩한 다짐이라고 격려하며, 다음 육대 조불불사를 밝혔다.

첫째 활생이니, 살리는 생활을 하자는 것이다. 이 시대는 살리는 시대요, 하나로 다 함께 하는 시대이다. 구인선진이 올린 사무여한의 기도가 인류를 살리고 전 생령을 살리려는 지극한 원력이었다. 천지가 만물을 살리듯 이웃을 살리고 민족을 살리고 인류를 살려 거듭나게 하자.

둘째 활선이니, 안으로 참 나를 찾는 마음공부를 하자는 것이다. 활선은 살아 있는 공부요, 생활 속에서 하는 공부요, 일속에서 하는 공부로 무시선 무처선법이다.

셋째 활불이니, 부처가 멀리 다른 데 있는 것이 아니요, 내가 곧 부처니 생활 속에서 살아 숨 쉬는 산 부처라야 참 부처이다.

넷째 활동이니, 현재와 미래는 활동하는 시대이니 활동하는 종교인이 돼야 한다.

활동하는 종교라야 세계의 광명이 된다. 활동 중에 가장 큰 활동은 사은에 보은하는 것이다. 어느 때 어느 곳에 처하든지 은혜를 발견해서 감사하고 보은하는 주인공이 되자.

　다섯째 활법이니, 이 세상은 인의人義의 대도 정법이라야 하거늘 권모술수가 횡행함은 인류의 불행만 가져올 뿐이다. 법이 살 때 내가 살고, 법이 죽을 때 내가 죽음을 알아 법을 살리고 도덕을 살리고 일원의 진리를 살리는 밑거름이 되자.

　여섯째 활세이니, 세상이 살아나는 것이다. 세계부활은 도덕부활로, 도덕부활은 회상부활로, 회상부활은 성인부활로, 성인부활은 자기부활에 있는 것이니, 자기부활을 통해서 활세도 될 것이니 우리 원청인은 국가 세계 종교를 살리는 주인공이 되자.

영산회상 옛 서원이 깊어서

마음 달은 서로 비치네

이경순 선생李敬順 先生
영산석일서원중靈山昔日誓願重
동고동락기하년同苦同樂幾何年
신형수연남북별身形隨緣南北別
심월상조영겁통心月相照永劫通
정해년 신원 정각사丁亥年 新元 正覺寺
김대거 합장金大擧 合掌

이경순 선생에게
영산회상 그 옛날의 서원 깊어서
고와 낙을 함께하기로 그 얼마런가
몸은 비록 인연에 따라 떠나 살아도
마음 달은 영겁토록 서로 비치네
1947년 새해 정각사에서
김대거 합장

이 한시는 대산 종사가 서울 정각사에서 원기32년(1947) 새해를 맞이하여 개성 교당에 근무 중인 항타원 이경순 선생에게 보낸 새해 안부 편지이다. 항타원 종사

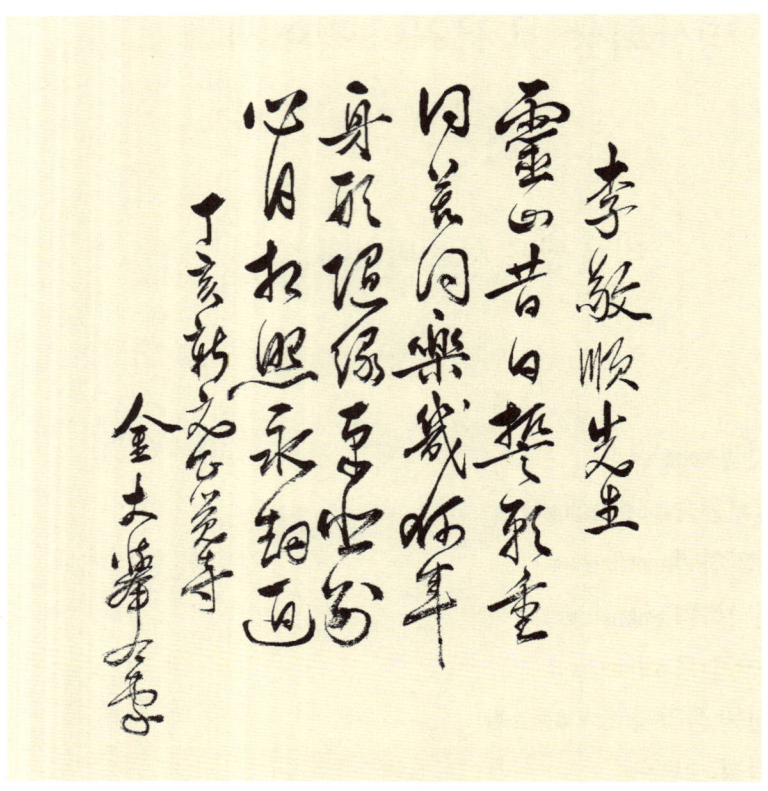

는 원기26년(1941) 2월부터 개성교당 교무로 부임하여 원기35년(1950) 6·25 한국전쟁이 일어나기 전 부산 초량교당으로 이임하였다. 항타원 종사는 9년간 개성교당 교역 시절부터 인격과 교화력이 빛나기 시작하였다. 개성 시절 인연들이 서울 종로교당의 창립주가 되었고, 여러 교당의 창립요인으로 활약하게 되었다. 교도들은 항타원을 대종사의 분신으로 생각할 정도로 존경하였다.

당시 대산 종사는 원기31년(1946) 주산 송도성 종사가 전재동포구호사업을 이끌다 전염된 발진티푸스에 의해 순직하자 후임으로 그해 4월부터 총부 서울출장사 무소장으로 정각사에 머무르고 있었다.

정각사는 일제강점기 정토종에서 세운 와카쿠사간논지[약초관음사(若草觀音寺)]다. 일찍이 대한제국의 고종 황제가 조선인의 기상을 상징하는 서울 목멱산[南山] 기슭에 신하들의 충렬을 기려 제단을 만들고 이를 장충단獎忠壇이라 했다. 이에 일제 식민지개척의 선봉에 서 있던 일본 조동종과 정토종은 장충단의 기를 꺾기 위해 이곳[현 신라호텔 자리]에 사찰을 세웠다. 일본 조동종에서는 조선을 강점하는 데 공이 컸던 이토 히로부미의 기념사찰 히로부미지[博文寺]를 건립했고, 일본 정토종은 와카쿠사간논지를 건립하고 사이토 총독의 사적을 기렸다.

남산 기슭에 1만여 평이 넘는 임야를 차지한 와카쿠사간논지에는 기미년 만세운동 이후 교묘한 술책으로 이른바 문화정치를 표방하며 조선을 통치한 사이토 미노루[齋藤實] 총독의 업적을 기려 세운 송덕비가 있다. 일본이 패망하자 사정이 다급해진 한남동 와카쿠사간논지의 주지 오쿠보[大久保]는 일본으로 돌아갈 준비를 서둘면서 절을 잘 수호해 줄 단체를 찾다가 불교신문사 사장 나카무라 겐 타로[中村健太郎]를 통하여 불법연구회 서울지부장 최명부[본명 炳濟]와 선이 닿게 되었고, 서울지부 주무 황정신행과 성의철에게 입수되어 인수하게 되었다. 불법연구회는 이 적산가옥에 전재구호사업의 목적으로 전재 고아를 돌보는 시설인 보화원普和園을 운영했다. 불법연구회는 이 절을 정각사로 개칭하고 이곳에 총부 서울출장소를 발족하기도 했다.

대산 종사는 결핵으로 양주에서 요양하다 어느 정도 쾌차를 보여 출장소장으로 3년간 교역에 임했다. 당시 개성은 남한 땅이었다. 한국전쟁 후 남북으로 갈리었다. 대산 종사는 항타원에게 동지요 도반으로 영산회상의 옛 서원이 중하여 동고동락한 지 여러 해로 숙겁의 인연임을 상기하며 몸은 남북으로 갈리었으나 마음은 영겁을 통하고 있음을 표하고 있다.

지금은 두 분이 가셨고, 남북이 서로 갈려있으나 언제 한민족으로 심월상조하듯 서로 한마음이 되어 영원히 함께할 날이 있을까? 우리의 서원과 민족의 소원이 함께 하기를 간절히 기원할 뿐이다.

제3부

모시고 사는 대산 종사

큰 산에 안겨 사노라

대산 종사 낙관

대산 종사와의 인연

양정교당에서 첫 만남

나는 사춘기 시절 굶주림과 빈부 차이로 인한 세상의 불평등한 구조를 어떻게 하면 바꿀 수 있을까 하는 고민을 무척 많이 했다. 딱히 구체적인 계획도 실현 가능한 그 무엇도 없이 막연하게 머릿속으로 공상만 키워갔다. 중학교가 산기슭 4부 능선쯤 거리에 있어 등교하던 길이 걷기 힘들었다. 콩나물버스에 시달리고 먼 길을 걸어가자면 공상만이 유일한 낙이었다. 그때 걸어가며 많이 생각했던 것이 '학교 건물만한 금덩어리가 있다'라면 최소한 굶주림만을 면할 수 있겠다는 엉뚱한 생각을 했다. 그 엉뚱한 생각이 고등학교에 입학하자 사회사업가로 변했다.

고등학교 동창생을 따라나섰던 우연한 기회에 발길이 닿은 교당에서 검은 일원상을 접했다. 검은 치마와 머리에 쪽을 찐 한 교무님을 뵙고는 신선한 충격을 받았다. 또 다른 세상이 있음을 발견하고, 엉뚱한 공상만 하던 생각의 발길이 교당으로 향했다. 온통 생각이 동그라미 속으로 빠져들어 가고 교당에 다니는 재미를 붙일 즈음 총부에서 큰 어른이 오신다고 하기에 참석했다.

원기63년(1978) 4월 16일 부산교구 대법회에 오신 대산 종법사가 양정교당을 방문하였다. 그때 대산 종법사 외에는 수행한 분들은 관심이 없었다. 원불교에 출가하고 난 후 사진을 보고 동산 이병은 종사와 항산 김인철 종사 등이 수행인이었음을 알게 되었다.

대산 종법사께서 교당 이모저모를 살펴보시고는 "교당 뒷산 이름이 무엇이냐?"

고 물으셨다.

"황령산입니다."

"황령산이라, 전무출신이 많이 나오겠다."

대산 종사는 대중을 쭉 둘러보시더니 한 학생을 가리키며 "저기 머리 깎은 학생 전무출신하면 되겠다. 저 학생도 전무출신 감이다."라고 말씀하셨다. 그 자리에 있던 나한테는 아무 말씀도 안 하셨고 눈길도 주지 않으셨다. 전무출신에 대한 생각보다 사회사업가가 꿈이라 조금 섭섭하였지만 개의치 않았다. 그날 무슨 법문을 하셨는지 기억이 나지 않지만, 이 물음만은 잊히지 않는다.

이렇게 일회성 만남으로 끝난 줄 알았는데 7년 후 나는 전무출신을 서원하였고 대산 종법사님을 모시는 시자로 간사 근무를 하게 되었다. 그날의 궁금증을 해소하

원기63년 대산 종사 양정교당 방문(필자 뒷열 좌측 네번째)

고자 대산 종사님께 어느날 당돌하게 여쭈었다.

"왜, 저한테는 전무출신 하라는 말씀을 한마디도 안 하셨습니까?"

대산 종법사님은 그날 내 손을 잡으시며 미소만 띨 뿐이었다.

전생 인연의 만남

대학 1학년 첫 여름방학을 맞아 교당 친구와 전국 일주를 계획했다. 부산에서 친구 고향인 고성을 거쳐 전남 고흥 국립소록도병원을 방문하고, 익산 총부를 거쳐 서울 여의도교당을 방문하고 부산으로 돌아오는 일정을 짰다. 대학 1학년생 여행치곤 밋밋하고 재미없는 계획이었다.

소록도 나환자촌을 방문하는 일정에 소록도교당을 방문하여 교무님의 소개로 국립병원을 찾았다. 나환자들이 사는 마을과 병원 등을 여기저기 기웃거리며 호기심으로 바라보았다. 호기심이라기보다는 다가서지 못하는 거리를 두고 걷고 있었다. 중앙공원에 들어서자 아름다운 천상의 공원에 매료되어 나환자촌에 왔다는 경계심마저 사라져 버린 것이다. 구라탑을 지나 문둥이 시인 한하운의 '보리피리' 시비를 보고서는 문둥이[나환자]에 대한 부정적인 모든 편견을 놓아버렸다.

보리피리

보리피리 불며
봄 언덕
고향 그리워
피-ㄹ 닐니리.

보리피리 불며
꽃 靑山
얼릴 때 그리워

피-ㄹ닐니리.

보리피리 불며
人寰의 거리
人間事 그리워
피-ㄹ닐니리.

보리피리 불며
방랑의 幾山河
눈물의 언덕을 지나
피-ㄹ닐니리.

중앙공원에 산책 나온 나환자와 어느새 친구가 되어 있었다. 이웃집 형과 누나, 마음씨 좋은 할머니와 할아버지를 만나 이야기 친구가 되었다. 나의 이야기 주제는 원불교에 관한 것뿐이었지만 그들은 마냥 신기한 모양이었다.

그래, 나의 갈 길은 이 길이다. '인과'의 이치를 어렴풋하나마 알 것 같았다.
원효대사가 당나라 유학을 가다가 해골 물을 마시고 깨침이 있어 되돌아왔던 것처럼 나는 총부도 서울도 갈 필요가 없었다. 바로 발길을 돌려 부산으로 돌아와서 전무출신을 서원하고 원광대학교 원불교학과를 가기 위해 입시 공부를 했다. 독서실에서 자리를 잡고 숙식을 해결하고 공부에 전념했다. 공부하던 중 책상에서 깜박 잠이 들어 꿈을 꾸었다.
나는 들판을 걷고 있었다. 저 멀리 나지막한 산이 둘러있고 경지 정리된 논들 사이 신작로 길을 걷는데 맞은편에서 흰 법복을 입은 법사님을 좌우로 호위하고 대중들이 행렬을 지어 오고 있었다. 법사 일행들과 마주치자 인사를 했다. '저는 양정교당 다니는 청년이고, 지금은 전무출신 하려고 공부하고 있는 중'이라고 소개하니

원기74년 국립소록도병원 중앙공원 구라탑 앞에서

전주교당 권타원 김정권 은모님과 함께 대산 종사를 모시고(수계농원, 필자 좌측, 은모 좌측 세번째)

법사님께서 머리를 쓰다듬고 등을 토닥이며 열심히 하라고 당부하며 길을 떠났다. 그 멀어져가는 뒷모습을 보다 꿈이 깨었다.

그 후 신체검사를 받고 2개월이 지나 군대에 갔다. 군대에 간 것이 아니라 전두환 정권 시절이고 광주민중항쟁이 있은 다음 해라 휴학생들은 모두 군대로 끌려간 셈이었다. 나는 원불교학과를 입학하기 위해 대학 예비고사를 보던 날, 그날 입대를 하였으니 그 시절을 이야기하면 전설일 뿐이다. 군 생활과 동시에 청춘을 마비시키듯 그 꿈은 잊을 수밖에 없었다.

시자로의 만남

세월은 흘러 전무출신에 대한 서원은 더욱 굳어졌고 그 사이 군대에도 다녀왔다. 때는 신도안 삼동원이 천호산 삼동원으로 이거를 하던 시기라 원불교신문에서 삼동원 가건물이 실린 사진을 보았다. 그 신문 기사를 읽고 저곳에서 간사 근무를 했으면 하는 꿈을 키웠다.

원기70년(1985) 1월 23일 부산역에서 장산 황직평 종사님을 만나 삼동원으로 왔다. 대전역에서 내려 늦은 밤 봉고차를 타고 낯선 골짜기를 따라 하얀 눈이 가득 쌓인 벌곡에 짐을 풀었다. 낯선 풍경에 잠을 설치고 다음 날 대산 종법사님을 뵙는 것으로 간사 근무가 시작되었다.

모든 게 낯설었지만 아직 군기가 풀리지 않아 이리저리 뛰어다니는 데는 이골이 났다. 첫 임무가 불목하니라, 불 때고 장작 패고 연탄불 갈고 청소하는 일은 어렵지 않았다. 대산 종사님은 눈 오는 날도 산책을 멈추지 않았다. 삼동원 이곳저곳 터를 다지러 다녔기에 정해진 곳이 없었다. 그러기에 앞서 나는 대빗자루로 눈을 쓸어 길을 냈다. 갈림길에선 앞서 쓸다간 낭패 보기 일쑤였다. 이리 쓸까 저리 쓸까 하다가 방향을 틀면 곤란하였다.

산행을 마치고 내려올 때는 나뭇가지 하나, 괴석 하나라도 들고 내려오는 수고로움이 함께했다. 당신의 지팡이로 '이놈, 저놈' 하고 골라 놓은 돌이면 그 돌을 일일이 기억했다가 가지고 오곤 했다. 초발신심 꽃발신심이라 모든 일이 재미가 있었다. 틈틈이 고경 공부하고 법문 받던 일이 고단함을 이기게 했다. 무엇보다 대산 종사님이 '만물박사'라고 마냥 귀여워해 주셨기에 1개월여의 삼동원 생활은 합격점을 받았다.

대산 종사님이 3월 초에 원평교당으로 행가하자 그곳 생활이 시작되었다. 어느 날 대산 종사님을 모시고 들판으로 산책하러 나갔다. 그런데 그곳 풍경이 마치 많이 보았던 경지정리 된 들판이고 신작로와 둥그렇게 이어진 산하였다. 산책하는 내내 그 생각이 가시지 않다가 문득 수년 전 꿈속에서 본 그곳임을 알게 되었다.

오래전에 꾸었던 꿈을 잊었다가 이곳 원평에서 다시 생각나 대산 종사께 말씀드리니 나의 손을 꼭 잡고 "너는 증산 도인으로 이곳에서 나와 인연이 있었다."라고 하였다. 이 일로 한동안 '증산도꾼'이라고 불리게 되었다.

사람에게는 인연지가 있는 모양이다. 원평에 사는 동안 이 말이 위안이 되었는지 나는 간사로 2년, 예비교역자로 5년, 도합 7년을 방학하는 동안 원평과 구릿골에서 홀로 독공한답시고 살았다. 이곳의 소중한 인연은 어려울 때 여전히 나에게 힘이 되고 있다.

시봉진으로의 만남

간사 근무 기간이 끝나고 대학 생활과 훈련교무기간 1년을 거쳐 다시 법무실로 발령을 받았다. 이제 행자 시절이 아닌 정식 교역자로서 시봉진으로서 대산 종사를 모시는 근무가 시작됐다. 대산 종사는 평생 건강이 여의치 않아 정양하며 몸을 다스리며 존절히 사신 분이었다. 말년 정양 기간으로 생각하고 모시기로 하였다. 간사 시절로 돌아가 그 마음으로 소자小子로 살기로 다짐했다.

왕궁 영모묘원, 대종사 이하 교단의 선진 선열들을 모신 이곳의 생활은 단조로운 가운데도 늘 바빴다. 대산 종사의 사시정진에 따라 맞추어 살다 보니 그 흐름에 제법 의젓한 수행인이 다 된 것처럼 행동하는 모습이 보였다. 왕궁의 비닐하우스 응접실에서 스승님의 훈증을 받고 자란 새싹임을 알지 못했다.

그저 스승님 모시고 천년만년 살면 다 이루어질 줄 알았다. 우리 공부가 온실 속의 수행이 아니라 일상생활 속에 단련된다는 사실을 망각하고 그저 세월의 흐름에 맡겼기 때문이다.

교단의 종법사로 말기인 3년을 모시고, 종법사를 퇴임하고 교단의 상사上師로 2년간 모시다 열반 두 해 전에 총부 재정산업부로 이동하게 되었다. 열반하시기 전까지 모시지 못했음에 지금도 죄송한 마음이 든다.

늦은 나이에 결혼하고 새 근무지에 적응하려고 하자마자 대산 종사님이 열반에 드셨다. 온실의 화초가 대지에 뿌리박기 전에 보살펴 주는 환경이 변하였다. 스승님 떠나신 슬픔으로 총부 구내를 밤이 하얗도록 이슬을 맞으며 다녔다.

이렇게 대산 종사와의 인연이 끝나는 줄 알았다. 대산 종사의 닷새간의 교회전 체장이 끝나고 이리 팔봉동 화장장에서 성해를 모시고 나오니 서녘 하늘에 붉은 노을이 드리워져 있었다. 오전은 비가 내려 천지가 울고 있는 모양이었고, 오후에는 비가 그쳐 발인식 내내 하늘이 그늘을 만들어 주었다. 화장이 끝난 저녁 무렵 붉게 물든 하늘은 마치 님의 가시는 길을 축하하는 듯하였다. 모든 게 한 마음 차이임을 알았다. 슬픔과 기쁨이 둘이 아님을 알고 조금 마음의 부담을 덜 수 있었다.

평소 스승님은 내게 "언젠가 너는 내 일을 할 것이다."라고 말씀하셨다. 서녘 하늘에 붉게 물든 노을은 그 궁금증만 더하고 초롱초롱 빛나는 별들에 자리를 넘겨주었다.

대산 종법사 취임 30주년 기념(원기77년 11월, 왕궁 영모묘원)

그동안 대산 종사 법문 및 자료 정리를 맡고 있으니 그 수많은 별 중의 하나가 아닐까 하는 생각이 든다.

대산 종사의 시봉진으로서 저녁에 모시고 시중드는 일이 힘겨웠다. 한창 젊은 나이에 큰 어르신을 모시고 초저녁부터 일체 놓아버리고 함께해야 하기 때문이다. 생리상 저녁형 인간이라 드라마와 뉴스 시청, 늦은 밤 해야 능률이 있는 일 때문에 그런 유혹에 자유롭지 못했다.

특히 법문 정리는 낮보다 밤이 좋았다. 낮에 엄두도 내지 못할 일을 홀로 집중할 수 있기에 틈틈이 법문 정리를 했고, 그 결과 대산종사법문 제4집 열반법문과 제5집 여래장과 역대 수필법문 등을 정리하여 발간했다.

일상수행의 모습

일상에서 본 수행의 삶

대산 종사의 일상생활 모습을 한마디로 표현하자면, 사시정진四時精進 사절훈련四節訓練이었다. 하루를 네 때로 나눠 정진하고, 1년을 네 절기로 나눠 훈련했다. 아침은 수행 정진으로 선과 기도, 도인법과 요가로 수양하고, 오전과 오후는 보은봉공으로 각자의 직장에서 일하며 무시선 무처선하고, 저녁은 참회 반조로 하루를 어떻게 살았는가 평가함을 말한다.

나도 한때는 사시정진으로 아침은 수행정진, 낮은 보은봉공, 저녁은 참회반조, 밤은 선몽禪夢일여로 생각했다. 사절훈련으로 절기 따라 기운을 받는 수행을 해야 하고, 1년에 최소한 네 차례 정도 훈련을 해야 함을 의미한다. 그래서 대산 종사님은 절기 따라 처소를 바꿔 전지요양 겸 훈련을 한 모양이다.

대산 종사의 하루 생활을 간단히 표현하였지만, 하루 네 때는 큰 틀에서 말한 것이다. 소소하게 분류하면 하루를 초로 분으로 시간으로 나눠 한 3일만 따라다니면 모두 도망갈 것이다.

교단의 최고 지도자로서 교도들을 접견하고 법문을 설하고, 일반 손님들을 맞이하는 일이 녹록지 않은 일인데 옆에서 지켜보면 한가로움 그 자체였다.

시골 할아버지의 모습

대산 종사의 옷 입는 모습은 수수하기보다 촌스러웠다. 교단적인 큰 행사에는

만불전 터를 고르시며(완도 소남훈련원, 앉아서 낫질하시는 형산 김홍철 종사)

정장을 차려입고 법복과 법락으로 위의를 갖췄지만, 이외에는 생활복이 전부였다. 심지어 잠옷이나 목욕가운 같은 덧옷으로 차려입었다.

오랜 지병으로 폐가 약하고, 습기와 추위에 약하여 헐렁하고 긴 웃옷을 겉옷으로 즐겨 입으셨다. 겉옷 안에는 속옷을 여러 장 껴입으셨다. 양말도 두 켤레나 신고, 장갑도 사시사철 끼고, 마스크도 여름철만 빼고 거의 착용하고 다니셨다. 거기에 모자를 쓰고 선글라스를 끼고 걸으실 때면 한 손은 지팡이, 다른 한 손은 늘 사람들과 손을 잡고 다니셨다. 말년에는 한 손도 모자라 두 손을 잡고 걸으셨다.

내가 보기에는 영락없는 촌로였고, 이웃집 할아버지였고, 무능 무지 무덕한 천하 농판이었다. 그러기에 모시는 데는 부담이 없었다. 너무나 인간적인 모습이었기에 근래 내 옷 입는 모습이 대산 종사님을 닮았는가 보다.

말년은 건강상 묵묵함으로써 지냈다. 손님을 접견한 후의 모습은 정반대였다. 언제 무상설법을 하셨는지 일체 도방하로 소탈한 모습으로 와선만 즐기셨다.

어느 날 문득 대산 종사님의 일상생활 속의 언어들을 노트에 적어 보았다. 우리는 불경하게도 그 말씀을 흉내 내며 따라 하기까지 했다.

* ~~할까냐? / 갈까냐?
* 녹음기 틀까냐? / 사진 박을까냐?
* 어떻게 되냐? / 누가 왔냐? / 뭣이냐? / 차 왔냐?
* 누울까냐? / 야! 닦아라. / 옷 벗을까냐? / 소변볼까냐? / 신발 신을까냐?
  막 갈까냐? / 문 닫을까냐? / 포장 칠까냐? / 물 좀 도랴? / 실장 오라 해라?
* 교운이다.
* 다행이다 야?
* 하! 그렸냐. / 앗다 야! 좋다야!
* 이렇게 할까냐? / 이리로 머리 비고 저리로 발 뻗을까냐?
  이리로 발 뻗고 그놈 덮을까냐? / 이리로 발 뻗을까냐?
* 내가 사람인 줄 아냐. / 똥 같은 놈아.
  필요 없는 붕알 떼버리라. / 살살 해라, 야! 이놈아 살살 해라.

대산 종사님의 말년의 일상 생활언어는 정성을 씀에 어리석은 것 같고, 묵묵함을 씀에 어눌한 것 같고, 부드러움을 씀에 졸렬한 것 같았다. 이처럼 하였기에 몸과 나를 잊었지만 함이 없이 무념으로, 위 없는 자비로서, 교단의 상사로서 대중을 거느렸을 것이다.

명주옷에 불이 붙다

대산 종사는 진지를 조실 방에서 드셨다. 식당 방이 따로 없기도 했지만 소식다작小食多嚼하느라 식사 시간이 거의 1시간이 걸렸다. 그래서 대중과 식사 보조를 맞

왕궁 영모묘원 비닐하우스에서 김일덕, 김도정 손자녀들의 생신선물을 받고 기뻐하신 대산 종사

출 수 없어 혼자 드셨다. 식사가 끝나면 목탁으로 수신호를 하고 이때야 시자가 들어가 진짓상을 내오고 방 환기를 시켰다. 때로는 진지를 드시고 바로 산책하러 나가시면 시자들은 방 청소를 하고 환기했다.

때는 겨울인 것 같다. 추운 겨울이라 창문을 열기에는 난감했다. 식사를 물리고 환기를 시키려고 식탁에 촛불을 켜 놓았다. 소파에 앉아 계시다 무심히 손을 뻗다가 소맷자락에 촛불이 옮겨붙었다. 대산 종사는 피부에 트러블이 있어 명주옷을 즐겨 입으셨는데 소맷자락에 불이 붙는 순간 '어어' 하는 사이도 없이 불꽃이 튀기 시작했다.

대산 종사는 불이 붙는 줄도 모르다가 시자가 '어어' 하는 소리에 불이 난 걸 알아차렸다. 명주옷은 소리 없이 타고 냄새도 없고 연기도 나지 않는 특성이 있다. 그러기에 직접 불을 보지 않는 한 알 수 없었다. 시자가 놀라 잠시 머뭇거렸지만, 워낙 순식간에 일어난 일이라 달리 손쓸 방도가 없었다.

대산 종사는 태연하게 손만 들고 있을 뿐이었다. 그 순간 민첩하게 불을 끄고 팔을 살펴보았지만 아무 이상이 없었다. 소매만 타고 불에 덴 자국이나 화상은 없었다. 명주옷 안에 내복을 입었기에 겉옷만 순식간에 타고 열기는 피부에 닿지 않은 것이다. 천만다행이었다. 그 짧은 순간 놀란 가슴은 무명옷에 불붙듯 사라졌다.

오히려 태연자약하게 불타는 소매를 보고 계신 대산 종사는 내복으로 인해 화를 면하였다. 그때 불탄 명주옷을 기념으로 간직하고 싶었지만 부질없는 짓 같아 입안에 머물다 말았다. 사실은 흰색 명주옷을 예전부터 입고 싶은 욕망이 있었다.

대산 종사 열반 후 유품을 정리하며 목욕 가운 한 벌과 커다란 겉옷 바지 한 벌이 나에게 배당되었다. 바지는 40인치가량이라 나에게는 맞지 않아 고이 간직하여 보관하고 있을 뿐이다.

비범하신 모습

호랑이 눈빛

원평에서 대산 종사를 모실 때의 일이다. 당시 간사로 모든 잡심부름을 도맡아 하는 막내 행자였다. 한번은 이용정 교무님이 조실 방에 있는 녹음기를 가지고 오란다. 조심스럽게 조실로 들어가니 대산 종사께서 등을 돌린 채 앉아 계셨다. 조실로 발을 들여놓는 순간 고개를 턱 하니 돌리셨다. 어두운 방에서 안광이 번쩍했다. 어두운 밤에 호랑이 눈에서 발광하는 모습이었다. 그 순간 다리에 힘이 쭉 빠지고 주저앉아 움직일 수가 없었다. 그때 대산 종사께서 "이 시간에 오지 마라. 내가 부를 때면 몰라도 내 개인 수양시간이니 오지마라."고 나지막한 음성으로 나를 타이르셨다. 지금도 안광에서 품어 나오는 형언할 수 없는 광채를 잊을 수가 없다.

귀신으로 알고 모셔라

대산 종사를 모시고 자는 일이 만만치 않았다. 간사 때와는 달랐다. 조금 긴장이 풀린 것이다. 그전에는 부스럭거리는 소리와 화장실 가는 소리에도 잘 반응하였다. 어느 날은 종법사님께서 시자를 몇 번이나 불렀는데 일어나지 않으니까 곤히 자는 내 옆에 와서 물끄러미 쳐다보고 계셨다. 또 한번은 어디선가 부르는 소리에 벌떡 일어났다가 잠결에 벽과 세게 부딪치는 일도 있었다.

어느 시자는 종법사님이 아무리 불러도 일어나지 않자 목탁을 쳐서 깨운 적도 있었다고 한다. 아마 나에게는 목탁만 안 쳤을 뿐인데 흔들어 깨운 적도 있었다. 어

출가 첫머리에서 만난 정형묵 교우와 함께(삼동원)

디 이쁜이랴, 당신만 알 뿐 시자들이 모르는 일이 한두 건이 아닐 것이다.

대산 종사께서 어느 날 잠들기 전 의자에 앉아 내 손을 잡고 말씀하셨다.

"내가 사람인 줄 아느냐? 귀신이다. 귀신! 이놈아 잘 모셔라. 내가 지금 있고 싶어 있는 줄 아느냐. 내 몸은 사람 몸이 아니다. 내 개인으로 내가 지금 살았다는 생각 없다. 송장과 같다."

종법사 대사식을 며칠 앞두고 하신 말씀이라 눈물이 핑 돌았다. 내가 모시면 얼마나 더 모실지 모르겠지만 끝까지 정성을 다하리라 다짐하였지만, 그 아둔한 몸뚱이는 조실을 떠나올 때까지 계속되었던 것 같다.

대산 종사 성상

대산 종사를 20여 년 시봉한 관타원 김관현 교무가 『대산종사추모문집Ⅱ 조불불사 대산여래』에 밝힌 글이다. 대산 종사의 성상聖相을 기록한 글로써 일상생활의 수행 모습과 신상을 비롯하여 의식주 생활과 대인접물의 평범한 모습을 엿볼 수 있어 저자가 인용하여 소개한다.

* 대산 종사님 신장은 164cm, 몸무게 68kg, 혈액형은 O형 사상체질로는 성격은 소양, 장부는 소음이셨고, 활동은 태양 체질이셨다.
* 두상은 크시고, 백회 부위에 큰 점이 있으셨으며
* 안광은 유난히 빛나고 사람을 압도하는 힘이 있으셨다.
* 입은 한문 한 일一 자 모양으로 평소에는 굳게 다물고 계셨다.

* 손발은 여자 손처럼 작고 고우셨으며 손가락 끝은 갸름하고 손톱은 반듯하게 깎으셨다.
* 복부[단전 부위]는 표주박처럼 둥그셨다.
* 신발의 문수는 265㎜로 털신을 주로 신으셨다.
* 성안의 미소와 밝은 웃음은 중생의 업장을 녹여주셨고 대중을 이끄는 매력이 있으셨다.

■ 의依 : 한복, 양복[겨울 춘추복] 2벌, 등산복 1벌, 국민복 1벌이었다.
양복은 어쩌다 한두 번 입으셨고 대법회나 외출 시에도 한복을 주로 입으셨다. 등산하실 때나 계곡에 가실 때는 국민복이나 등산복을 입으시고 산책 시에는 외출용 가운을 입으셨다. 여름에는 모시옷을 입으셨고, 평소 복부가 냉해서 기왓장을 연탄불에 구워서 사철 복부에 차고 다니셔서 간혹 겨울옷이 눋곤[노랗게 익은 상태] 했다. 한쪽 폐가 없으셔서 감기에 약하셨고 땀이 많은 편이신데 땀에 젖은 내의를 아랫목 구들에 말려서 다시 입으시고 저고리 동정도 땀이 배어서 자주 갈아 드리면 "수도인이 그 시간에 공부하지" 시간 낭비한다고 나무라시며 시자들 시간을 허비하지 않도록 배려해주시곤 하셨다.

■ 식食 : 음식은 소식을 하셨고 담백하고 청정한 채소나 생선을 드셨다.
여러 가지 찬을 금하셨고 진지[밥]는 고두[된]밥으로 드셨고 소화가 잘되지 않으시니까 식사 시간이 한 시간씩 걸리셨다. 아침은 간단하게 빵과 과일로 드셨으나[세계 기아인을 위해 한 끼 절약식] 점심·저녁 식사는 원기72년(1987)부터는 오시는 교도님들이 많아서 점심을 빵으로 간단히 드시고 교도님들 접견 시간을 늘리셨다.
육식 : 닭 다리 튀김 한쪽[한때는 영양실조로 두드러기가 나심] / 생선 : 광어, 민어, 갈치, 홍어, 서대[기름기 많은 생선 안 드심] / 채소 : 토마토, 배추김치, 부추, 쑥갓, 호박, 근대, 산초, 시금치, 양파[찬 음식 금식] / 견과류 : 잣 5개, 은행 5개, 마늘 3쪽 / 곡류 : 검정콩, 완두콩, 흰쌀, 찹쌀 약간[보리밥과 밀가루 음식은 배탈이 나서 안 드셨음]

■ 주住 : 주거지는 넓고 좁고 관계없이 추위를 많이 타셔서 방 안이 따뜻하면 만족

해하셨다. 옛 신도안, 현 벌곡 삼동원, 원평, 왕궁 영모묘원 등의 조실은 한 종단의 어른이 사시기에는 너무 초라하고 단출했지만 그런 집들도 대산 종사님께서 계시면 깨끗하고 빛이 났으며 이러한 곳이라도 정계, 재계, 종교계, 각종 신문기자와 외부 인사들이 다 찾아와 여러 방면으로 지도받고 가곤 하였다.

왕궁 영모묘원에서는 구 사무실 건물 생활관 2층[30평 남짓]에서 시자들과 사시다 현 상사원이 농기구 창고였는데 개조해서 옮겨오셨고 교도들이 배알하러 오시니 법당이 없으니까 남쪽 뒤꼍에 20평 비닐하우스를 짓고 대중을 접견하시다 차츰 평수를 넓히셨다. 비닐하우스 법당에 계실 때 강원용 목사가 오셔서 담소를 나누셨고 대산 종사님 열반 후 '비닐하우스 성자'라고까지 세인에게 알려졌다.

외무부장관을 지냈던 박철언 국회의원이 왕궁 조실로 대산 종사님을 뵈러 왔는데 시자가 초당으로 안내하니 "왜 나를 닭장집 같은 데로 데리고 가나." 하고 의심하다 대산 종사님의 남북통일관과 세계정세에 대한 탁견을 듣고 깜짝 놀랐다는 이야길 하고 갔다. 왕궁 조실은 농기구 창고를 개조한 집이라 지붕은 부직포로 덮고 슬레이트를 얹어서 여름에는 몹시 덥고 겨울에는 한없이 추웠으며 문턱이 많아 오르락내리락하였는데 평생 집이 불편하다는 불평 한마디 안 하시고 기쁘게 거처하시면서 교단을 세계적으로 키우셨다. 대산 종사님 평소 철학이 옷사치, 집사치, 혼인사치를 금지하셨다. 재앙과 도둑이 따른다고 하시며 자녀들 결혼도 간소하게 하셨고 좋은 물건이 들어오면 공로 있는 분들을 챙기셨고, 응접세트도 선 종법사님 쓰시던 걸 열반 때까지 사용하셨다. 법문을 실지 생활에 실행, 실천하셨고 대산 종사님의 법문을 받들고 실천하시는 교도님들의 가정과 사업이 편안해지는 걸 목격하였다. 삼동원에 가시면서도 털신을 신고 다니셨기에 동네 아주머니가 유심히 보고 원불교 높으신 분이 우리처럼 털신을 신고 다니신다고 친근감을 느낀다고 어떤 교역자에게 자랑삼아 이야기했다고 합니다.

(출처 : 『대산종사 추모문집Ⅱ 조불불사대산여래』, 원불교출판사, pp556~559)

마지막 당부

하와이에 가신 뜻

대산 종사가 종법사에서 퇴임한 후 시봉진들의 가장 큰 관심사는 대산 종사의 하와이 행이었다. 대산 종사의 건강 여건상 주치의도 만류하고 교단에서도 모두가 가시면 안 된다고 염려하였다.

원기81년(1996) 5월 18일 대산 종사는 끝내 야전침대에 의지하여 하와이를 방문하였다. 특별석이 있음에도 불구하고 일반석 의자 위에 야전침대를 깔고 누워서 가신 것이다.

하와이 순방 목적은 해외포교의 합력과 하와이 국제훈련원 봉불식 참석이었다. 교단의 해외교화 30년 역사의 점을 찍기 위해서라고 하셨다. 대산 종사는 하와이에 3개월여 체류하면서 기적적으로 몸이 좋아졌다. 하와이 가실 때는 휠체어와 야전침대에 의지하여 갔지만 귀국할 때는 형식적으로 휠체어를 사용하였으나 예전보다 잘 걸을 수가 있었다.

하와이에서의 생활은 정양이나 구경이 목적이 아니었다. 그때 건강 회복이 목적이었다면 차라리 미국 본토에도 갈 수 있었다. 하와이를 방문할 때 나무를 세로로 켠 목판에 붓글씨로 쓴 '기원문 결어'를 20개 이상 가지고 갔다. 그 기원문 결어를 밤낮으로 읽게 했고, 미국을 비롯한 아메리카 일대 교당에 보냈다. 대산 종사는 "일본보다 미국 교화가 더 쉬울 것이다."라고 하였다. 그 기원문 결어는 당신의 원력으로 뭉쳐 세계 각국으로 전파된 것이다. 하와이에 오신 것은 상징이고 이미 기원문

대산 상사 하와이국제훈련 방문 기념(원기81년 5월 18일 ~ 8월 5일)

걸어와 함께 세계를 여행하고 있었다.

대산 종사의 깊은 뜻을 누가 짐작이나 했겠는가? 하와이에 꼭 가야만 미주 교화, 나아가 세계 교화를 하는 데 기운을 돌릴 수 있을까 하는 의문이 들었지만, 신성으로 믿었고, 공심으로 따랐을 뿐이다.

이름 모를 새가 날아온 까닭

한때 새가 화젯거리가 된 적이 있다. 대산 종사님이 창밖에서 지저귀며 노니는 새들에게 관심(?)을 표명하신 후 온통 관심거리로 새에 관한 이야기가 매일 회자하였다. 이름 모를 새들이지만 우리와 한 울타리에 함께하고 있다는 사실에 공동 관심사가 된 셈이다.

"아따! 큰 놈이 날아간다."

"가서 한 번 보아라."

"야! 새 한 번 보러 가자."

하루에 수십 번 새가 왔는지 가보라고 말씀하셨고 시자가 창밖을 보고 '새가 많이 모여 있다'고 하면 성안에 화기和氣를 띠고 좋아하셨다. 어쩌다 새가 한 마리도 없다고 하면 좀 섭섭한 표정까지 지으셨다. 계속하여 연이어 새가 왔는가 보고 오라 하시면 조금 싫은 마음이 날 정도였다. 한두 번도 아니고 하루에도 수십 차례씩 새에 관해 관심을 표명하셨다. 무슨 뜻이 있어 그러신가 헤아려 보지만 좀처럼 그 뜻을 알 길이 없었다.

매일 방안에 누워 계시기가 답답하여 그러셨을까?

아니면 저 새들처럼 자유롭게 날고 싶은 마음 때문이셨을까!

당신이 몸이 불편하시고 거동의 자유가 없어 새를 보고 그 마음을 나타내신 것인가?

하여튼 새에 관한 관심은 범인의 생각을 넘어선 당신만의 뜻이 있는가 어렴풋이 짐작만 할 뿐이다. 그런데 미국인 루시가 대산 종사님의 그 뜻을 알았는지 새에 대한 감상을 적어 올렸다. 상사님이 계속하여 새에 대해 말씀하시니 그 무슨 뜻이 있는가 보고 시를 지어 본 것이었다. 새에 대한 시 내용을 간략히 소개하면 다음과 같다.

> 어느 날 상처 입은 새 한 마리가 하와이 훈련원으로 날아왔다. 그 새는 날개를 잃어 날지는 못한 새이다. 상사님이 그 새를 보자 그 새는 상사님께 가까이 다가왔고, 우리에게도 가까이 접근해 왔다. 우리는 그 새의 불성에 관해 이야기하고 그 새를 우리들의 식구로 맞이한 것이다.
>
> 그러나 그 새가 날아 온 진짜 의미는 대산 종사님을 만나러 온 것이다. 그로 인해 모든 새가 이곳으로 모이게 되었고, 그 새들은 영원한 법의 은총을 받게 되었다.

루시의 짤막한 감상이 대산 종사님의 진짜 뜻인지는 모르겠지만, 한번쯤 새겨

볼 만한 내용이다.

정열의 섬 하와이

대산 종사님이 하와이국제훈련원에 계시는 동안 시자로 모시면서 쓴 두 편의 감상담을 소개한다.

오늘 아침 조실 방 온돌 보일러를 오래 켜 놓아 방이 매우 더웠다. 상사님을 위하여 온돌 보일러를 설치할 때 '하와이의 역사 이래로 첫 온돌 보일러'라고 설치 업자가 말하였다고 한다. 이 보일러는 미국 본토에서 공수하여 설치한 것이다. 하와이 더운 날씨에 방 보일러가 한 몫을 더하여 사우나를 방불케 하였다. 그래서 임시방편으로 보일러의 더운물을 빼내었다. 류응주 교무가 물을 빼 그 물은 잔디밭에 뿌렸다.

이때 대산 종사님 방 창밖에 새가 날아왔는지 지켜보고 있던 김관현 교무가 "온수를 잔디밭으로 뿌리니 새가 도망간다"고 말한 것이다. 이 말을 듣고 대산 종사님은 "왜 새를 쫓느냐. 새 쫓는 놈 쫓아 버려라."라고 불호령 아닌 불호령을 내리셨다. 이러한 상황을 모르고 류 교무가 조실로 들어왔다. 류 교무가 방문을 열고 들어오자 대산 종사님께서 평소와 다른 눈빛으로 류 교무를 응시하고 '왜 새를 쫓느냐'고 무언의 꾸지람을 내렸다.

대산 종사님께서 새에 대한 각별한 신경과 애정을 품고 매일 지켜보신 모양이다. 당신이 오래전에 진안 미륵사에 계실 때 새 한 마리가 날아와 먹을거리를 나눠 먹었고, 함께 벗이 되어 무료함을 달래던 것이 아닌가?

저 창밖으로 노닐고 있는 새들과 같이 자유롭게 태평양 바다를 건너 그리운 총부로 가고 싶은 모양인가 보다. 이제 훈련원 마당에 먹이라도 뿌려주어 모든 새가 모여들도록 해야 하겠다.

원기81년(1996) 7월 8일(월) 하와이국제훈련원에서

후덥지근한 날씨가 연일 이어진다. 한국을 떠나 이곳에 온 지도 만 2개월이 다가온

다. 처음 도착하여 몸으로 체감한 하와이 기후가 다시금 느껴진다. 찌는 듯한 무더위가 계속될수록 고국에 대한 향수는 더하는 것 같다. 영원히 돌아갈 수 없는 고국의 하늘땅이 아니건만 그래도 가슴 한구석엔 왕궁 영모묘원이 그립고 고국의 풍경이 그립다. 북녘의 고향을 둔 실향민들의 마음은 어떠할까 짐작이 간다. 앞으로 한 달여 정도만 지나면 귀국하게 된다.

그런데도 이곳 생활이 답답하기만 하다. 지상의 천국이자 낭만과 정열의 섬 하와이! 지구촌 사람이라면 평생 한 번 여행하고픈 곳이라지만 왠지 마음이 퍽 다가오지 않는다. 그렇다고 싫지는 않은 곳이지만 마음이 가볍지는 않았다. 대산 종사님 모시고 매일 반복되는 일과성에 중독된 것이 아닌가 자문해 보지만, 해답이 나오지 않는다.

대산 종사님 방은 덥기만 하다. 바람 한 점 통하지 않게 문이란 문은 꽉 닫혀있고 거기에 커튼까지 장막을 드리우고 있다. 방문하는 교도님이나 일반인들은 대산 종사님을 한 번 뵙고 가는 영광 때문인지 이 정도 더위는 아무것이 아닌가 보다. 그러나 매일 이 방에 드나들고 여기에서 살아야 하는 우리는 조금도 달갑지 않았다. 하지만 대산 종사님은 땀을 비가 오듯 흘리시고 하루에도 여러 번 옷을 갈아입어도 이곳이 좋은가 보다. 아니 어느 곳이 싫지 않은 곳이 있겠는가. 싫고 좋은 그 경지를 넘어선 것이기에 이 더운 하와이를 방문한 것이 아니겠는가?

원기81년(1996) 7월 9일(화) 하와이국제훈련원에서

재정산업부 부임을 앞두고

원기82년(1997) 1월 필자는 총부 재정산업부로 발령받았다. 이제 모실 날도 정해져 가능한 저녁에 모시기로 했다. 어느 날 저녁에 대산 종사님은 내가 총부로 부임한다는 소식을 듣고 "총부 근무 마치고 저녁에 나하고 같이 자자"라고 하셨다. 잠깐 망설임이 있었다. 이제 떠나면 근무지도 다르고, 결혼을 앞둔 시기라 쉽게 대답이 나오지 않았다. 두어 차례 또 말씀하셨다. 어른 말씀인데 주저하다 새벽이 되었다.

세숫물을 준비해 드리고 바깥 기후를 살피고 들어왔다. 대산 종사님은 의자에 앉아 계시다가 나보고 앉으라는 신호를 보내고 손을 잡고 또 물으셨다. "나하고 같이 자자"라고. 그 말씀에 눈물이 핑 돌았다. 이제 더 이상 나는 두말할 생각 없이 '예'라고 대답하였다. 그러자 대산 종사는 함박웃음과 은은한 미소를 띠고 잡았던 손에 힘을 주신다. 성안에 은은한 미소가 손을 타고 내게로 전해 옴을 느꼈다.

　아침 지압 시간이 되었다. 대산 종사님은 지압에 참여한 여러 사람에게 "야가, 총부 근무 마치고 저녁에 나하고 같이 자기로 했다."라고 말씀하셨다. 대중한테 내가 한 약속을 공표하셨다.

　그 후 대산 종사가 열반하실 때까지 한 번도 약속을 못 지켜 드렸다. 이렇게 열반하실 줄 몰랐다. 차일피일 미루다 약속을 어겼다. 근무지가 바뀌고 다른 시자들이 있으니 내가 굳이 갈 필요가 없었고, 더구나 시간이 허락되지 않았다. 열반하시자 이 일이 제일 죄송스러웠다. 그러나 대산 종사 발병 후 삼성서울병원에 입원할 때 선발대로 먼저 가 병실 점검과 여러 가지 준비를 하고, 열반 전후로 가까이 모실 수 있어 그 죄송함을 만에 일이라도 갚을 수 있어 다행이었다.

　대산 종사가 '있을 때 잘 모시라'는 말씀이 이를 두고 한 말인가 보다. 이제 대산 종사와 약속을 현실에서 찾아보는 것이 도리가 아닌가 여긴다.

우스갯소리

웃음의 약재

　원기80년(1995) 5월 14일 대산 종사는 종법사 퇴임봉고식과 영산선학대학교 낙성 봉불식에 참석하기 위해 영산성지를 방문했다. 누워계시는 대산 종사를 일으켜 드려야 할 정도로 건강이 극도로 좋지 않은 상태였다. 방에는 장산 종사와 나밖에 없었다. 대산 종사에게 바짝 다가가 왼쪽 발은 무릎을 꿇고 오른쪽 발은 세우고 두 손으로 일으키려는 순간 스프링이 튀듯이 반사적으로 벌떡 일어나 앉으셨다. 내 목은 종사님의 두 손에 졸리고 흔들리고 있었다. "이 녀석이 나를 죽이려 한다."고 소리를 지르셨다. 갑자기 목이 졸린 상태로 나는 어안이 벙벙하여 "왜 그러십니까?" 하니 "야! 이놈아 팔을 밟으면 어떻게 하느냐."고 하신다.

　내가 너무 바짝 다가가 무릎으로 오른팔을 밟은 모양이다. 오른팔이 수건으로 가려져 있어 수건에 무릎을 댄 것인데 팔을 밟은 것이다. 노인들은 살이 쭉 늘어지기에 그것을 못 보고 내가 실수를 한 것이다. 이제야 상황 파악이 된 나는 "수건인 줄 알고 무릎을 가까이하다 보니 불상사가 일어난 것 같습니다." 하고 아뢨다.

　대산 종사는 그제야 당신이 한 행동이 우스웠던지 배꼽을 잡고 배를 벌렁벌렁하면서 큰 소리로 웃으셨다. 그때 장산 종사가 "한번 웃는 것이 약 한 재 먹는 것보다 낫다고 하셨는데 종사님 한약 한 재 드셨으니 좋으시겠습니다." 하니 대산 종사께서 더욱 큰 소리로 웃으셔서 나도 순식간에 당한 목 졸림의 공포를 떨쳐버리고 오래간만에 큰 소리로 웃었던 일이 있다.

내 아들이다

어느 날 장산 황직평 종사와 조실에서 대산 종사를 모시고 있는데 내 손을 잡고 말씀하셨다.

"야! 성균이가 내 아들이다."

장산님이

"저와 상사님은 부자 관계이고, 성균이는 내 아들입니다."

대산 종사 이어서

"야! 그러냐? 그래도 내 아들이다."

장산님이 박장대소하며

"성균이 하고 내가 항렬이 같네요."

대산 종사께서 입가에 살짝 미소를 머금더니 갑자기 배를 벌렁 벌렁거리며 웃는다. 소리 내어 웃는 것이 아니라 미소로 웃고 단전배로 벙실벙실하며 온몸으로 웃는 것이다. 아마, 대산 종사의 그런 웃음을 직접 가까이서 뵙지 못하면 실감하기 어렵다.

그때 나는

"예, 장산님은 아버님으로 모시고 상사님은 할아버지로 모시고 영생 살겠습니다."라고 하였던 적이 있다.

거시기한 이야기

어느 선진 열반 시 빈소가 차려진 공회당의 분위기가 너무 침울하기에 대산 종사가 '거시기' 이야기를 하셨다.

"정산 종사가 어느 곳에 가서 잠을 주무시는데 요강이 잠자리 옆에 있었다. 마침 옆에서 자는 사람이 소변을 보려고 엉금엉금 기어 왔다. 그 손님이 얼마나 급했던지 바지를 내리고 소피를 보러 오는 것이다. 밤중이라 그 사람이 정산 종사의 얼굴을 넘어가는데 그만 거시기가 정산 종사 입으로 스쳐 갔다. 그때 정산 종사의 입으로 물컹한 것이 스치기에 흠칫하며 놀랐지만 그 사람이 무안해 할까 봐 잠자는 척 했다."

이런 말씀을 하시자 그 침울한 분위기가 일시에 바뀌었다.

필자가 대산 종사님을 원평교당에서 모실 때 그와 같은 경우를 똑같이 당했다. 나도 모른 척하고 있으니 그냥 지나갔다. 내가 거시기에 놀라면 대산 종사께서 무안하실까 봐 숨을 죽인 체 가만히 지나가도록 했다.

좀 거시기한 이야기이지만 생사일여의 해탈 모습을 보여준 좋은 이야깃거리다.

필요 없는 불알 떼 버려라

대산 종사와 장산 황직평 법무실장을 뵐 때 두 분이 궁합이 잘 맞아 부러웠다. 대산 종사는 장산에게 대중 석상이나 어느 곳을 가릴 것 없이 나무라며 '쓸데없는 봉알 떼 버려라'는 말씀이나 '똥 같은 놈'이라고 야단을 내리신다. 심지어는 '그 봉알

대산 종사를 33년간 시봉한 장산 황직평 종사와 함께(만덕산훈련원)

떼서 관현이한테 주어라'고 하신다. 장산은 큰소리로 껄껄껄 웃고 대산 종사도 덩달아 같이 웃으신다.

　이것이 스승과 제자 사이의 신의의 산 표준이 아닌가 하는 생각이 들었다. 대산 종사는 "장산과 나는 이생 인연이 아니라 전생 인연으로 부자지간이다."라고 하셨으니 짐작할 만하다.

이와 같이 들은 법문

너도 알아야 한다

대산 종사가 원평에서 머무실 때 간사인 나에게 교단사를 언급하시며 조용한 음성으로 말씀하셨다.

"너도 알아야 한다. 영원히 간사가 아니며 앞으로 교단의 간부가 되면 내가 한 말을 이해할 것이다. 법위사정 시 김태흡 스님, 일본 하촌정미 서장 등 대호법 문제, 해외 종법사 제도 실시, 미주 선학대학 설치, 종교연합운동 건 등 교단적인 문제가 있다. 지금 당장 이루어지지 않는다고 실망할 것은 없지만 성인들의 말씀은 언젠가는 이루어진다. 내가 운을 띄웠으니 누군가 이 일을 할 것이다."

이 말씀은 필자가 간사로 근무할 때인 30여 년 전의 일이다. 간사인 나에게도 교단의 주인 정신을 심어주었기에 이 일을 잊지 않고 현명하게 받드는 고민을 해보자.

일력 뜯다 찢어버린 일

조실의 시자들은 아침에 일어나면 일력을 뜯는 일이 일과 중 하나다. 1년 365일 표기된 달력을 한 장 한 장 조심스럽게 뜯는 것이다. 일력 한 장 버리지 않고 티슈 화장지 사이에 끼워 사용하였다. 그래서 유념하고 뜯지 않으면 찢어지기도 한다. 그날도 무심히 일력을 뜯다가 실수로 찢어 버렸다.

또한 세면하고 난 후 피부약을 바르면서 조금 세게 문질러 발라 드렸더니 종법사님께서 말씀하시기를 "영생 일을 하는 사람이 일력을 그렇게 함부로 찢어버리면 어떻게 되겠냐? 영생 일이 하루에 시작되고 하루 일이 영생 일이 되는데, 하루를 소홀히 하면 어찌 하겠느냐? 요즘 식당 채를 짓는다고 너희들이 작업하듯이 조실 일을 거칠게 하는데, 그 일은 거기서 그렇게 하고 여기서는 부드럽게 해야 한다. 일에 완급이 골라 맞아야지 함부로 일하면 안 된다. 조심하고 부드러울 때와 일을 거칠게 할 때를 한결같이 할 때 영생 일이 개척되는 것이다."라고 하셨다.

지금도 종이 한 장 버리거나 휴지 한 장 쓸 때도 한 번 쓰고 조실 방에 말려 놓은 티슈 화장지가 떠올라 흠칫 놀랄 때가 있다. 내 옷 주머니에 한 번 쓰고 난 휴지들을 꾸깃꾸깃 모아 놓는 습관이 그때부터 든 것이다.

효에 대한 말씀

대산 종사 아침 선보하시면서 시자에게 말씀하시기를 "부모가 자비가 없으면 부모가 아니고, 자녀가 효성이 없으면 자녀가 아니다. 이는 금수 세계와 다를 바 없다. 공자님께서는 2천5백 년 전 효를 밝혀주셨는데, 그 효가 땅에 떨어져 희미해졌기 때문에 대종사님께서 탄생하시어 일원대도로 사은 보은의 대효大孝를 밝히어 세계의 인륜 도덕을 부활시켜 주셨느니라."

만고대의

어느 날 필자가 대산 종사님께 "대종사님은 천天이고, 정산 종사님은 지地이고, 대산 종사님은 인人이라고 하신 말씀을 여러 사람을 통해 들었습니다. 영산성지 대각지에 대종사님을 만고일월萬古日月이라고 정산 종사님이 말씀하셨고, 대산 종사께서는 정산 종사님을 만고신의萬古信義라고 하셨습니다. 외람된 말씀이지만 제가 생각하기에 대산 종사님을 만고대의萬古大義라 하시면 어떻겠습니까?"라고 아뢰니 "그도 그럴 만하네."라고 하셨다.

네가 내 일을 할 것이다

"너는 언젠가는 내 일을 할 것이다. 내 일이 바로 대종사님 일이시고, 정산 종사님 일이시고, 또한 주산 종사의 일이다. 네가 어디를 가든 일을 잘해야 한다. 그 일이 바로 내 일이다."

법문 정리 당부
"내가 법문하면 장산 황직평 법무실장이나 시자들이 수필하여 놓았기에 좋은 법문으로 남는 것이다. 성균이가 역대 법문을 정리한다니 역사의식을 가지고 정리하라. 이 법문처럼 역사에 길이 남도록 하라. 내가 감수할 것이고 장산이 있으니 서로 의논하고 상의하여 정리하라."

기원문 결어
대산 종사 시자들에게 하루에도 여러 차례 밤이고 낮이고 가릴 것 없이 의자에 앉으시거나 누워 계시거나 시시때때로 '기원문 결어'를 읽게 하였다. 일상원 중도원 시방원으로 시작하여 게송까지 읽고 나면, 또 읽으시란다. 다시 읽고 나면, 또 읽으라고 하셨다. 그리고는 "참! 좋다." 다른 법문도 읽어 드리면 "야! 내가 한 법문을 들어보니 참 새롭게 느껴진다."라고 하셨다.

기원문 결어를 읽고 또 읽었건만 아직도 다 읽지 못했다. 천 번 만 번 읽고 외워도 마음으로 읽지 못하여 그저 답답할 뿐이다.

필자가 출가 전에 꿈에서 본 광경처럼 대산 종사와 일행들이 산책하는 모습

대산 종사 열반상을 나투며

　상사원을 나와 원기82년(1997) 총부 재정산업부로 발령받고 난 후 가끔 꿈속에서 대산 종사님을 뵈었다. 나의 고향에 봉불식을 하고 대산 종사님과 수많은 교무님이 고향집을 다녀가셨다. 그 후 여러 차례 꿈에 나타나 미소를 띠곤 하셨다. 필자는 꿈을 꾸고 나면 상사원에 전화를 걸어 대산 종사님의 안부를 여쭈었다. 그럴 때마다 건강이 좋지 않다는 말씀과 며칠 후엔 건강이 약화 되셨다는 소식을 듣곤 하였다.

　어느 날은 상사님의 성안이 나타나며 미소를 띠고 계셨는데 순간 좌산 종법사님의 성안으로 바뀌었다. 그리고 상사님의 성안은 사라지고 좌산 종법사님만 나타났다. 내심 불안한 마음이 들었다. 대산 종사께서 열반에 들 것이라는 암시로 받아들였다.

　그 후 나는 장산 황직평 종사에게 "저의 개인 생각으로는 이제 좌산 종법사님께 신맥을 대고 살라는 암시인 것 같습니다."라고 하니까 미소만 지으셨다.

원광의료원 한방병원 입원

　대산 종사 열반 전 시자들이 간략히 기록한 병상에 관한 일지이다. 이 일지는 양한방 주치의들이 오면 그동안의 대산 종사의 건강 상황을 점검할 수 있도록 기록한 내용이다. 나는 그때 재정산업부에서 근무하고 있었다. 내가 근무할 당시 병상일지는 병원에서 사용한 자료를 참고로 건강일지를 여러 형태로 만들었다.

대산 종사 열반 후 상사원에서 시봉진들이 기록한 병상일지를 구해 대산 종사의 말년 병환과 열반 당시에 내가 기록한 내용을 종합하여 그 과정을 정리하였다. 객관적인 자료에 나의 감상을 적은 글이지만 역사적인 자료로 남기려고 재정리하였음을 밝힌다.

원기83년 8월 14일 금요일
상사님 체온이 38℃ 전후로 고열이 계속됨. 역전보화당 김상익 원장 왕진 다녀가고 한약 복용하심. 나용호 원광의료원 양방 병원장의 진료 결과 담낭에 염증 있는 것 같다고 하다. 오후 3시 20분 타이레놀 2알 드심. 내복약 하루 3번 들도록 함. 5% 500㎖+노발긴, 페프라신 125㎖. 이정선 교무 다녀가다.

8월 16일 일요일
이후 소변 실수가 잦으심. 효소 드심.

8월 17일 월요일
노성자, 김일성, 이정선 교무 내진. 계속하여 소변 실수함. 5% 500㎖+노발긴, 페프라신 125㎖.

8월 18일 화요일
5% 500㎖+노발긴, 페프라신 125㎖. 나용호 병원장, 김상수, 이광창, 산본병원 박병렬 원장, 이용정 교무 다녀감.

8월 19일 수요일
체온 귀로 측정. 배와 다리와 발이 많이 부음. 원광대병원 검사(혈액검사, 초음파, X-ray 등)

원광대 한방병원에 입원 중인 대산 종사를 병문안 오신 원로들

8월 20일 목요일
배 둘레 114cm 원광대 산본병원 박병렬 원장 왕진[오후 관장하도록 열이 서서히 떨어지도록 처방]. 상사님 오전 일어나 앉으시자 교전 봉독해 드림. 오후 1시 20분 좌산 종법사 오심.[원광대부속병원 의료원장, 나용호 병원장, 노성자 간호부장, 김일성 약사 등 회의함]

8월 21일 금요일
바로 누우시면 잠들지 못하나 좌우로 돌아누우시면 잠시 후 잠드심. 대체적 잘 주무시다. 소변을 보자는 말씀이 없으심. 방 온도[32℃]가 높아 이불을 밀어내심. 밤새 체온 변동 없으심[38℃ 이상]. 나용호 원장 다녀감.

8월 22일 토요일
기저귀 교환, 좌산 종법사님과 교단 원로들과 나용호 원장 다녀감. 김양수 박사 진찰. 저녁 후 왼팔이 많이 붓고 양팔이 떨리심.

8월 23일 일요일
체온 38℃ 이하 떨어지지 않음. 왼쪽 팔의 부기 빠지지 않음. 오전 10시경 나용호 원장 왕진. 오후 5시 물 관장함.

8월 24일 월요일
대산 상사님 원광대 익산 한방병원 313호실에 입원하시다. 손이 심하게 부으시다. 물 관장. 북일 원광한의원 춘산 김춘택 교무님이 상사님 손가락 사혈해 드림.

8월 25일 화요일
기저귀 교환. 좌산 종법사님 내방. 혈액검사, 초음파 검사. 오후 1시경 나용호 원장, 김인철 교정원장, 양형식 내과의사 다녀감. 웅담 드심.

8월 26일 수요일
체온 여전히 38℃ 이하 떨어지지 않음. 좌산 종법사님 오전, 오후 다녀가심. 김인철 교정원장, 나용호 원장 다녀감. 혈압 140/80mmHg, 맥박 90회, 호흡 20회 정도.

8월 27일 목요일
입술 청색증, 자주 깨시고 괴로운 듯 손을 들었다 놓았다 하심. 기저귀 교환. 혈액검사. X-ray. 좌산 종법사님 내왕. 체온 38℃ 이상 고열. 계속하여 하트만, 노발긴, 인트라리포즈, Fortun, 라식스, 이세파신 등 투여함. 밤 병세가 호전되지 않자 총부 김장원 재정산업부장의 건의로 의료진과 시봉진들이 회의를 한 결과 삼성서울병원으로 후송 치료하기로 결정하다.

서울 삼성의료원 입원

8월 28일 금요일
오전 총부 종법사님을 비롯한 전 간부들의 회의 결과 삼성병원으로 전지 치료를 하자는 공의로 결정하고, 헬기로 정오 12시 55분 삼성의료원으로 후송하여 입원하시다.

새벽 12시 30분경 은산 김장원 재정산업부장으로부터 전화가 왔다. 졸리는 눈빛으로 전화를 받았다. 상사님께서 병환이 위독하시니 서울 삼성의료원으로 내일 후송하기로 하였으니 새벽 5시 30분까지 원광대 한방병원으로 와서 선발대로 원광대학교 산본병원 김상수 원장, 시무실장 관타원 김관현 교무님과 함께 출발하라는 지시를 받았다. 전화를 받고 긴장 속에 알람시계를 새벽 4시로 맞춰 놓고 이리 뒤척, 저리 뒤척이다가 시계 벨 소리에 잠이 깨어 한방병원으로 갔다. 그리고 주무시는 상사님의 성안을 뵙고 서울로 출발하였다.

삼성서울의료원에 9시에 도착하여 성균관 의대 학장과 삼성의료원 병원장과 의료진들의 친절한 안내로 병실과 시봉진들의 방과 회의실을 제공받았다.

원광의료원에서 위급하시어 8월 28일 헬리콥터로 후송하여 정오 12시 55분경 삼성의료원 특실 2002호에 입원하셨다. 입원하시자마자 의료진들의 CT 촬영과 채혈, 복부 방사성 촬영 결과 담낭에 고름이 찼으니 빨리 수술하자는 소견으로 담낭에 호수를 삽입하여 고름을 빼내었다. 일사천리로 진행된 수술 결과 시봉진들은 약간의 여유와 안도감이 얼굴에 비치는 것 같았다. 한편으로 여전히 긴장의 눈빛이 어리는 것을 느꼈다.

오후 6시경 나는 상사님께서 병환이 쾌차하시리라고 굳게 믿고 총부로 내려왔다. 그 후 체온이 내려가고 병세가 호전된다는 소식을 들었다.

8월 29일 토요일
오전 10시 20분 순환기내과 의사 2명 다녀감. 체중 70kg. 11시 15분 나용호 원광대학교 병원장 다녀감.

8월 30일 일요일
담즙 색깔 좋아짐. 엉덩이 욕창 방지 파스 바름. 가래 제거[석션] 호흡 15에서 18 사이. 맥박 90회, 혈압 176/75mmHg. 대변 4회 보심. 왼쪽으로 누우시면 통증이 심함. 소변 주사 3,030cc 주입, 소변 4,240cc 나옴. 체온 36℃대로 내려감.

8월 31일 월요일

대체로 잘 주무심. 2시간마다 체위 변경함. 가래 제거 수시로 함. 전신 상태 대체로 양호하심. 체온 37℃ 이하로 유지. 혈압 대체로 150/80mmHg, 맥박 87회, 호흡 17회 정도. 복부 초음파 촬영 이상 없고, 담낭 정상으로 줄어듦.

9월 1일 화요일

체위 오른쪽으로만 변경 그래도 약간 불편해하심. 가래 뱉기 힘들어하심. 가만히 쳐다보시다가 '일어나자' 하심. 오후 1시 40분 목 부위 조직 검사. 오후 6시 신경과 진료. 혈압 맥박 호흡 대체로 좋으심.

 나는 9월 1일 서울에 일이 있어 새벽 5시에 무궁화호를 타고 서울에 도착하여 일을 마치고 삼성병원에 계시는 상사님께 병문안하러 갔다. 누워 계시는 상사님께서 시자들이 성균 교무가 왔다고 하니 눈을 뜨시고는 고개를 흔드셨다. 입원 첫날은 의식이 없으셨는데 오늘은 나를 알아보시고 눈빛을 맞추었다.
 간호사가 가래를 제거하기 위해 입속에 먼저 집어 놓고 석션 카테터를 삽입하여 가래를 제거하였다. 그러나 상사님은 얼마나 고통이 심하신지 에어웨이를 꽉 물어 카테터가 들어가지 않았다. 가래를 못 빼자 이제 코를 통해 카테터를 주입하여 가래를 제거하였다. 코로 가래를 제거하면 더 고통이 심하실 텐데 굳이 입을 꽉 물으신다. 오후에는 의료진들이 정기적인 가래 제거와 링거 주사를 놓았고, 김관현 시무실장과 시자들의 정성 어린 간호와 호스피스병원 이정선 교무님의 능란한 조치를 지켜보았다. 앞으로 병세가 호전되면 산본 원광대학교 부속병원으로 피병을 가신다는 이야기를 듣고 안심한 마음으로 총부로 내려왔다.
 그 후 계속하여 상사님 병세가 나날이 호전된다는 소식을 들었다.

9월 2일 수요일

오전 6시 30분 코 산소 튜브 제거함. 가래 뱉어내시다. 의사들 대체로 양호하다고 함.

9월 3일 목요일
편안하게 주무심. 체위 변경 때 소변보심. 시자가 체위 변경할 때 아프게 해드리니 손으로 얼굴 때리심. 오전 8시 30분 체중 66.7kg. 심장 초음파 검사, 늑막 X-ray 촬영. 병원장 다녀가다. 잠 많이 자는 것 좋다고 하심. 순환기내과 의사 다녀감. 오후 7시경 송 의사 양 늑막에 물이 고여 있다고 함. 조금 상체를 높게 해드리는 것이 좋음. 전신 대체로 양호함.

9월 4일 금요일
손을 계속 움직이며 주무시다. 체위 변경 시 아프시다 함. 오후 12시 경 소변보는 주사 투입 [늑막에 물 찬 것 빼려 함]. 월요일 초음파 검사, 수요일 사진 찍고 향후 결정키로 함.

9월 5일 토요일
소변 많이 보심. 체온 37℃ 서서히 오르기 시작함. 맥박 평균 110회 이상, 저녁에 몸에 열이 많이 나서 얼음 베개 해 드림.

9월 6일 일요일
체위 변경 계속함. 자꾸 일어나자 하시며 소변을 보자고 하심. 몇 시냐고 시간 물으심. 저리로 가자, 아픈 데 가리키시며 오늘 그만하자 하심. 주치의 어제보다 양호함. 그대로 유지하고 수요일 검사하자고 함. 손으로 원 그리시다. 주무시다 깨시어 깍지 끼고 다리 움직이시다. 다리는 자유자재로 계속 움직이시다. 얼음 베개 사용.

9월 7일 월요일
오른쪽 발 부음. 폐 X-ray 검사. 피검사 채혈. 대체로 양호함. 고개를 가누시고 앉아 계심, 말씀하심. 미음 3~4수저 드심. 깨어 있는 시간이 많아지심.

9월 8일 화요일
주무시면 맥박 호흡 안정되고 깨시면 불안정함. 소변 많이 보심(2,850cc). 빈혈 때문에 수혈함.

9월 9일 수요일
밤중에 일어나 앉으심, 얼굴 상기되심. 피검사.

9월 10일 목요일
밤중에 배에서 계속 꾸르륵 소리가 나더니 물똥을 많이 보심. 체중 69.7kg.

9월 11일 금요일
밤중에 채혈. 주무시느라 아침 식사 못 함. 죽 조금씩 드심. 방귀 많이 뀌심. 70.3kg.

9월 12일 토요일
물 조금 드심. 방귀 뀌시다 조금 대변보심. 오후 9시부터 SpO2[혈중산소포화도] 수치가 80까지 내려감. 이뇨제, X-ray, 피검사.

9월 13일 일요일
반듯이 누우시면 SpO2가 오르고 모로 누이시면 SpO2 내려감. 혈압은 대체로 양호하나 맥박이 120회 이상 계속됨. 가래 제거를 수시로 함. 주치의 송 의사, 음식 때문인지 패혈증인지 분별이 어렵다고 함. 패혈증 예방주사는 어제부터 놓았음. 음식물 때문이면 폐혈이 될 것이라고 함. 기도 때문에 중환자실로 옮기자고 함. 김상수 박사와 상의 후 내려가시기로 결정함. 오후 1시경 CT 촬영하러 갔으나 조영제 주입 실패로 촬영 못함.

임종을 맞이하며

9월 13일 1시경, 총부 반백년기념관에서 원음방송국 개국기념 원불교 성가합창제가 열리고 있었다. 나는 방송실에서 음향기기를 조정하고 있었다. 성가합창제가 중반쯤 왔을 때 재정산업부장으로부터 '상사님이 위독하시어 4시경 헬기로 도착하

삼성의료원에서 응급헬기로 이송해 온 대산 종사를 총부 영모전 광장에서 맞이하는 대중들

니 상사님을 맞이할 준비 하라.'고 하신다.

아직 시간이 남아 있고 성가합창제 때문에 방송실을 비울 수가 없었다. 성가합창제가 진행되는 가운데 원로님들과 총부 간부들이 차츰차츰 자리를 뜨시는 것을 보았다. 내 마음은 점점 불안해지고 초조해졌다. 성가합창제가 거의 끝나 갈 무렵 나의 선임 한수덕 교무가 방송실로 들어왔다. 한수덕 교무에게 상사님 상황을 이야기하고 방송 관계를 인계한 후 종법실[구조실]로 가 보았다.

방송실을 나와 종법실로 가는 길에 재정산업부 간사가 호상소용 천막을 친다고 준비하고 있었다. 누가 천막을 치라고 지시하였느냐고 물으니 관리과장님이 지시하였다고 한다. 그래서 급히 공덕원으로 가서 과장님께 물으니 상사원 시무실 류응주 교무로부터 전화를 받았다고 한다. 나는 아직 열반하시지 않았으니 천막 치는 것을 중단하라고 하였다. 상사님께서 위독하시어 총부로 돌아오신다는 말이 와전되어 여러 사람을 거치는 동안 돌아가셨다는 말로 전해진 것 같았다.

상사님을 맞이하기 위해 종법실을 교학대 학생들이 깨끗이 청소하고 있었다. 나는 그때 종법실에 전화기 2대를 설치하였다.

그리고 오후 5시 30분경 헬기 소리가 들렸다. 종법사님을 비롯한 수많은 대중이 영모전 광장에 운집해 있었다. 성가합창제가 끝나고 참석 대중은 자리를 뜨지 않고 대산 상사님을 기다리고 있었다. 헬기가 도착하자 천천히 헬기 주위로 천여 대중이 둘러섰다. 헬기에서 상사님을 모셔 원광대학교 응급차에 옮겨 드리고 종법실로 뛰어가 상사님을 방안에 모시었다.

저녁 6시경 대산 상사님의 동공 반응 정지, 심장, 맥박, 호흡 모두 중지하므로 산소 호흡기 및 일체 의료기구를 제거한 즉시 괴롭게 심호흡 3~4회 후 다시 의식과 호흡, 심장 등 모든 기능이 작용하여 산소 호흡기를 부착시키고 치료를 시작하였다. 수위단 사무처 장도영 교무의 소개로 자석치료사가 오후 9시 20분부터 11시 30분까지 자석 치료를 받았다.

9월 13일 오후 총부 임직원들은 비상사태에 돌입하였다. 그러나 나는 상사님께서 그렇게 쉽게 열반하시지 않을 것 같다는 생각이 들어 종법실 주변에 전화와 전기 조명 시설을 하고 그날 총부 공회당에서 대기하며 잠을 잤다.

9월 14일 월요일

날이 밝자 수많은 대중이 상사님을 뵙고자 종법실 주위로 발 디딜 틈도 없이 모여들었다. 오전 8시 30분경 종법실에서 교단 원로님과 총부 간부, 시무진과 가족 등이 모여 회의한 결과 치료에 전력하고 자연적으로 오시는 교무들은 문밖에서 인사만 드리도록 하자는 결정을 하였다.

그러나 별다른 치료는 못 하였다. 그저 링거 주사와 상사님의 체온을 내리고자 얼음주머니 베개를 머릿밑에 놓아 드리고 수건으로 머리를 닦아 드렸고, 자석 치료와 원광대 의료진들의 정성 어린 간호와 산소 호흡만 하였다. 10시 30분경부터 호흡이 심히 불안하고 동공반응이 없어져서 심장 박동 주사[강심제]와 강제 산소 호흡이 5시까지 이어졌다. 그럼에도 불구하고 상사님의 병세는 약간 호전되는가 싶더니 금방 악화하기를 여러 번 의사들의 강제 산소 호흡이 서너 시간 계속되었다. 상사님의 병세는 여전히 호전될 기미가 보이지 않았다. 그러던 중 의사들의 판단에 따라 산소호흡기를 떼자고 하여 이제 임종밖에 남지 않았다는 불안감이 종법실에 모인 대중들은 한순간 울음바다를 만들었다.

좌산 종법사님께서 임석하신 후 그 자리에 상산 박장식 종사님을 모시고 오라고 하였다. 대중들은 이제 떠나시려는 분위기를 느꼈다. 한편 회복을 바라는 대중들의 침울한 분위기와 여기저기서 흐느끼는 소리가 들렸다.

드디어 좌산 종법사님께서 비장한 결심을 하신 모양이다. 장산 종사께서 상사님의 최후 게송 법문과 최근에 내리신 법문을 대중에게 설하시고, 좌산 종법사님께서 "이제는 제가 결단을 내리겠다."라고 연거푸 세 번이나 "제가 결단을, 결단을, 결단을 내리겠다"고 하시며 "생사는 가고 오는 것이고 진리계에서 결정하신 어른이시라 제가 모든 책임을 지고 더 이상 이 어른에게 고통을 주시지 말자."라고 하셨다. "유가족들도 결정을 못 하실 것이고, 더구나 의사들도 결정을 못 하니 제가 책임을 질 테니 산소 호흡기를 떼라"고 하셨다. 오후 5시경 산소 호흡기를 떼자 대산 상사님께서 다시 호흡하시고 잠시 멈추었던 심장과 맥박이 뛰기 시작하였다.

종법실에 모여 있던 대중들의 분위기가 한순간 희색이 돈다. 상사님께서 아직 하실 일이 있으신가? 미국 필라델피아에 사는 딸 복혜와 사위 고원규[信山] 선생을 기다리고 있는 것인가? 아니면 그 누구를 기다리시는가? 하여튼 모를 일이었다.

종법사님과 원로님들이 도착하시어 오후 5시경 산소 호흡기를 떼었다. 바로 운명하시면 타종 28번을 하라는 지시에 따라 상주선원 간사가 종각에서 대기하고 있었다. 그러나 상사님께서 발을 움직이고 호흡을 스스로 하셨다. 다시 산소 호흡기를 연결하였다. 대중들은 안심하고 돌아갔다.

정화원에서 대형 모기장을 가지고 와 방안에 모기장을 설치하였다. 모기장을 설치하니 종법실 방안이 밖에서 잘 보이지 않았다. 그런데도 대중은 상사님의 모습을 보려고 모기장을 쳐들었다. 스승님의 최후 임종을 놓치지 않으려는 모양이다.

그 후 나는 대산 상사님이 쉽게 돌아가시지 않을 것이고 하늘이 알고 땅이 알고 진리가 아는 어른이시라 안심하고 숙소로 와 샤워를 했다. 20시 45분경 몸을 씻는 그 시간 강도 3.6의 지진이 익산지방에서 발생했다. 샤워하는 중이라 지진이 발생한 것을 느끼지 못했다. 다음날 뉴스와 신문보도를 통해 그 사실을 알았다. 예전에 숭산 박광전 종사님께서 열반하실 때 하늘이 울리었다. 이번 일도 예삿일이 아닌 것 같다.

9월 15일 화요일

　좌산 종법사님께서 새벽 3시경에 오셔서 상사님의 병환을 살피셨다. 아침 7시경 호흡이 거칠어지셨다. 나용호 원장이 왕진을 왔다. 혈압은 110/60mmHg로 저혈압이고, 체온은 고열이고, 맥박은 110회 이상이고 호흡수는 28 정도였다. 계속되는 가래 제거와 자석 부착하여 치료하셨다.

　오후 들어 재가출가 가릴 것 없이 종법실로 모여들어 상사님의 성안을 뵙고자 했다. 문 앞에서 통제는 하였으나 거의 통제가 되지 못했다. 창문 밖에서 인사만 드리도록 가끔 병풍을 열어젖혀 놓았다. 대중이 거의 물러가고 이제 종법실을 완전히 차단하였다. 그러나 상사님을 살아생전 뵙고자 하는 대중의 마음을 막지 못했다. '시봉진 외에 출입금지'라고 써 놓아도 막무가내로 들어왔다. 균타원 신제근 종사님을 비롯한 몇몇 사람들이 보초를 서도 들어올 사람은 다 들어왔다. 조금 후 대중을 어느 정도 정리하고 밖에서 볼 수 없도록 병풍을 방 주위로 둘러쳤다.

　상사님의 옷과 이부자리를 정리하고자 몸조차 가눌 수 없는 상사님을 옆으로 돌려세우니 항문 주위 엉덩이에 10여㎝가량의 욕창이 보였다. 새카맣게 살이 썩어 있었고 냄새가 났다. 오후 3시경 원광대병원 의사들을 불러 욕창 부위를 드레싱하고 욕창 방지 파스를 붙였다. 의사들이 앞으로는 이쪽저쪽으로 몸을 돌려 드리라고 하며 물러갔다.

　어제는 상사님이 누워 계시는 방만 모기장을 쳤다. 종법실 대종사님 영정이 모셔진 방은 모기에 무방비 상태다. 다시 모기장을 사다가 어제 임시로 떼어 놓은 창문 주위에 모기장을 설치했다. 종법실에 앰프를 설치하여 밖에서도 종법사님 말씀을 들

을 수 있도록 조치했다.

체위 변경을 2시간마다 하려고 하였으나 호흡 부진 관계로 취소하였다. 알부민 주사 시작하고 SpO2 수치가 70까지 내려갔다. 나용호 원장을 급히 부르니 6시 40분에 도착하였다. 6시부터 10시 30분까지 호흡 곤란으로 심히 괴로워하시어 나용호 원장, 백경진 의사, 전주 양형식 의사 등과 시무진이 온 힘을 다해 가래 제거를 하자 눈을 뜨셨다. 그러나 맥박, 혈압 등 모두 불규칙하였다.

나는 저녁을 먹지 못하여 신룡벌 쉼터에 가 컵라면으로 저녁 식사를 때웠다. 밤늦게 식사를 한 후 종법실로 돌아와 잠깐 상사님을 뵙고 이제 장기전이라는 생각이 들어 안심하고 숙소로 돌아와 잠을 잤다.

9월 16일 수요일

새벽 2시 40분경 좌산 종법사님 종법실로 나오시어 병세를 지켜보시다가 5시에 돌아가시다.

그리고 오후에는 상사님이 누워 계시는 위치에 형광등이 걸려 있어 불빛이 너무 세다고 류응주 교무가 형광등을 다른 쪽에 설치하였으면 좋겠다는 말을 어제 듣고 오늘에야 형광등을 벽 쪽에 설치했다. 그 후 상사님 곁에서 시봉하였다. 사무실에 밀린 일 등이 있었으나 그리 시급을 다투지 않는 일이므로 상사님 곁에 있을 기회가 되었다.

상사님이 누워 계시는 이부자리를 정리하려고 여러 사람이 시트를 들고 자리를 옮기자 눈을 뜨고 나를 쳐다보시는 것이다. 얼굴을 알아보신 모양이다. 나는 상사님과 눈을 맞추며 마음속으로 약속하였다. 상사님은 항상 내 곁에 살아 계실 것이고, 상사원을 떠나기 전에 말씀하신 '너는 앞으로 나의 일을 할 것이고, 그 일이 바로 나의 일이지만 주산 종사, 정산 종사, 대종사님의 일인 것이다. 그러니 성균이가 어디를 가든 나의 일을 할 것을 명심하라'는 말씀을 다시 한번 맹세하고 끝까지 받들 것을 마음속으로 아뢰었다.

상사님 곁에 잠깐 머물러 있는 것 같았는데 어느새 저녁이 되었다. 종법실을 나오는데 재정산업부 관리과장 이양서 교무를 만났다. '오늘은 별일 없을 것 같으니 집에 가서 옷 갈아입고 내일 올 테니 비상사태가 나면 전화로 연락해 주십사' 부탁하고 사가로 잠자러 갔다.

저녁 10시경부터 맥박이 내려가기 시작하여 심장, 호흡 강화 주사를 투여하다. 11시경 호전되는가 싶더니 다시 상태가 악화하기 시작하였다.

9월 17일 목요일 대산 상사 열반에 드시다

9월 13일 이후 계속되는 대산 상사님이 계시는 종법실 주변과 손님들이 쉴 수 있도록 여러 가지 시설물을 설치했다. 주야가 따로 없이 사무실 일도 하고 시설물을 설치하느라 무리를 했다. 잠깐 집에 돌아와 빨래방에서 일하고 있는 어머니와 정토에게 그동안 상사님의 병세와 주변 이야기하다가 피곤하여 잠이 들었다.

잠깐 잠든 사이 꿈을 꾸었다. 정토가 아이를 출산하는 꿈을 꾸었는데 아이 머리가 매우 커 보였다. 아이를 안고 보니 머리에 골수가 훤하게 보인다. 대산 상사님의 두상과 같았는데 골이 다 드러나 보였다. 골수 속으로 한없이 빨려들 것만 같았다. 다른 사람들은 큰 걱정이었지만 나는 그래도 기뻤다. 아이의 얼굴이 겹치며 대산 상사님의 용안이 나타났다. 아이를 낳았다는 기쁨도 잠시 꿈을 깨었다. 정토에게 꿈 이야기를 하고 12시 30분경 안방으로 들어와 무의식중에 잠이 들었다.

밤 1시 36분경 전화벨이 울려 눈을 떴다. 불안한 마음으로 전화 수화기를 들었다. 총무부 김영심 교무가 상사님이 열반하셨다고 다급한 목소리로 통보한다. 상사님 열반 소식을 듣고 급히 옷을 챙겨 입고 종법실로 뛰어갔다.

9월 17일 00시 50분에 좌산 종법사님과 시봉진과 유가족, 의료진들과 원로님과 수많은 대중이 지켜보는 가운데 세수 85세로 거연히 대열반상을 나투시었다.

좌산 종법사님께서 최후 법문을 하고 계셨다. 어제 설치한 앰프를 쓰지 않고 법무실용 작은 야외용 앰프를 사용하고 있었다. 별로 성능이 좋지 않았다. 내가 앰프를 켜려고 방 안으로 들어가려 하니 법무실 김형선 교무님이 들어가지 말란다. 어찌나 죄송한지 몸둘 바를 몰랐다. 임종도 지켜보지 못했고, 더구나 앰프를 사용할 수 있도록 조치하지 못하여 죄송한 마음이 들었다. 종법사님 말씀이 끝나자마자 앰프를 손보았다. 앰프에는 전혀 이상이 없었다. 앰프를 켜려고 하니 당황하여 스피커 스위치를 잘못 누르니 켜질 리가 만무했다. 앰프를 정상 상태로 만들고 상사님 유해를 모시고 가족들과 시봉진들이 사진을 찍었다.

나는 곧바로 기념관을 비롯하여 호상소와 안내 접수처에 전화를 설치하고 나니 새벽 5시 30분경이었다. 밤새 한숨도 못 자고 밤이슬을 맞아가며 총부 구내를 돌아다니며 호상소 주변에 시설물을 설치했다. 대산 상사의 최후 임종을 못 보았다는 일종의 자책감으로 총부의 밤을 배회하였다. 비몽사몽 멍한 상태로 종법실로 돌아와 6시 20분경 독경에 참석하였다. 독경은 새벽 6시 20분, 오전 11시, 저녁 8시로 하루에 세 번 하였다. 장례는 교회전체장으로 5일장을 지내고 발인식은 원기83년(1998) 9월 21일 오후 2시에 영모전 광장에서 하기로 장의위원회에서 결정하였다.

나는 대산 상사님이 열반하셨다는 생각이 전혀 들지 않았다. 웬일일까 마음속에 일어나는 감정이 전혀 메말라 버린 것인가? 아니면 상사님이 마음속에 살아 계시기 때문인가? 이러한 생각으로 장례 시설 및 방송 시설을 점검하였다.

저녁 12시까지 철야하고 공회당 작은방에서 잠을 잤다.

9월 18일 금요일 열반 이틀째

은산 김장원 재정산업부장님이 내일 백광전자 엄동진 사장이 발인식에 사용할 야외 앰프 설치 관계로 오전 9시경에 오기로 하였으니 잘 설명하고 시설에 관한 의견을 준비하라고 지시하였다. 저녁 늦도록 방송실에서 시설 준비를 위해 근무하였다.

9월 19일 토요일 열반 사흘째

백광전자 엄 사장 음향관계로 다녀가다. 내일 오후에 음향 시설을 설치 완료하겠다고 하였다. 방송실 앰프에 무리할 가능성이 있어 재정산업부장님에게 보고하고 종법실에 설치하였던 앰프를 기념관 2층에 설치하고 조가와 대산 상사님 육성 녹음 법문을 독경 시간 외나 기타 시간에 틀어 방송실 앰프를 보호하였다.

독경 후 대산 상사 추모담 하다. 원로님들과 시봉진들과 재가출가 교도들이 대산 상사님을 추모하며 눈물을 흘린다.

저녁 12시까지 방송실에서 근무하였다.

9월 20일 일요일 열반 나흘째

몸과 마음이 지쳐 있는 내 모습이 보인다. 가슴에는 재무·시설이라는 명찰을 달고 여러 시설을 점검하고 다녔다. 그런데 화장실을 가거나 사무실에 볼일이 있어 가던 중 여러 사람이 계속하여 못 좀 달라고 하거나 펜치나 망치 기타 필요한 물건을 달라고 한다. 정말 짜증이 난다. 자신들이 충분히 할 수 있는 일도 시킨다. 그리하여 될 수 있으면 기념관 로비를 가지 않고 2층 동쪽 계단으로 볼일을 보러 다녔다. 부탁한 일이나 시킨 일이 힘들어서가 아니라 체계도 없이 무조건 관리과 교무라는 것 때문에 생각나는 대로 일을 시킨다. 상중喪中에 필요한 것이나 육성 녹음, 멀티비전, 조가 등을 수시로 주문해 온다. 장의위원회에서 결정 나서 한 일이 아니라 간부들이 생각나는 대로 마구 시킨다. 장례 준비에 기획팀이 있어 종합적으로 관리하면 일을 무리 없이 할 수 있을 것 같다는 생각이 들었다.

내일 발인식 때 비가 온다고 한다. 대중들은 걱정이 앞선다. 재정산업부에서 우산을 100여 개 정도 준비하라는 집행위원장의 지시가 있었다.

상중에 대산 상사님을 염원하며 상사님을 추모하는 마음을 글로 옮겨 보았다.

> 진리는 하나!
> 우뚝하게 세우신 큰 산
> 세계도 하나!
> 우뚝하게 외치신 큰 산
> 인류는 한 가족!
> 우뚝하게 품으신 큰 산

전 재가출가 교도들이 대산 종사의 유해를 맞이하는 모습

하나의 세계 개척하자는
우뚝하신 염원 큰 산 되어 솟았네.

대산 상사 교회전체장 발인식

9월 21일 월요일 대산 상사 교회전체장 발인식

　1만여 명 참석, 의자 5,800석에 돗자리를 준비하였다.
　오전에 비가 억수같이 쏟아진다. 대중은 걱정이었다. 그러나 나는 마음속으로 '그동안 상사님께서 이적이나 기적을 부리지 않으셨으니 이번만은 기적을 부려 비를 그치게 하고 대중의 염원으로 비를 멎게 해주십시오.' 하는 심고를 올렸다.
　12시 이후 서서히 비가 멈춘다. 언제 비가 왔는지 모르게 비는 그쳤다. 발인식장인 영모전 잔디광장에 물기가 있어 돗자리 깔판을 급히 만들었다. 다행히 발인식 내내 비는 오지 않았고, 오히려 구름이 엷게 끼어 그늘을 만들어 주었다.

발인식은 오후 2시에 시작되었고, 영모전 광장을 가득 채운 1만여 명의 교도와 내외귀빈들이 참석한 가운데 엄숙하게 봉행하였다.

발인식을 마치고 오후 4시 20분경 대산 상사님의 유해를 팔봉 익산시립묘지 화장장에서 화장하였다. 대산 상사님의 마지막 가시는 길에 운구를 담당했다. 한 30여 분간 독경이 끝나고 대중은 대부분 돌아갔다. 유가족과 원로님과 시봉진들이 남아 화장이 끝나기를 기다렸다.

화장 중 만감이 교차하는 심정을 느끼며 화장장 주변을 맴돌았다. 대중은 대산 상사님의 유해가 타오르는 화구를 들여다보며 한참 주변을 서성거리다가 다시 시뻘건 불꽃을 응시하며 가신 님의 마지막 자취라도 놓치지 않으려는 듯 여러 사람이 줄을 이었다. 화장이 끝나고 성해를 수습하기 위해 유가족 김복환, 김성은, 김성관 교무, 그리고 최세종, 이원경 교무와 문화부 박현덕 교무가 사진을 찍으려고 들어갔다.

화장이 끝나고 성해를 수습하여 모시고 주차장으로 나오니 서쪽 하늘에 붉은 노을이 드리워져 있다.

오전에는 비가 내려 천지가 울고 있는 모양이었고, 오후에는 비가 그치어 발인식 내내 하늘이 그늘을 만들어 주었고, 화장이 끝난 저녁 서녘 하늘에는 붉은 노을이 들어 마치 상사님의 가시는 길을 축하하는 듯하였다.

대산 종사 유해를 화장 후 오후 7시경 성해를 영모전에 안치하였다.

사십구재 천도재

대산 종사 열반하시고 9월 23일 화요일 대각전에서 500여 명의 대중이 운집한 가운데 초재를 엄숙히 모셨다. 9월 27일 일요예회에서 예타원 전이창 종사의 대산 상사님 추모담과 좌산 종법사의 법설로 추모법회를 열었다. 천도재 1재, 2재를 대각전에서 지내다가 3재 후는 기념관에서 천도재를 모셨다. 사십구재 중 유족 및 시봉진들을 비롯하여 원로 및 재가출가 교도들의 추모담을 병행하였다.

대산 상사 교회전체장 종재식이 원기83년(1998) 11월 4일 중앙총부를 비롯하여 국내외 교구·교당에서 일제히 거행됐다.

중앙총부 종재식은 1천5백여 명의 교도가 참가한 가운데 이종진 교화부장의 집례로 반백년기념관에서 봉행하였다.

조정근 장의위원장은 개식사에서 "재가출가 모두는 이 식전에서 좌산 종법사님을 모시고 한마음 한뜻이 되어 대산 상사님의 크신 경륜을 봉대하여 회상의 발전과 세계평화를 위해 정진할 것을 굳게 다짐한다."며 "대산 상사님께서 평소 끼치셨던 대자대비의 은혜가 더욱 크고 널리 미쳐서 만 생령이 제도의 은을 입을 수 있기를 기원한다."라고 말했다.

고사는 종법사 분향에 이어 송순봉 수위단 중앙단원이 출가대표 고사, 고문기 중앙교의회 의장이 재가교도 대표 고사, 대산 상사 장녀인 김복균 교도가 유족대표로 고사를 올렸다. 심고, 성주 3편, 독경 및 축원문에 이어 좌산 종법사의 설법이 있었다. 좌산 종법사는 대산 상사 성령 전에 "선사유업先師遺業을 일여봉대一如奉戴하니 삼삼성상三三星霜에 처처성적處處聖績이라, 은몽사해恩蒙四海하고 향만건곤香滿乾坤하니 계법계세繼法繼世하고 성업무궁聖業無窮이로다."라는 게偈를 올린 후 "대산 상사께서는 무량한 자비가 담겨있는 법문을 한량없이 베풀어 주셨다."라면서 "오늘 이 종재를 맞이해서 극진한 대자대비가 담겨있는 법문을 모시고 산다면 상사님은 우리 곁에 계시면서 항상 호념해주시고 인도해주시고 앞길을 대낮같이 밝혀주실 것이다."라고 법문했다.

이어 원로, 내빈, 출가재가의 분향이 있고 난 뒤 탈복고유문, 대산종사 조가로 대산 상사의 거룩한 생애를 기렸다. 이날 행사에 맞춰 원광사우회에서는 '대산상사 추모사진전 및 원광사우회 작품전'을 가져 대중들의 관심을 끌었다.

한편 영모전에 모셔져 있던 대산 종사 성해를 원기83년 11월 9일 오후 1시 30분 종법원으로 이안했다.

대산종사 찬가

이공전 작사
박찬미 작곡

대산종사 성탑봉건기

대산 종사께서는 1914년 음력 3월 16일에 전라북도 진안군 성수면 좌포리에서 부친 연산 김인오 선생과 모친 봉타원 안경신 여사의 5남매 중 장남으로 출생하시었다.

11세 되던 원기9년 조모 현타원 노덕송옥을 따라 만덕산 초선에서 소태산 대종사를 친견하는 은혜를 입게 된다. 이를 기연으로 16세에 출가하여 소태산 대종사와 은부자의 결의를 맺고 구전심수의 훈증을 받아 정진적공으로 대법기를 이루며 대서원과 대신성으로 소태산 대종사와 정산 종사를 보필하셨다.

원기47년 1월 정산 종법사께서 열반하자 후계 종법사에 추대되어 선사의 유지를 계승하여 교서편찬과 삼동원 개척에 주력하고 해외교화 개척, 훈련기관 설립, 서울회관 건립, 교도법위향상 운동, 개교반백년기념사업 추진, 4대봉공회 추진, 원창회 설립, 영모묘원 설립, 원불교 창립 제2대 및 소태산 대종사탄생기념사업 등을 전개하였고, 반백년기념대회에서는 '진리는 하나 세계도 하나 인류는 한가족 세상은 한일터 개척하자 하나의 세계'라는 게송을 내리시어 일원대도와 삼동윤리 정신을 국내외에 널리 선양하고 정교동심에 바탕한 세계평화를 실현할 기구로써 종교연합의 창설을 위해 노력하시고 염념불망 평화에 대한 염원을 쉬지 않으셨다.

원기79년 11월 6일 33년의 종법사직을 마치고 좌산 종법사에게 양위함으로써 대사의 종풍을 세우셨다. 이후 영모묘원 소재 상사원에서 기원문 결어로 원력을 뭉치며 정양하시다가 원기83년 9월 17일 중앙총부에서 열반에 드시니 세수는 85세요 법랍 70년 종법사 재위 33년 법위는 정식 대각여래위이다.

열반 후 다비를 마친 뒤 성해를 역사박물관에 모셔 오다가 대산 종사 탄생100주년을 맞아 중앙총부 영모동산에 터를 정하여 성탑조성을 준비하였고 오늘 원기98년 10월 17일에 성해를 봉안하게 되었다. 성탑 설계는 서울 시립대학교 박헌열 교수의 작품이고 시공은 이리교당 이현종 교도를 주축으로 원불교100년기념성업회에서 주관 하에 진행하였다.

원기98년 10월 17일
원불교100년기념성업회

성탑 봉건기 초안은 소산 주성균 교무가 쓰고, 자문은 백산 이용정 교무, 륜산 서문성 교무가 하였고, 감수는 장산 황직평 교무, 과산 김현 교무가 하였으며, 글씨는 염산 김원진 교무가 한지에 썼다. 이날 대산 종사 성탑 성해 봉안 부장품으로 하단 화강암 원석 위에서 아래로 구멍을 뚫고 먼저 성해를 안치하고 대산종사 기원문 결어[가산 조대성 교무 書]와 성탑 봉건기를 부장하였다. 상단에 원상을 올렸고, 기단에는 대산종사성탑명 병서를 좌산 이광정 상사가 짓고 명銘하였다.

원불교 중앙총부 영모동산 전경

어느 날 필자가 대산 종사님께 "대종사님은 천天이고, 정산 종사님은 지地이고, 대산 종사님은 인人이라고 하신 말씀을 여러 사람을 통해 들었습니다. 영산성지 대각지에 대종사님을 만고일월萬古日月이라고 정산 종사님이 말씀하셨고, 대산 종사께서는 정산 종사님을 만고신의萬古信義라고 하셨습니다. 외람된 말씀이지만 제가 생각하기에 대산 종사님을 만고대의萬古大義라 하시면 어떻겠습니까?"라고 아뢰니 "그도 그럴 만하네."라고 하셨다.

개정판

큰 산을 우러르며

2014년 3월 30일 초 판 1쇄 발행
2022년 12월 1일 개정판 1쇄 발행

지은이	주성균
펴낸이	주영삼
책임편집	천지은
디자인	김지혜
펴낸곳	원불교출판사
출판등록	1980년 4월 25일(제1980-000001호)
주소	54536 전라북도 익산시 익산대로 501
전화	063)854-0784
팩스	063)852-0784
홈페이지	www.wonbook.co.kr
인쇄처	문덕인쇄

ISBN 978-89-8076-397-9(03200)
값 18,000원

낙장 및 파본은 교환하여 드립니다.